Mittwoch, 24.

Höhner erobern Deutschland

KÖLN & RHEINLAND

Unglaubliches Verwirrspiel uns neue Hohn

Welche Rolle spielt der EMI-Sprecher?

Ihre Höhner: Ihre ... er sind Hymnen

Höhner sind auf Höhenflug

Viermal in den Charts Aber keine Zeit für Deutschland-Tour

Höhner: Hilfe! Wir sind zu erfolgreich

HÖHNER ROCKIN RONCALLI SHOW

Seit 25 Jahren „Höhnerhoff"-Rock

Verdächtiger Glanz in den Augen
Artistischer Akt der Höhner gelang – Nostalgie, Walzertakt und Todesräder

EXPRESSO

Manege frei! Höhner rocken mit Roncalli

HÖHNER.

GLEIS 1

Manege frei für die Höhner

EXPRESS präsentiert die „Rockin' Roncalli-Show" im Zeltpalast in Deutz
Von INGE WOZELKA

den Sitzen mit echt kölschen Stimmungsmachern

tution aus dem Hühnerstall

„Ich bruch minge Dom, dä Rhing – minge Strom"

Aus „Hey Kölle". Von links nach rechts: Jens Streifling,
Hannes Schöner, Peter Werner, Henning Krautmacher,
Janus Fröhlich und John Parsons

Vorherige Seite: Das Foto für die erste Autogrammkarte
im Herbst 1972. Von unten nach oben: Janus Fröhlich
(hockend), Rolf Lessenich (mit Gitarre), Peter Werner,
Walter Pelzer (mit Lakritzstange/Klarinette).

HÖHNER

#50

WO MIR SIN, ES KÖLLE!

HERAUSGEBER

PETER FEIERABEND

MITHERAUSGEBER

Kölner Stadt-Anzeiger

MIT TEXTEN VON

DR. HUBERTUS ZILKENS

BERG & FEIERABEND

1972–2022

Eine Bandchronologie

Inhalt

Beiträge von Freund:innen, Bekannten und Wegbegleiter:innen

Echte Fründe ston zesamme,
ston zesamme su wie eine Jott un Pott
Echte Fründe ston zesamme,
eß och dih Jlöck op Jöck un läuf dir fott.

Man muss nicht aus Köln kommen und nicht einmal Rheinländer sein, um (im wahrsten Sinne des Wortes!) zu verstehen, was die „Höhner" mit einem ihrer berühmtesten Lieder sagen wollen. Klar, dass Freundschaft wichtig ist fürs Leben, gerade dann, wenn es darauf ankommt. Aber auch, wie wichtig es überhaupt für uns alle ist, zusammenzuhalten. Und dass dieser Zusammenhalt typisch ist für unsere Heimat, für Köln, für Nordrhein-Westfalen.

Die „Höhner" sind eine großartige Karnevalskapelle, eine musikalisch exzellente Band auch außerhalb der fünften Jahreszeit. Sie sind Botschafter unserer Heimat. Sogar international. „Höhner"-Fans findet man wohl überall auf der Welt. Denn sie haben wirklich etwas zu sagen, und das haben sie in den vergangenen fünf Jahrzehnten bei vielen Gelegenheiten und Anlässen – auch sehr ernsten – getan.

Ich denke da nur an das legendäre Konzert unter dem Motto „Arsch huh, Zäng ussenander" auf dem Kölner Chlodwigplatz im November 1992, also vor genau 30 Jahren, als nach den fremdenfeindlichen Ausschreitungen in Rostock-Lichtenhagen ein unüberhörbares Zeichen gegen Fremdenhass und Ausländerfeindlichkeit gesetzt wurde. Das war sehr bewegend und dringend nötig. Die „Höhner" waren mittendrin. Unvergesslich!

30 Jahre ist das nun her und das Thema ist so aktuell wie damals. Grund genug also, weiterzumachen, Haltung zu zeigen und sich zu engagieren.

Auch das sind die „Höhner"! Spaß, Stimmung, Feiern, rheinische Lebensfreude, die Liebe zu den Menschen, so wie sie nun einmal sind, und nicht, wie sie sein sollten, das vor allem sind die „Höhner". Levve un levve losse. So spielen sich die „Höhner" seit 50 Jahren in die Herzen und in die Köpfe von Millionen.

Die Karawane zieht weiter, die „Höhner" bleiben. Herzlichen Glückwunsch von der Schäl Sick zum Fünfzigsten!

Hendrik Wüst
Ministerpräsident des Landes Nordrhein-Westfalen

Sehr geehrte Leser*innen,

50 Jahre „Höhner" – das sind fünf Dekaden Bandgeschichte. Seit nunmehr einem halben Jahrhundert begeistern die „Höhner" mit ihrer Musik nicht nur uns Kölner*innen, sondern Menschen weit über die Grenzen der Domstadt hinaus. Zu diesem Jubiläum gratuliere ich dem „kölschen Federvieh" sehr herzlich.

Unter dem Namen „Ne Höhnerhoff" 1972 als Karnevalsband gegründet, sorgte das anfangs noch im Hühneroutfit federwerfende Quartett für Stimmung auf den Bühnen und in den Sitzungssälen. Stücke wie „Blootwosch, Kölsch un e lecker Mädche" und „Ich ben ne Räuber" sind bis dato Evergreens zur Karnevalszeit. Heute gehören die „Höhner" zum kulturellen Bestandteil unserer Metropole am Rhein.

Heimatgefühl, Lebenslust sowie die Liebe zum Fastelovend und zum Sport prägen ihre Musik. Mit ihren Liedern treffen sie mitten in die Herzen der Kölner*innen. Sie besingen, wie die „Kölschen" denken, fühlen und feiern. Ertönen die Liedzeilen „Met ner Pappnas jebore, d'r Dom em Gepäck", dann weiß nahezu jeder – auch außerhalb Kölns –, welcher Ohrwurm-Refrain darauf folgt. Mit „Viva Colonia" oder „Wenn nicht jetzt, wann dann?" sind die Höhner deutschlandweit bekannt und zum Markenzeichen kölschen Lebensgefühls geworden.

Dass in den Musikern aber auch echte Allroundtalente stecken, die musikalisch nicht nur im Karneval zu Hause sind, haben sie immer wieder aufs Neue bewiesen: In der Show „Höhner Rockin' Roncalli" zusammen mit hochkarätigen Artist*innen in der Manege und auch mit ihren „Höhner Classic"-Abenden in der Kölner Philharmonie.

Die Sonderausstellung des Kölnischen Stadtmuseums nimmt uns mit auf eine außergewöhnliche musikalische Reise durch fünf Jahrzehnte Bandgeschichte. Sie zeigt uns durch einzigartige und persönliche Erzählungen von Weggefährt*innen, Kolleg*innen und Fans ein facettenreiches und lebendiges Bild der Band.

Die Sonderausstellung und das großartige Jubiläumsbuch sind ein Dankeschön an die „Höhner" für die großartige und leidenschaftliche Musikarbeit der letzten 50 Jahre!

Henriette Reker

Henriette Reker
Oberbürgermeisterin der Stadt Köln

Wolfgang Bosbach

Wenn nicht jetzt, wann dann?

1972 – Olympische Sommerspiele in München. Fröhliche Spiele sollen es sein, die leider von einem terroristischen Angriff auf israelische Sportler überschattet werden. Die USA werden von der Watergate-Affäre und zunehmenden Protesten gegen den Vietnam-Krieg erschüttert. Bei der vorgezogenen Bundestagswahl wird die SPD unter dem späteren Bundeskanzler Willy Brandt erstmals stärkste politische Kraft im Deutschen Bundestag. Und in Köln wird die ruhmreiche Geschichte des heimischen Karnevals um ein bedeutendes Kapitel erweitert!

In einem Anfall kollektiven Wagemuts zwängen sich vier wackere Barden des heimischen Liedguts pünktlich zum Beginn der 5. Jahreszeit unerschrocken in Hühnerkostüme! Eine grandiose, mutige Idee, um einen Platz in der Ruhmeshalle des Frohsinns zu ergattern (oder muss man hier sagen: ergackern)! Zugegeben, die ersten Auftritte von Peter Werner, Walter Pelzer, Rolf Lessenich und Janus Fröhlich – noch unter der Firmierung „Ne Höhnerhoff" – hatten nicht ganz das Format der eingangs erwähnten historischen Ereignisse, aber immerhin hat dieses mutige Quartett in den Gewändern der populären Geflügelrasse *Gallus gallus domesticus* in dieser Zeit den Grundstein für eine mittlerweile 50-jährige musikalisch-künstlerische Erfolgsgeschichte gelegt. Und damit musste man in der Session 1972/1973 nun wirklich nicht unbedingt rechnen. Auch ich persönlich kann mich noch gut an jenen Moment erinnern, als ich den „Höhnerhoff" zum ersten Mal gesehen und gehört habe — bei der KAJUJA in Köln. Mein erster, ganz spontaner Gedanke war: „Aaaah ja, oha, interessant. Nicht, dass die jetzt gleich auch noch Eier legen!" Das war ein doch eher ungewohnter Anblick, jedenfalls für Städter.

Auch die „Höhnerhoff"-typische Begrüßung war durchaus neu und gewöhnungsbedürftig. Jedenfalls war die noch nicht ganz auf Betriebstemperatur eingepegelte Narrenschar durchaus überrascht, erstmals seit 1823 mit einem „Gack, gack, gack" begrüßt zu werden. Und jetzt? Immerhin hatten wenigstens die karnevalistischen Vollprofis im Saal rasch kapiert, dass das Publikum mit den gleichen Lauten zu antworten hatte. Natürlich auch dreimal. Dem Himmel sei Dank, dass dieses Ritual schon nach kurzer Zeit versenkt wurde, die Karriere der eierlegenden Nutztiere wäre ansonsten wohl nur von kurzer

Dauer gewesen. Indes sei an dieser Stelle ausdrücklich erwähnt: Vergleichbare Probleme haben viele Gäste von Sitzungen auch heute noch, wenn sie mit einem kernigen „Fastelovend zesamme!" von wem auch immer begrüßt werden. Mindestens die Hälfte des Saales blickt dann betreten zu Boden oder greift zu Kölsch oder Mettbrötchen, um wenigstens nach außen hin den Eindruck zu erwecken, man wisse zwar die korrekte Erwiderungsformel, sei aber leider aufgrund kollidierender Interessen daran gehindert, sein Wissen anderen mitzuteilen.

In diesen Momenten ist man von Herzen dankbar, den Universalgelehrten des heimatlichen Brauchtums wenigstens in Hörweite zu haben, denn Reinhold Louis hat schon die Geschichte des Karnevals erforscht und analysiert, als es noch gar keinen Karneval gab!

Zurück zum „Höhnerhoff". Dreimal „Gack" unfallfrei geschafft, Eis gebrochen, jetzt konnte es endlich losgehen. Glücklicherweise hatten die vier von der Geflügelfarm mit ihren Komponisten und Textdichtern mehr Glück als mit ihren Kostümen, denn je länger die — heute würde man wohl sagen, „performance" — der Geflügelkombo dauerte, desto fulminanter lösten sich die Federn von ihren Kostümen.

Im Laufe ihres 50-jährigen, verdienstreichen Wirkens mussten die „Höhner" viele schwierige Entscheidungen treffen und die Trennung von diesen Kostümen, offensichtlich sehr pflegeintensiv und Scheinwerfer untauglich, gehört gewiss zu den besonders klugen Entschlüssen der Frohsinnskapelle.

So irritierend das Gesamtkunstwerk „Höhnerhoff" *prima facie* auch war, so machte es doch Sinn! Schließlich waren schon zwei Jahre zuvor die „Bläck Fööss" an den Start gegangen. Mit einem neuen Sound, frechen Texten und gewitzten Auftritten hatten sie rasch die Herzen der Närrinnen und Narren erobert, die Säle gerockt. Mit anderen Worten: Die musikalisch-karnevalistische Latte lag beim ersten Auftritt der neuen Geflügelband verdammt hoch. Wer da als Band mithalten wollte, der musste sich schon etwas einfallen lassen. Musikalisch, textlich – aber eben auch optisch! Schließlich sollte sich der Auftritt im kollektiven Gedächtnis des verwöhnten Publikums fest verankern!

Das erste und zugleich das einzige übriggebliebene Kostüm der „Ur-Höhner" aus dem Jahr 1972 gehört Peter Werner. Die echten Hühnerfedern sind damals von den Ehefrauen der Bandmitglieder zunächst mit Tesafilm auf ein weißes Nachthemd aufgeklebt und später vernäht worden.

Schon drei Jahre später wurde aus dem „Höhnerhoff" die Band „De Höhner", bis schlussendlich auch noch das rheinische Kürzel „de" gestrichen werden musste — denn diese beiden Buchstaben wurden dringend als länderspezifische Top-Level-Domain der Bundesrepublik Deutschland im elektronischen Datenaustausch via Internet benötigt. Gell, das haben Sie noch nicht gewusst! Ha!

Aber auch die ausgefallensten Kostüme oder die originellsten Bandnamen nützen nichts, wenn die künstlerische Qualität nicht stimmt! Was nützen alle Federn oder Windmaschinen, Feuerwerkskörper, Bongotrommeln und Co., wenn das Publikum, ganz gleich ob U20 oder Ü60, vom Sound der Band und ihren Texten nicht – je nach Stilrichtung – in ausgelassene Stimmung oder selige Melancholie versetzt wird?

Auch das gehört zum Erfolgsrezept der „Höhner": Eben sind wir noch bei rockiger Musik – jedenfalls mental – über Tische und Bänke gesprungen, aber schon eine Minute später halten wir uns aneinander fest und schämen uns auch nicht, wenn ein paar Tränen der Rührung fließen. So simmer halt, hier links und rechts vom Rhein, himmelhochjauchzend, zu Tode betrübt. Dem Abstieg soeben entronnen, nächste Station Champions League! Irgendwie dazwischen ist nix für uns!

Ja, auch das macht den großen Erfolg der „Höhner" aus: Sie wecken mit ihrer Musik Emotionen, ihre Texte sollen auch ein kraftvolles Statement sein: Mal Ausdruck der Liebe zu „Mutter Colonia", mal Aufmunterung für die Fans im Fußballstadion oder in einer Handball-Arena; mal musikalische Begleitung grandioser Artistik im Zirkus Roncalli, wo Akrobatik oder Humor und Musik zu einer Einheit verschmelzen; mal ein klares Statement gegen Rassismus und Nationalismus in allen Varianten.

Spätestens dann, wenn aus karnevalistischen Hits Volkslieder werden, weil sie bundesweit, von jung und alt, in allen Regionen und bei ganz verschiedenen Anlässen geschmettert werden, dann sagt man als Band: Jawoll, wir haben es geschafft! Und für die „Höhner" bedeutet das: Geschafft nicht nur innerhalb und außerhalb der Session, live und via TV, auf Tonträgern aller Art, gestreamt oder unplugged.

Und sollte eine(r) glauben, „karnevalistische Hits am Fließband zu produzieren, das kann so schwer nicht sein", der kann es ja mal probieren. Auch wer meint, eine Büttenrede zu schreiben, die im Publikum zu Lachsalven führt, sei keine große Kunst – einfach mal ausprobieren! Was beim Sitzungspräsident mit gefühlten 6 Promille so locker daherkommt, ist in Wahrheit das Ergebnis schöner, aber manchmal auch harter Arbeit. Und mit guten Songs ist es nicht viel anders: Mal fliegen dem Komponisten die musikalischen Ideen nur so zu, mal verzweifelt man an einem einzigen Werk!

Das Œuvre der „Höhner" wird ganz maßgeblich durch drei Faktoren bestimmt: Hohes musikalisches Niveau, große Vielfalt im Repertoire – und eine beeindruckende Authentizität der ganzen Band! Wenn die „Höhner" auf die Bühne kommen, dann hat man das Gefühl: Jenau! Auf diesen einen Auftritt haben die den ganzen Tag gewartet – auch wenn es schon weit nach Mitternacht ist und die Höhner vorher schon acht andere Veranstaltungen gerockt haben. Jeder spürt: Die wollen nicht nur „jet Musik maache", sondern ihr Bestes geben! Henning hinterlässt nie das Gefühl „Ich tue hier nur meine Pflicht!", sondern stets „Jawoll, jetzt jeiht es loss!" Und wenn Jens zum Saxofon greift oder zu einem anderen der 23 Instrumente, die er virtuos beherrscht, dann ist es immer „Kür", nie nur Pflicht. Ja, es stimmt: Mutter Colonia hat viele großartige Bands hervorgebracht, aber keine zweite verfügt über eine derart große künstlerische Bandbreite wie die „Höhner" – „Höhner Classic" oder „Höhner Rockin' Roncalli" sind hierfür ja nur zwei Beispiele.

Außerdem: Ein ganz persönlicher Favorit ist gerade kein klassischer Stimmungshit und nix zum Mitgrölen: „Wann jeiht d'r Himmel widder op", dicht gefolgt von „Gut so, wie es ist!" – ja, auch das sind die „Höhner".

Das Lied ist nur ein kleines, aber besonders eindrucksvolles Zeugnis für euer soziales Engagement! Das Lobby-Restaurant für Berber und Banker (jawoll, in genau dieser Reihenfolge!) ist für euch wirklich ein Herzensanliegen. Wie viele andere karitative Anliegen auch. Wer über Jahrzehnte Glück und Erfolg hatte, sollte nie vergessen, die nie das Glück hatten, im Rampenlicht der Öffentlichkeit zu stehen, bejubelt und mit der Zuneigung der Fans verwöhnt zu werden. Das muss euch niemand sagen, das wisst ihr selbst, und ihr handelt danach. Seit 50 Jahren.

In diesem Sinne: Auf die nächsten fünf Jahrzehnte!

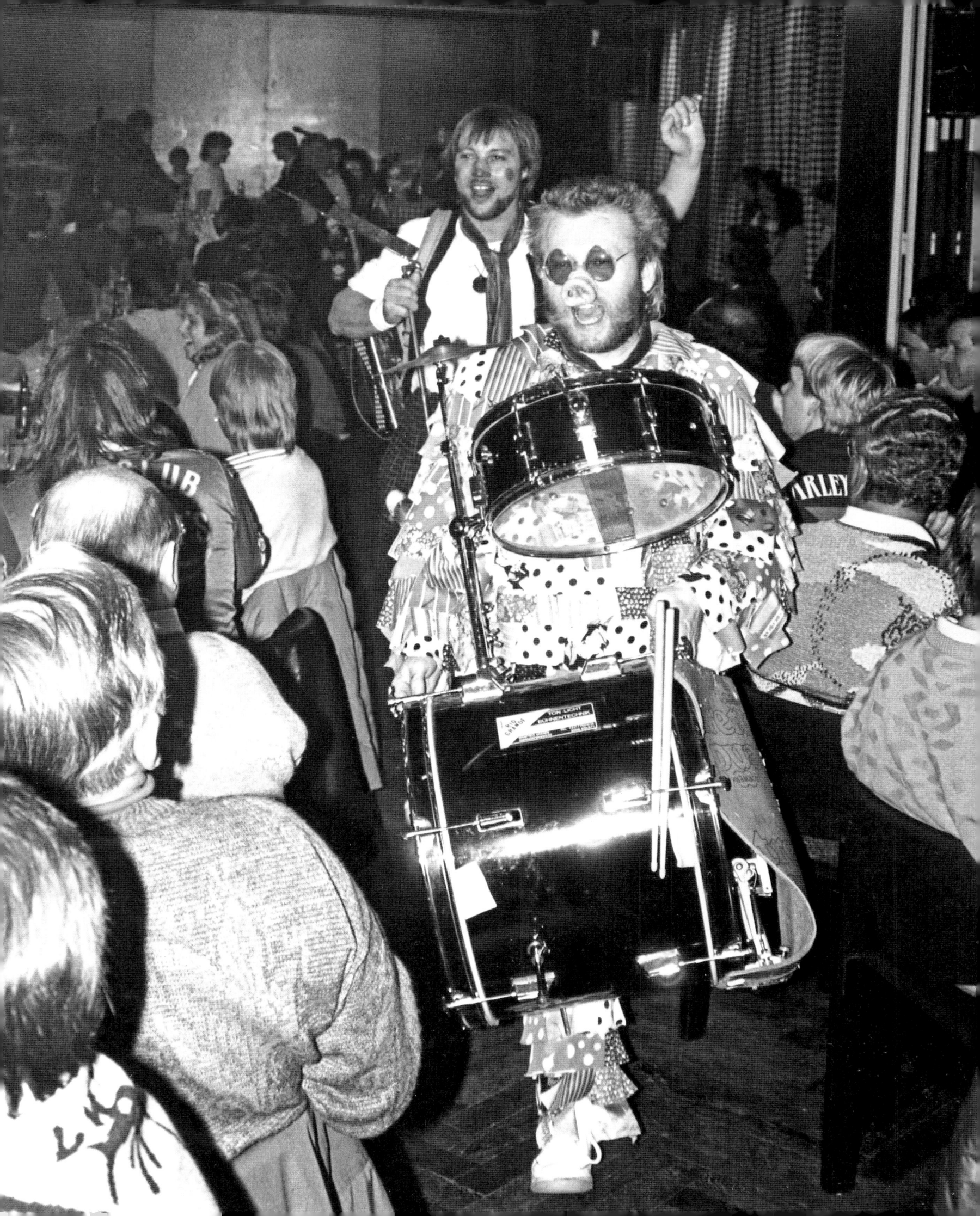

Dr. Hubertus Zilkens

Wo mir sin es Kölle

„Vorhang auf und Bühne frei": Es gab einst 147 Städte im Römischen Reich, die den Namen „Colonia" trugen, aber nur noch eine Stadt trägt ihn bis heute, und das ist Köln. Allein aus diesem Grund: „Viva Colonia!"

Es wird wohl keine weitere urbane Struktur in Europa geben, die eine ähnliche Musikkultur aufweist wie eben diese Colonia am ebenfalls vielbesungenen und vielbeschwommenen Vater Rhein. Nicht nur musikalisch ist Köln „dat Hätz vun d'r Welt".

Und als der liebe Gott eines Tages urlaubsreif war, schickte er die Engel „Jupp, Franz und Schäng" auf die Erde. Sie sollten dort das schönste Fleckchen herausfinden. Engel Schäng machte den Herrgott sogar „kribbelig un nervös", weil er gar nicht mehr in den Himmel zurückkehren wollte, in Köln blieb un et Nies hierode dät. Der wesentliche Grund hierfür war, dass er merkte, dass die Kölsche im Hätze Sunnesching han! Das ist ein Geschenk, „em Hätze Sunnesching ze han", keine „Muuzepuckel" zu sein. Der Kölner muss sich weder mit Kaviar, Champagner oder gar Germany's next Topmodel vergnügen, ihm reichen „Blootwoosch, Kölsch un e lecker Mädche" bereits zum Glück völlig aus!

Offensichtlich lebt hier ein besonderer Menschenschlag, der von sich sagen würde: „Minsche wie mir, dun kriesche un laache – Minsche wie mir sin nit jän allein." Diese Stadt ist hässlich und verbaut, mit vielen Ecken, die grau und kalt sind, fast so kalt wie Düsseldorf. Aber für die Menschen hier steht unbeirrt fest: „Hinger Kölle fängt d'r Dschungel an". Und es ist ein Gefühl, das die Menschen zusammenhält. „Du bes en Stadt met Hätz un Siel, hey Kölle, Du bes e Jeföhl".

Das ist eine Kernbotschaft europäischer Kultur, das ist das Elixier unseres Lebens: „Das bestimmende Moment ist Gefühl – das Wesentliche ist gestaltlos", heißt es bei Goethe und in vielen seiner Epigonen.

Dennoch bleibt der Schäl im Rheinländer Realist: „An dä Sorje schunkele mir schon nit vürbei". Im zweiten Welt-krieg wurde die Altstadt zu 88% zerstört. Doch bereits 10 Jahre später weihte man den inzwischen wieder auf-gebauten Gürzenich wieder ein: „He triff sich Jott un die Welt". Die „Festpiraten" kommen seit 2.000 Jahren mit alle Mann vorbei! Im 1. Jahrhundert n. Chr. war die Stadt mit allem urbanen Komfort ausgestattet, zu dem eine antike Stadt fähig war. Einst war sie eine der größten und schönsten Städte des europäischen Mittelalters.

Menschen, die hier leben, gefallen sich in dem Bewusst-sein, mit einer Pappnas jebore ze sin und den Dom en dr Täsch zu han. Und überhaupt, der Dom: In ihm sin Heimat un Himmel vereint. Hä es mieh, wie blos Kirch, un jeder, der ihn erbleck, spürt jet vun Fridde un Jlöck. Und „die Türme vum Dom han alles em Bleck", als wollten sie ru-fen: Schaut auch ab und an einmal nach oben, weitet eu-ren Blick, bleibt nicht immer nur spießig und berechnend auf der Vertikalität, der Augenhöhe eures Gegenübers hängen. Habt Vertrauen – „E Geschenk vum Himmel" ist nicht der „kölsche Klüngel", sondern die immerhin „53 Engel", die auf DICH aufpassen! Dieses Vertrauen sollen wir weitergeben: „Die Welt es joot" sollte das konstant kölsche Credo sein. „Schön dat de do bes, mir han uns lang schon nit mieh jesinn" ist eine positive Botschaft an unseren Nächsten und prägt unsere wohlwollende Lebenseinstellung!

Die Leute hier haben sich geschworen: Mir jon unsre Wääch! Wo mir sin, es Kölle, sagen sie sich: *Ubi bene ibi patria*, oder Dat es ne jode Lade he und keine beliebige Kamellebud.

Sie haben ihren eigenen Kopf und den nehmen sie überall mit hin. Wenn ich z.B. in Rom wor un in Paris, wenn et Fernweh mich dohin jedrivve hät, wo die Welt am Engk ess – und wenn ich vor lauter Fernweh gefragt habe: Hömma, Mamma, somma ma noh Afrika? – und dann nur

 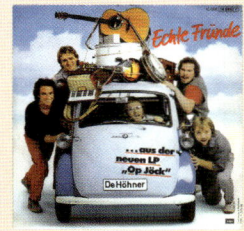    

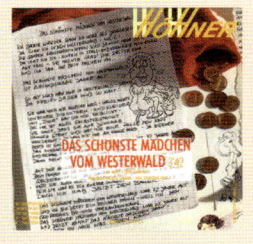     

 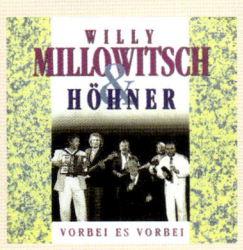    

     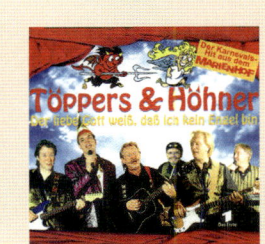

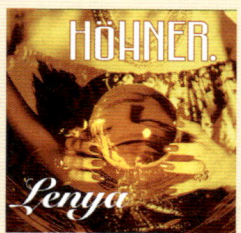

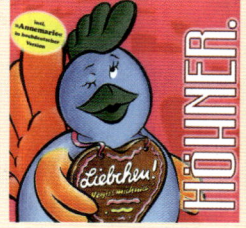

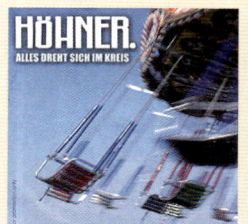

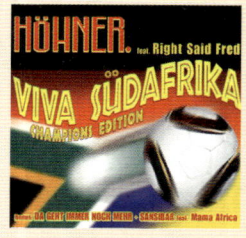

en d'r nächste Kaschämm bei Kabänes gelandet bin, kann man sagen: Ejal wo mer sin, Köln ist ubiquitär.

Wir alle wissen, dat et jede Augebleck nur eimol jitt – und dät es jenau jetz! Nichts ist wiederholbar, nix es einerlei – *Carpe Diem*, nutze den Tag. Jetzt ist die Zeit, jetzt die Stunde, jetzt der Augenblick, der nach Goethe verweilen möge, weil er so schön ist. Daher wünschen wir uns manchmal: Komm, wir halten die Welt an, denn wir lieben das Leben, die Liebe und die Lust. Wir glauben an den lieben Gott und haben immer Durst.

Das ist keinesfalls banal, sondern höchst komplex in diesen unseren verrückten Zeiten. Alles hät sing Zick un nix es einerlei. Kumm loss m'r fiere, denn jedes Ding hat seine Zeit und Glück erkennst Du nur im Leid. Die Trone, die de laachs, muss de nit kriesche! Das ist Resilienz – pur.

Wenn nicht jetzt, wann dann, wenn nicht hier, sag mir wo und wann, wenn nicht du, wer sonst, komm und nimm dein Glück in die Hand. Sie haben ihren Horaz offensichtlich unbewusst ein bisschen richtig verstanden. Aber nicht nur den Horaz, sondern auch den Aristoteles, denn die Frage nach dem Glück bewegt Europa mindestens seit dem 1. vorchristlichen Jahrtausend. Mach etwas aus deinem Leben! Das ist nicht nur ein rheinischer Imperativ. Es ist ein besonderer Weg, denn die Menschen dieser Stadt haben ein ganz tiefes Geheimnis europäischen Denkens verinnerlicht, nämlich dat der Ärjer vun hück die jode ahle Zick vun morje ess. Trotz Krankheit, trotz Krieg und Elend: Sie wissen, et jeiht immer wigger, die Karawane zieht immer weiter. Sie spüren dabei, dass der liebe Gott weiß, dass wir keine Engel sind. Als Menschen sind wir leider fehlbar und zum Bösen fähig. Wir sehen und lesen es täglich. Aber die Toleranz im ganz Großen ist hier zu Hause, nach dem Motto: Loss m'r levve un levve losse. Simmer dann nit all he Bröder – un Schwestere, müsste man heute gendergerecht hinzufügen. Gendergerecht sind wir hier schon lange, sogar im Tierreich, denn schließlich kritt dat Hohn e Limo, dr Hahn kritt e Bier, dat Hohn schleiht dem Hahn met d'r Limo vür de Bier.

Es treibt uns die Sehnsucht danach, wann dr Himmel endlich och für uns widder op jeiht. Wir brauchen keine Angst zu haben, wir sollen uns sagen: Steh auf, mach laut – selbstbewusst und zielgerichtet. Mir han alles em Jreff, denken wir so manches Mal, aber nicht immer, wenn wir es denken, stimmt es auch. Mir sin himmelhoch high in et Levve verknallt un manchmol zu Tode betrübt.

Dennoch sind wir alle, ausnahmslos, aber im kleinen und zwischenmenschlichen Bereich oft Räuber, dat weiß nit nur et leev Mariellsche. Sie ist und bleibt natürlich alles, was ich will, und ab und zu ein kleines Auswärtsspiel, wird sie mir wohl leider nur schwer verzeihen.

Dann bitte ich sie inniglich: Nemm mich su wie ich ben, ich weiß jenau, dat ich Fähler han ... Aber mich treibt die ständige Sehnsucht danach, dass sie mir ihr ganzes Herz schenkt und bei mir bleibt, denn ohne sie geht es nicht. Egal ob sie ein dickes Mädchen mit einem schönen Namen ist, vielleicht Tosca, Rosa oder Carmen heißt: Romantisch wäre es mit ihr allein auf dem Kirmesplatz, bei Karussells un bunte Büdcher. Oder egal wo, es kann dich früh erwischen mit der Liebe: Beim ersten Mal war sie sieben und ich nicht viel älter, ich hatte nur Augen für sie – ich liebte sie wie Apfelmus, su zärtlich wie Spinat, mein Herz schlug wie ein Pferdefuß, wenn ich dich sah, Du Aas. Liebchen, vergiß mich nicht, Liebchen, ich ston op dich. Wir sind für die Liebe gemacht, nicht nur heute Nacht, und irgendwann wirst du dann die Königin in meinem Reich und ich schenke dir ein Schloss am Rhein.

So manches ist zerstörbar in unserem Leben, niemals jedoch die Lust auf Liebe, die Lust auf Leben und die Lust auf Lust. Ich brauche keine Angst zu haben, denn in mir steckt ein Clown, der humorvoll, das heißt zu deutsch bodenständig (von lat., *humus*) über sich selbst lachen kann, doför bruch ich mich nit ze schamme. Och nit für dat, wat ich dun. Ich darf laache, ich darf knatsche, ich darf dräume, ich ben frei, wat de Lück övver mich denke, jo dat es mir einerlei! Das macht mich als Menschen aus. Das ist wahre Humanität. Ich denke mir so oft, wenn es schwierig wird: Kumm loss d'r Mot net sinke, und freue mich dann über echte Fründe, die mit mir wie Jott un Pott zesammeston.

Wir alle, besonders wir Rheinländer sind soziale Wesen, die Anschluss suchen, nicht nur auf Facebook Freunde anklicken möchten, sondern wahrhaftig nit jän allein sind. Und wem dann der große Wurf gelungen ist, eines Freundes Freund zu sein, und auch wenn er sogar nur eine Seele auf dem Erdenrund sein nennen darf, wie Schiller es formulierte und der Rheinländer Beethoven vertonte, dann soll er jubeln, denn wir wünschen uns: E Levve lang will ich zo dir jehüre, nit nur in Ihrefeld, Raderthal, Nippes, Poll, Esch, Pesch oder Kalk. Met Breef un Siegel, Hätz un Verstand spürt jeder, der dich erbleck, jet vun Fridde un Jlöck. Aber wenn ich eines Tages et ärme Dier bekomme, was ja immer passieren kann, so wie es dem Hein und dem Lisbeth auch gegangen ist, die sich zick 20 Johr e Bett deile, dann sage ich nur mal kurzfristig: Winke, winke, winke, ich jon eine drinke, ein, zwei Beer, dann ben ich widder he – ich muss ens erus he, jo dat musste doch verston.

Der Bezugspunkt ist unser Nächster und unser Dom. Das ist Heimat, das ist unser Himmel! Denn jedes Mol, wenn ich dä Dom vun wiggem soh, han ich jewoß: Die schönste Stroß op minger Reis', die führt noh Hus!

1972

Urhöhner

Peter Werner

Rolf Lessenich

Walter Pelzer

Janus Fröhlich

Die Urbesetzung
1972 – Walter
Pelzer (Klarinette),
Janus Fröhlich, Rolf
Lessenich (verstorben
1999; Gitarre) und
Peter Werner – beim
Warmsingen vor dem
Karnevalsauftritt
in der Garderobe
des St. Quirinus in
Mauenheim. Die Gage
für das „Höhner"-
Quartett: 80 DM.

1976, nach der Mit-
wirkung abends im
Millowitsch-Theater bei
dem Schwank „Drei
Dag ahl Kölle" ging es
nachts weiter auf die
Karnevalsbühnen. Be-
setzung: Peter Werner
(Bass), Rolf Lessenich
(Gitarre), Walter Pelzer
(Mandoline, Mundhar-
monika, Klarinette)
und Janus Fröhlich
(„abgespecktes" Schlag-
zeug).

Peter Werner

Wer glaubt, etwas zu sein, hat aufgehört, etwas zu werden.

Am 3.11.1949, dem Gedenktag des heiligen Hubertus, wurde ich in Köln-Mauenheim geboren. Daher rührt mein zweiter Vorname, Hubertus. Ich wuchs in einem Musikerhaus auf. Unter uns lebte ein Trommler, über uns wohnte Hermann Neuhaus, der Solotrompeter und erster Trompeter des Gürzenich-Orchesters, sowie Dozent an der Musikhochschule Köln. Daneben wohnte Familie Neugebauer, deren Tochter sich fleißig an Czernys Etüden versuchte. Wir hatten eine fantastische Hausgemeinschaft und wir feierten viele Feste zusammen, sogar Weihnachten.

Mein Vater war nebenberuflich Sänger an der Kölner Oper. Hauptberuflich arbeitete er bei der KVB (Kölner Verkehrs-Betriebe AG) als Mechaniker. Er war ein hervorragender Tenor, wie mir Ludwig Sebus viel später versicherte, übte oft bei uns zu Hause Opern- und Operettenarien und hat z.B. 1955 bei der Gürzenich-Eröffnung gesungen. Als persönlicher Freund des langjährigen Kölner Oberbürgermeisters Theo Burauen (1908–1987) sang mein Vater vor Karnevalssitzungen des Öfteren als Eisbrecher – heute würde man es neudeutsch als „Warmupper" bezeichnen. Er sang dann Lieder wie: „Ja, ja, der Chiantiwein" ... und Ähnliches. Vater brachte mir von den Sitzungen immer einen Orden mit oder ein Schokoladenauto oder eine andere Kleinigkeit.

Bei uns im Haus lag immer und überall Musik in der Luft. Was hätte ich also anders werden können als Musiker? Bereits mit vier Jahren absolvierte ich meinen ersten Auftritt als Sänger, als Achtjähriger sang ich bereits an der Seite einer Opernsängerin auf einer Schallplatte.

Weil mehrere Klaviere im Haus waren, hatten meine Eltern den Wunsch, dass ich auch noch Klavier lernte. Mein neun Jahre älterer Bruder spielte bereits, als ich mit sechs Jahren damit begann, zugleich wurde ich von Herrn Neuhaus in der Trompete unterrichtet. Bei jedem schiefen Ton stampfte er derart auf dem Boden auf, dass bei uns der Kronleuchter wackelte: Da unser Haus im Krieg zerbombt worden war, war es besonders hellhörig.

1975/76, Mitwirkung bei 96 Vorstellungen im Millowitsch-Theater. Willy Millowitsch, hier als Frau verkleidet. Es entstand eine langjährige Freundschaft zu ihm, und ihm zu Ehren haben die „Höhner" 1994 das Lied geschrieben: „Willy, wat wör Kölle ohne dich".

Abordnung der „Mauenheim Singers" im Jahr 1970: Thomas Knop, Walter Pelzer, Rolf Lessenich, Peter Werner. Sie traten regelmäßig bei modernen Jugendmessen, auf Pfarrfesten oder an Heiligabend in der Kölner JVA Ossendorf auf.

Meine erste eigene Band, an die ich mich entsinne, waren die „Mauenheim Singers", ein gemischtes Ensemble aus 10 Mädchen und 15 Jungs. Man kann sagen, es war der „Jugendchor St. Quirinus Mauenheim". Häufig habe ich mit Wolfgang Oelsner zusammengespielt, einem anderen Schüler von Wolfgang Neuhaus, beispielsweise trompeteten wir auf der Fronleichnamsprozession bei Paul Adenauer in Schildgen. Auch am Brühler Schloss haben wir zu Fronleichnam einmal gespielt. Es gab damals kein Geld, sondern wir wurden in Naturalien bezahlt; aus Brühl bekamen wir Briketts in Säcken angeliefert, die wir im Keller gestapelt haben.

Später als Schüler gründeten wir wieder Bands: Die erste war ein Blechbläserensemble an der Eichendorff-Realschule, beliebt bei Martinszügen und Fronleichnamprozessionen. Mit der Band am Herder-Gymnasium dann spielte ich viele Jugendmessen und lernte dabei Franziska („Zissi") kennen, die spätere Frau meines Freundes Janus Fröhlich, die bei diesen Gelegenheiten gerne „Son of a preacher man" gesungen hat. Aus einer solch behüteten katholischen Ecke stamme ich also. Eines Tages, zu Karneval 1972, saß ich im Elferrat von St. Quirinus-Mauenheim. Dort in unserem kleinen Saal spielten die „Schwadlappen" auf der Bühne. Und ich dachte bei mir: „Was die da auf der Bühne machen, das könntest du doch eigentlich auch."

An der Pädagogischen Hochschule Köln bin ich immer wieder Janus Fröhlich begegnet und darus hat sich

langsam eine Freundschaft entwickelt. So kam es, dass ich ihn fragte, da er auch in einer Band spielte, ob wir nicht musikalisch etwas gemeinsam machen wollten. Es sollte karnevalistisch sein, schließlich war mein Vater als Mitglied der „Muuzemändelcher" in diese Richtung engagiert. (Und ich schrieb im Jahr 1974 sogar meine akademische Abschlussarbeit über das Karnevalslied seit 1945.) Meine Überlegung war: Welche Innovation könnte im Karneval Erfolg haben? Es gab bereits eine Band, die barfuß auftraten, ihr Hit hieß: „Drink doch eine met". Wenn man einen kölschen Text innovativ darbieten würde, vielleicht auch noch im besonderen Outfit, das müsste doch beim Publikum ankommen!?

Vielleicht war ich unbewusst beeinflusst vom „Karneval der Tiere" von Camille Saint-Saëns (1835–1921). Vielleicht war es auch die Tatsache, dass mein Schwiegervater im deutschsprachigen Teil Belgiens in St. Vith als Viehhändler einen Hühnerhof besaß. Jedenfalls wollte ich, dass wir als Hühner auftraten! Bis dato gab es im Karneval schon fast alles, aber noch keine Tiere. Mir war sicherlich auch der besondere Aufmerksamkeitswert damals schon bewusst.

Also verfolgten wir einen Plan: Im Herbst 1972 wollten wir uns bei der KAJUJA, der Karnevalisten-Vereinigung der katholischen Jugend in Köln, vorstellen: Wir hatten unseren Namen, „Ne Höhnerhoff", wir hatten extravagante Kostüme, und ich hatte meine Freunde von den „Mauenheim Singers": Rolf Lessenich († 2019) und Walter Pelzer stimmten sofort zu, eine Karnevalsband zu gründen. Und als Schlagzeuger konnten wir meinen neuen Uni-Freund Janus Fröhlich gewinnen. Mit dem kölschen Dialekt hatten wir vier bislang eher beiläufig zu tun. Mein früherer Lehrer Gustav Hamacher, der damalige Vorsitzende des Eifelvereins, hatte mich zu Schulzeiten regelmäßig darin unterwiesen. Und zu Hause wurde Rheinisch mit kölschen Knubbeln gesprochen.

Unsere Karriere in den Hühnerkostümen wurde von meinen Eltern anfangs kritisch beäugt. Das hat sich erst verändert, als ein zweiseitiger Bericht in der Kirchenzeitung über uns veröffentlicht wurde. Und erst, als ihr Sohn viel, viel später in den 1990er-Jahren in der Philharmonie mit der Jungen Sinfonie Köln auf der Bühne stand, war meine Mutter wirklich stolz. Mein Vater hingegen hat mich immer machen lassen, nach dem Motto: „Hauptsache, d'r Jung es glöcklich."

Nach unserer erfolgreichen KAJUJA-Bewerbung, zu deren Anlass wir vier Lieder einstudiert hatten, darunter den „Höhnerhoff Rock" und „Jetz jitt et Körnsche", folgte am Buß- und Bettag 1972 unser erster Auftritt im Brunosaal in Klettenberg. Unsere Freundinnen und späteren Frauen, und die Mutter von Janus hatten unsere Idee aufgegriffen, ein Hühnerkostüm zu gestalten. In einem sehr aufwendigen Verfahren wurden Cellophan auf Nachthemden geklebt und darauf mit der Maschine Federn angenäht – fertig war das Federkleid! Es war wahnsinnig heiß darunter und wir stanken furchtbar nach unseren Auftritten! Aber wir waren Studenten und brauchten das Geld: Unsere ersten Gagen lagen bei 80 DM. Wir wussten vom Studium her, dass berühmte Leute besonders „bekloppt" waren und irgendwie auffallen mussten. Und der Karneval ist bekanntlich anarchisch, er zeigt der Obrigkeit den Stinkefinger. Das haben wir auf unsere Weise mit den Hühnerkostümen getan. Janus mit seinem mit Hosenträgern präparierten Pürzel hat als besondere Showeinlage sogar spektakulär ein Ei gelegt! Es war unser Ziel, Tabus zu brechen und Grenzen zu überschreiten – und natürlich etwas Geld nebenbei zu verdienen. Dennoch war für uns dieses „Anarchoprojekt" zunächst „just for fun". Keiner hätte damals daran gedacht, das Thema professionell weiterzuführen.

Es war uns bewusst, dass wir unmittelbar am nächsten Tag ein Bild unseres Auftritts in der Zeitung sehen würden und einen Kurzbericht im WDR bei „Hier und Heute unterwegs" bekämen. Darüber hinaus gelangten wir mit unserem denkwürdigen Auftritt auch noch in den Kölner Treff.

Die Sauerei, die unsere Kostüme mit den Federn hinterließen, machte die Reinigungskolonnen in den Kölner Sälen wütend, zumal wir irgendwann auch noch damit begannen, mit Federn um uns zu werfen. Darum wollten wir irgendwann „sicherheitshalber" nicht mehr als „Ne Höhnerhoff" auftreten. Ab dem Jahr 1975 haben wir uns nur noch „De Höhner" genannt, ließen die Federn weg und traten im schwarzen Wöbchen auf. An einem gewöhnlichen Abend in der Session hatten wir drei Auftritte: um 19.00 Uhr um 20.00 Uhr und um 24.00 Uhr. Wie überbrückt man die Wartezeit? Entweder mit Taxi fahren, wie es Janus Fröhlich so gerne tat, oder man lauert auf ein „Loch" im Programm:. Als Hühner verkleidet standen wir im Gürzenich am Tresen, bereit für spontane Auftritte. Und plötzlich – wie so oft – rief uns ein Präsident auf die Bühne, kündigte uns als DIE Neuheit des Karnevals an und wir spielten „Höhnerhoff Rock" und dann „Kaygass". Als wir später erfolgreicher waren, erklärten wir das so: „Wenn et nit läuf, spille m'r unsere Hits, die jeder kennt: Hätz, Räuber, Winke."

Vermittelt von unserem Freund Wim Mergenbaum, einem Neffen von Willy Millowitsch, spielten wir ab Dezember 1975 im Millowitsch-Theater 96 Vorstellungen von „3 Daach ahl Kölle", einem Spiel in Gehrock und Zylinder aus der guten alten Zeit um 1900; wir saßen dabei meist unten im Orchestergraben, teilweise waren wir aber auch auf der Bühne. Stets am späteren Abend

absolvierten wir unser Karnevalsprogramm. Die Millowitsch-Session war für uns jedoch ein hervorragendes Sprungbrett. Der Impresario vom Millowitsch-Theater war Otto Hofner. Er war sehr wichtig für die Entwicklung unserer Band. Mich nannte er immer „Herr Junglehrer". In seinem Büro flogen Graupapageien, vor denen man sich fürchten musste. Wir baten ihn, uns einmal zu testen für die „Lachende Sporthalle". Darüber musste er selbst lachen: „Ihr müsst schauen, dass ihr euch erst einmal anderswo positioniert. Ich besorge euch einen Auftritt in Münster in der ‚Lachenden Münsterlandhalle'." Dort durften wir drei Lieder spielen, nicht mehr, aber wir kamen gut an und so bekamen wir im kommenden Jahr eine Chance in der „Lachenden Sporthalle" in Köln. Auch das war ein Erfolg, sodass war zu einem festen Bestandteil in der „Lachenden Sporthalle" wurden und unser Bekanntheitsgrad langsam, aber sicher zunahm.

Als uns Rolf Lessenich 1976 in Richtung Ibiza verlassen hatte, brauchten wir einen neuen Leadsänger. Auf Vermittlung von Winfried Bode stellte sich ein Rockmusiker mit hüftlanger Mähne bei uns vor. Ich dachte zuerst, er hätte sich in der Tür geirrt. Doch es war tatsächlich unser neuer Sänger Peter Horn, der fand, dass Obermessdiener im Vergleich mit uns progressiv aussähen. Vor allem mich muss er für einen unfassbaren Spießer gehalten haben …

Sommer 1972, erster öffentlicher Auftritt mit Janus Fröhlich, den Peter Werner vom Studium von der PH kannte. Ort: Em Ahle Kohberg, Köln Merheim.

De Höhner: Konkurrenz für die Bläck Fööss?

Höhner picken am Bläck-Fööss-Ruhm

Konkurrenz für Kölns beste Sänger-Gruppe?

Von THOMAS FRÖHLING

exp **Köln** — Seit Jahren sind die „Bläck Fööss" für die deutschen Schallplattenfirmen ein Phänomen. Ihr großer Erfolg wurde anerkannt — aber er galt auch als nicht wiederholbar. Doch nachdem sich die letzte LP der „rheinischen Beatles" gleich mehr als 150 000mal verkaufte, glauben nun auch andere an einen kölschen Markt. So schickt jetzt die Konkurrenz eine Truppe ins Rennen, die mitverdienen soll am Bläck-Fööss-Boom.

Das Quartett nennt sich die „Höhner" und gibt auch offen zu: „Zuerst haben wir versucht, eine Alternative zu den „Bläck Fööss" zu bringen. Während sie rockten, wollten wir etwas Swing auf die Bühne bringen. Aber den Erfolg schafften wir zugegeben erst, als auch wir verstärkt auf die Bläck-Fööss-Linie einschwenkten..."

Gegründet wurden die „Höhner" 1972. Schon damals stieg die Truppe ins Karnevalsgeschäft ein. Mit Erfolg. In der Session 77/78 aber schafften sie den Sprung nach oben — und den Vertrag für eine LP.

Chef der Gruppe, Jan-Peter Fröhlich: „In dieser Zeit hatten wir 150 Auftritte. Zuletzt waren wir auch in der Lachenden Sporthalle — mit den »Bläck Fööss«. Das war ein Schlauch, aber es hat sich gelohnt. Jetzt haben wir den LP-Vertrag."

Das Programm der „Höhner" sieht dem der Bläck Fööss recht ähnlich — und das wird auch nicht abgestritten. Jan-Peter Fröhlich: „Wir sind ja praktisch zur gleichen Zeit auf die Bühne gegangen wie die »Bläck Fööss«. Damals haben wir noch versucht, uns ganz bewußt abzusetzen. Aber wir haben doch gelernt, daß den kölschen Liedern, die Geschichten erzählen, die Zukunft gehört. Auf dem Weg der »Bläck Fööss« wollen wir weitergehen. Natürlich nicht als bloßer Abklatsch, wir haben unsere eigenen musikalischen und textlichen Vorstellungen."

Peter Horn machte sich im Laufe der Jahre sehr verdient um unsere Band. Er übernahm schnell die inhaltliche Führung und brachte uns die irische Musik näher, indem er Lieder schrieb wie „Blootwosch, Kölsch un e lecker Mädche", „Dat Hätz vun d'r Welt", „Echte Fründe", „Ich ben ne Räuber" oder „Winke Winke".

1979 hörte auch Walter Pelzer bei uns auf, weil er sich seinem Beruf widmen wollte, und F.M. Willzill stieß dazu. Janus und ich kannten F.M. von der Uni. Er beherrschte alle Saiteninstrumente und die „Quetsch" und war zwischendurch bereits ersatzweise bei uns eingesprungen. Und 1979 nahmen wir mit Günter Steinig noch einen Bassisten in unsere Truppe auf.

Fortan probten wir regelmäßig und professionell bei Peter Horn in der Brühler Straße. Unser Liedmaterial reichte jetzt für eine erste LP aus. Die LP hieß „Ich well noh Hus", und unser Walzer „Blootwoosch, Kölsch un e lecker Mädche" entwickelte sich zu einem echten Evergreen. Im Mai 1978 erschien unsere erste Single zur bislang letzten Meisterschaft des 1. FC Köln: „Unsre Bock eß Meister" — der Beginn einer jahrzehntelangen Freundschaft mit dem 1. FC Köln und seinem Umfeld.

In dieser Zeit entstand mit dem kölschen Folk-Song „Räuber" ein Riesenhit, aber auch „Clown" und „Kamellebud" weckten die Begeisterung unseres jecken Publikums. Wir entwickelten eine regelrechte Philosophie der Clowns und waren auf der Bühne auch als solche geschminkt.

Zu unserem Hit „Echte Fründe" (unsere Version des Folk-Songs „On the one road" von „The Wolfe Tones") gab es 15 oder 16 unterschiedliche Textentwürfe. Wir waren alle auf mitsingbare Melodien gepolt. Damals hatten wir Kontakt zu dem Mundartautor Albert Vogt alias B. Gravelott. Er hat uns geholfen bei unseren Textentwürfen und der Frage, welche Inhalte wir in dem, was wir singen, vertreten wollen. „Loss se lofe" Text von Albert Vogt (Gravelott) – das wollten wir nicht. Es war uns wichtig, das archaische Thema „Freundschaft" angemessen zu behandeln. „Echte Fründe" wurde für Jahrzehnte der Opener bei unseren Auftritten, und seine Thematik taucht immer wieder auf in unseren Liedern, etwa im Lied „Mer stonn zo dir, FC Kölle".

Janus und ich waren zunächst noch sehr mit unseren Lehramtsstudien beschäftigt und dann wurden wir rasch etablierte Lehrer. Natürlich kollidierte der Auftrittsstress irgendwann mit unserer Arbeit in der Schule. Der damalige Rektor an meiner Schul, der Papst-Johannes-Schule in Pulheim, war Italiener und er hat mich einmal gefragt: „Wer sind Sie, Dottore, Professore, oder sind Sie ein Huhn?"

Da wurde mir klar: Man kann nicht 200 Auftritte pro Jahr absolvieren, teilweise bis tief in die Nacht, und dann morgens wieder konzentriert vor der Schulklasse stehen. Ich musste morgens immer öfter die Fenster öffnen lassen, damit ich wach blieb. Zum Schulschluss stand das Auto mit laufendem Motor bereit, um zum nächsten Auftritt zu hasten.

Mit den Wechseln in unserer Band wurde die Öffentlichkeit auf uns aufmerksam, und auch andere Bands wie die „Bläck Fööss". Mit unseren präsentablen Hits kamen wir Ende der 1970er- und Anfang der 1980er-Jahre in die Karnevalsfernsehsitzung. Rudi Oertel wurde unser neuer Produzent und Hans Schulz unser Arrangeur. Für unser Lied „Flitzer" wurden wir wieder in die WDR-Sendung „Kölner Treff" eingeladen. Dort organisierten wir jemanden, der für uns nackt durchs Bild lief – das war eine absolute Sensation und man sprach über uns. Wir wurden immer populärer und im Fernsehen präsenter.

Links: „Express"-Artikel nach dem Plattenvertrag bei der Metronome. Rechts: Peter Werner, der neben dem Akkordeon auf dem Rücken auch die Notenkiste für die Begleitkapellen trägt. Nächste Seite: Peter Werner in einem historischen Kostüm des klassischen „Weiß-Clowns" in einer seiner Paraderollen als Interpret der poetischen Ballade „Seifeblose", gemeinsam mit Artistenkindern des Schulzirkus Radelito in der Manege der „Höhner Rockin' Roncalli"-Show.

Mit unserem von „Köbes" Jakob Sauer gesponserten roten Band-Bus, einem Ford Transit mit der Aufschrift „Höhner", fuhr uns Janus als „personifiziertes Navi": Er hat es auch später strikt abgelehnt, ein Navigationsgerät anzuschaffen.

Mittlerweile war das gesamte Rheinland unser Revier. Wir sprachen vom „Kölsch bzw. Alaaf Äquator".

Seit damals waren wir auch Mitglieder im Stammtisch Kölner Karnevalisten und wurden gefragt: „Wat han se dann widder Neues?" Zu Peter Horns Zeiten konnten wir immer ein Lied präsentieren, das für die neue Session funktionierte, von „Dat Hätz vun d'r Welt" über „Echte Fründe" bis hin zu „Winke winke". Meistens wurde es ein irisch klingender Song. Irgendwann, als es uns zu irisch wurde, haben wir im WWF Club mitten während der Karnevalssession „Wenn em Sommer de Naach wärm weed" gesungen. Damit gerieten wir in eine Phase, in der wir musikalisch ein wenig auseinanderdrifteten. Peter Horn wollte unbedingt weiter ausschließlich Kölsch machen, Janus und ich waren offen für hochdeutsche Texte. Wir wollten von außen nach Köln hineinkommen. Uns war seit unserer Gründung klar, dass wir in Köln immer die „Zweitgeborenen" bleiben würden. Aber diese Position bietet natürlich auch eine besondere Chance. Wir betrachteten uns als Singer-Songwriter, wir hatten keinen Hans Knipp wie die „Bläck Fööss"; wir mussten unsere Texte selbst schreiben und uns immer wieder neu erfinden.

Im Sommer 1986 hatten wir den Schock des Ausstiegs von Peter Horn zu verkraften. Peter blieb noch bis Aschermittwoch 1987 bei uns und stand mit seinem Nachfolger Henning gemeinsam auf der Bühne, um ihn „einzuarbeiten". Und auch nach seinem Ausstieg pflegten wir weiterhin einen intensiven Kontakt zu ihm – nicht zuletzt durch unser regelmäßiges gemeinsames Tennisspiel.

Wir standen durch den Karneval unter einem gewissen Erfolgsdruck und mussten Hits produzieren. Um uns jedoch von der Konkurrenz abzuheben, setzten wir immer auch auf Show und Klamauk. Ein Beispiel ist „Wenn's dir gut geht". Als wir dieses Lied 1989 im WWF Club gespielt haben, lag Henning mit einem aufwendigen Gips versehen auf der Bühne. Am selben Abend wurden wir auf Vermittlung der Plattenfirma mit einem – aus Kassel angeforderten – Hubschrauber nach Müngersdorf ins Stadion geflogen zum Spiel des 1. FC Köln gegen Bayern München. Es war ein dreiminütiger Flug und wir kamen uns vor wie Superstars. Gelandet sind wir auf der Westkampfbahn und Frank Laufenberg hat uns fantastisch anmoderiert.

Am 1. Februar 1990 ist Hannes Schöner zu uns in die Band gekommen. Ich erinnere mich in jener Zeit an Ärger mit dem Colonia Duett, den Superstars des Büttenkarnevals. Zu unserer Nummer „Kumma da!" haben wir damals immer Tröten verteilt, und die Zuschauer machten damit einen Riesenlärm. Darüber ärgerte sich das Colonia Duett.

Eines Tages fuhr ich mit meiner Frau nach Karneval nach Gran Canaria in das Tennishotel von Helga Masthoff. Am Flughafen trafen wir Hartmut Priess von den „Bläck Fööss" mit seiner Frau. Sie hatten das gleiche Ziel, sie wollten auf Gran Canaria wandern. Und dann stand bei unserer Ankunft auf der Insel einer vom Tennishotel am Flughafen mit einem Schild, auf dem „Priess Werner" stand – wir hatten also auch noch dasselbe Hotel und kamen sogar Tür an Tür unter, in Zimmer 7 (Werner) und Zimmer 8 (Priess). Bei einem Rotwein saßen wir eines Abends bis 5 Uhr früh zusammen. Bei dieser Gelegenheit gelang es uns in gewisser Weise, die „Claims" abzustecken. Das Terrain „Kölner Stadtgeschichte" war dabei das zentrale Thema. Es war mir wichtig ihm zu sagen, dass wir als reine Karnevalscombo und Stimmungsband gestartet waren, uns aber im Laufe der Jahrzehnte musikalisch und inhaltlich weiterentwickelt hatten.

Es ging uns um die übergeordnete Botschaft „Lebensfreude, Lebenshilfe, Lebensweisheit". Man denke nur etwa an unsere Auftritte mit dem Orchester der Jungen Sinfonie Köln und an unser soziales und gesellschaftspolitisches Engagement. Tatsächlich haben sich die „Höhner" immer schon auch in anderen Bereichen getummelt, nicht nur im Karneval. Doch sind unsere Balladen nie so populär geworden: Die Leute wollen vielfach lieber „Hätz", „Räuber" oder „Winke winke", die „leichten" Hits eben. Dabei hat beispielsweise unser Titel „Skyline von Köln" einen ernsten Hintergrund, er entstand, als sich Hennings Sohn zu den Blauhelmsoldaten melden wollte. Man kann es wohl so zusammenfassen: Die Sonne scheint und gleichzeitig leuchten die Sterne – Karneval und gleichzeitig andere Projekte wie Unicef, Berber (LORE), DKMS, Leseclubs und die Projekte Höhner Rockin Roncalli Show, Adventsmitspielkonzert im Kölner Dom, Höhner Classic und vieles mehr.

Eine Veränderung der öffentlichen Wahrnehmung unserer Band fand 1992 statt im Rahmen der Kölner Kampagne gegen rechte Gewalt mit dem Titel „Arsch huh, Zäng ussenander". Wir galten bis dahin als Band für das Feiervolk, aber dieses Jahr und dieses Projekt brachten unsere persönliche „Zeitenwende". Das haben wir unserem Publikum gespiegelt und den „Arsch huh"-Gedanken konsequent in den Karneval getragen und die Hymne „Arsch huh, Zäng ussenander" gespielt. Die Offiziellen haben anfangs gelauert, wie das ankäme, aber

das Publikum war auf unserer Seite. Wir haben auch das berühmte Antikriegslied „Where have all the flowers gone" auf Kölsch gesungen: „Saach mir wo die Bloome sin". Und ab 1992 gewannen wir jährlich den „närrischen Oscar" des *Express*.

In meiner Gefühlsbiografie war mein größter Auftritt der in der Philharmonie am 30. April 1993, zum 20-jährigen Jubiläum der „Höhner". Möglich war dies dank meiner freundschaftlichen Kontakte zu Christa Hässy, die ich noch aus Studienzeiten kannte. Ihr Mann Günter Hässy leitete die Junge Sinfonie Köln. So kam es, dass wir an jenem 30. April 1993 mit diesem Orchester altbekannte „Höhner"-Lieder in einem völlig neuen Gewand spielen durften – es war überwältigend! Unser Klassikkonzert war ein Riesenerfolg. Und so war es immer schon: Wir haben uns immer wieder neu erfunden und experimentiert, sei es mit unseren „Komzerten", einer Mischung aus Komödie und Konzert, oder der „Höhner Rockin' Roncalli"-Show.

Wir hatten auch großartige Menschen an unserer Seite, etwa unseren langjährigen Produzenten Thomas Brück, der mit uns 18 CDs produzierte, oder Thomas Bruchhäuser, den geistigen Vater der „Höhner Rockin' Roncalli"-Show. Aber auch der unvergessene Willy Millowitsch hat uns sehr geprägt.

Mein Lebensmotto – immerhin auch als ausgebildeter Religionslehrer, der dem Christentum, aber auch dem Sufismus und seiner Spiritualität in besonderer Weise verbunden ist – lautet: Jemand, der weiß, dass er nichts

weiß, weiß mehr als einer, der nicht weiß, dass er nichts weiß. Ich könnte auch sagen: Wer glaubt, etwas zu sein, hat aufgehört, etwas zu werden.

Als dankbarer Mensch bin ich mir in besonderer Weise meiner eigenen Wurzeln bewusst. Man bleibt immer das Kind seiner Eltern, oder wie Hölderlin es ausdrückte: „In deinen Augen sah ich mich entstehen." Man bekommt seine Vergangenheit und seine Herkunft nie verdrängt. Auch wenn meine Eltern früher nicht sonderlich begeistert waren, dass ich als studierter Lehrer „etwas im Karneval" machen wollte, bin ich nach 43 Jahren auf der Bühne mit meiner Entscheidung im Reinen und meine Eltern werden da oben im Himmel zufrieden auf uns herunterschauen. Ich kann sagen, dass ich heute ein glücklicher Mensch bin, den die Musik durch Deutschland führte, beispielsweise zum Gewandhausorchester in Leipzig, aber auch in alle Welt, z.B. mit den Kölner Roten Funken.

Ich tue mich schwer damit, das Wort „Gott" oder gar „Vorsehung" inflationär in den Mund zu nehmen. Aber ich bin dankbar für die besonderen Eckpfeiler und Orientierungspunkte in meinem Leben. Meine Familie gibt mir eine besondere Kraft, meine liebe Frau Eleonore, meine Kinder, die mich als Vater nicht intensiv erlebt haben, weil ich viel mit den „Höhnern" unterwegs war. Das versuche ich heute mit meinen Enkelkindern nachzuholen. Ich bin tief verwurzelt im Christentum und in den Riten und Bräuchen der kirchlichen Gemeinschaft.

Der Mensch braucht Rituale und Orientierung. Sicherlich gibt es vieles, was ich an unserer Kirche kritisiere, aber den Zusammenhalt, ob im Veedel, bei uns in Stommeln, ob in Köln oder weit darüber hinaus, empfinde ich als notwendige und globale Wertestruktur.

1974, Klompen für ein Hühner-Kostüm.

28

Peter Werner studierte u.a. Musik mit Hauptfach Trompete und Nebenfach Gitarre, Kontrabass und Klavier. Dann kam in der Band der Wunsch nach einem Akkordeon auf und schnell war jemand gefunden. Dass er mal mit dem berühmten russischen Clown Andrey Jigalov re.u. auftreten würde, konnte er da noch nicht ahnen ...

Rolf Lessenich

Der „Schmelztiegel" der Höhner war die katholische Jugend in Köln-Mauenheim.

E r war der erste Sänger der „Höhner", als diese Band noch in den Kinderschuhen steckte. Rolf Lessenich wurde am 27. November 1951 in Köln geboren und sang bereits als Kind im Knabenchor des Kölner Doms. Er lernte Gitarre und wurde als Gitarrist und Sänger Mitglied der Beatband „Browned Off". Dem Gründer der „Höhner", Peter Werner, begegnete Lessenich im „Schmelztiegel" der Band, bei der katholischen Jugend in Köln-Mauenheim. Gemeinsam mit Walter Pelzer gehörten die Jungs ab 1965 zu der Formation „Mauenheim Singers", die dann sieben Jahre später, ergänzt durch den Schlagzeuger Janus Fröhlich, zum „Höhnerhoff" wurde. Rolf Lessenich war karnevalistisch sozialisiert und sang bis zum Frühjahr 1977 bei den „Höhnern" als Frontmann, bis ihn das Aussteigerfieber packte. Eigentlich wollte er eine Kneipe auf Ibiza eröffnen, was jedoch nicht geschah. Der gelernte Bankkaufmann blieb in Köln und auch der Musik treu, er spielte in unterschiedlichen Formationen mit, unter anderem bei den „Fründen".

Rolf Lessenich lebte mit seiner Frau Heidie nach 1995 in Berlin und Norddeutschland und starb plötzlich nach kurzer schwerer Krankheit am 23. Januar 1999.

Walter Pelzer

Löcher im Programm wurden gerne mit einem Auftritt von uns gestopft.

Am 24. Juli 1950 wurde ich in Köln geboren. Musik begleitete mein junges Leben und mein Vater wurde mein erster Musiklehrer, indem er mir Gitarre beibrachte. Hinzu kamen noch andere Instrumente wie Klarinette, Mandoline, Mundharmonika und Querflöte. Meine musikalischen Fähigkeiten reichten, um Eindruck zu schinden, nicht jedoch, um darauf eine Karriere als Profimusiker aufzubauen.

Entscheidend für die Gründung der späteren „Höhner" wurde meine Freundschaft mit Peter Werner. Wir beide verbrachten eine Zeit unserer Jugend gemeinsam in der Rea.schule in Köln-Ehrenfeld. Dort freundeten wir uns an und betätigten uns musikalisch gemeinsam mit Rolf Lessenich in der Pfarrgemeinde St. Quirinus in Mauenheim. Damals, im Jahr 1965, entstanden auf Peters Initiative hin die „Mauenheim Singers". Außerdem gab es in der Gemeinde ein Kammer- und ein Blasorchester sowie einen Jugendchor mit 40 Personen. Peter spielte Trompete, ich Klarinette. Wir sind damals von Hochzeit zu Hochzeit gefahren in wechselnden Besetzungen und haben auf Jugendmessen, bei kirchlichen Festivitäten und natürlich an Weihnachten gespielt. Irgendwann kam dann Janus Fröhlich dazu und jedes Wochenende war irgendwas los.

Eines Tages setzten wir uns ernsthaft zusammen und berieten, ob wir uns musikalisch im Karneval betätigen sollten. Peter kam durch seinen späteren Schwiegervater auf den Namen „Ne Höhnerhoff". Dann bewarben wir uns im Sommer/Herbst 1972 bei der KAJUJA in Köln und bekamen sofort 80 Auftritte.

Wenn es irgendwo im Karneval auf den Sitzungen ein Loch im Programm gab, wurde diese Lücke gerne mit einem Auftritt von uns gestopft. In der frühen Zeit produzierten wir unsere erste Single mit dem Titel „Et jeiht nix über Ostermann". Nach etwa zwei Jahren hatten wir bereits 120–150 Auftritte in der Session. Die Musik war für mich ein Nebenerwerb, da ich als gelernter

Vorherige Seite: Walter Pelzer und Peter Werner musizierten schon auf der Realschule in Köln-Ehrenfeld zusammen. Hier bei einem Auftritt auf der Schildergasse, im Hintergrund das Plakat der ersten Langspielplatte von 1978: „Ich well noh Hus" (man bemerke Peter mit der damals modernen Minipli-Frisur).

Oben: Ende 1977; die Vierer-Formation aus Peter Werner an der Quetsch (Akkordeon), Walter Pelzer (Mandoline), Peter Horn (Gitarre) und Janus Fröhlich (E-Bass).
Links: Dies war die erste Mandoline der „Höhner", eines der Instrumente, die schon in den Anfangsjahren der Band den typischen „Höhner"-Sound geprägt haben.

2022: die glorreichen Vier absolvieren nach 43 Jahren einen ehrenamtlichen Auftritt mit Comeback-Charakter anlässlich der 100-Jahr-Feier der Turnerschaft Köln-Mauenheim. Von links nach rechts: Walter Pelzer, Peter Horn, Peter Werner, Janus Fröhlich.

Reproduktionsfotograf und Fotoingenieur berufstätig war. Die Auftritte, die nach 23 Uhr abends stattfanden, wurden zunehmend schwierig in Einklang zu bringen mit meinen beruflichen Anforderungen. Ab 1978 sprang aus diesem Grund F. M. Willizil für mich auf der Bühne ein. Und wir waren auch sonst sehr viel unterwegs, unter anderem bei Fernsehauftritten im München. Da ich mich immer mehr als Amateur und nicht als Profimusiker empfunden hatte, entschied ich mich eines Tages schweren Herzens, die Band zu verlassen.

An einigen Liedtexten wirkte ich mit bzw. kreierte ich sogar die Idee, z.B. „Blootwoosch, Kölsch un e lecker Mädche"; dieser Text entstand bei einem Bierfrühstück im Brauhaus Früh. Die meisten unserer Texte waren jedoch Gemeinschaftsarbeit.

Ich erinnere mich an so manche lustige und amüsante Begebenheit mit den „Höhnern", aber besonders komisch war, als Janus während eines Auftritts in der brodelnden „Hölle von Vettweiß" während der berühmten Mädchensitzung mitsamt seinem Schlagzeug von der Bühne fiel.

Für Janus war das natürlich nicht so lustig, aber er stand unverletzt auf und trommelte weiter – so wie die „Höhner" sich immer berappelten und bis heute erfolgreich existieren.

Janus Fröhlich

Wir hatten alle immer eine hohe Affinität zu Clownereien.

Geboren wurde ich am 12.10.1950 als Jan-Peter Fröhlich und einziges Kind meiner Eltern. Wir wohnten damals am Takuplatz in Ehrenfeld. Die Musik bestimmte bereits sehr früh mein Leben, denn ich stand vom sechsten bis zum 12. oder 13. Lebensjahr in der Knabenschola im Talar am Altar in unserer Pfarrkirche St. Barbara und sang die lateinische Messe. Der Organist Hans-Gerd Grevelding erteilte mir Klavier- und Orgelunterricht.

Mit 15 Jahren, im Jahr 1965, habe ich mir dann ein Schlagzeug zu Weihnachten gewünscht. Und weil ich mich

musikalisch bemühte und auch sonst bis dahin ein guter Schüler war, haben mir meine Eltern die Drums tatsächlich gekauft. Das Trommeln brachte ich mir größtenteils selbst bei. Mit meinen drei Ehrenfelder Kumpels Günter Noll, Manfred Knechtges und Stefan Borgard gründete ich dann eine Band, wir nannten uns „The Middle Ages".

An den Tag unseres ersten Auftritts im Karneval 1966 werde ich mich stets erinnern, weil der Auftritt von einem undglücklichen Unfall überschattet wurde: Stefan, unser damaliger Bassist, hebelte versehentlich mit seiner Schulter im der Küche des Pfarrsaals der Unterkirche

Jahrzehntelang galt der wöchentliche gemeinsame Tennistermin als heilig. Rechts: Nach ihrem Ausstieg aus dem aktiven Geschäft auf der Bühne haben Janus und Peter ihre Ex-Kollegen im Studio in Südfrankreich besucht. Hier entstand 2016 das Album „Alles op Anfang".

Ne "Höhnerhoff"

Och mer sin jitz em

STAMMTISCH

Kölner Karnevalisten e. V. 1951

Für die Session 73/74 empfehlen wir uns

als Gesangsquartett

Peter Fröhlich, 5 Köln 30, Takustr. 93, Tel. 02 21/ 55 26 87

Für die junge „Höhner"-Band ein Ritterschlag: Aufnahme im renommierten Stammtisch Kölner Karnevalisten, eingefädelt von Peter Fröhlich, dem Vater von Janus, der eine Zeit lang das Management machte.

von St. Barbara eine Schranktür aus. Die Tür fiel herunter und hackte ihm an der linken Hand eine Fingerkuppe ab. Zum Glück hatten wir Joko Jaenisch, der später Pianist der „Bläck Fööss" wurde, in unserem Freundeskreis, der einsprang und von da an Mitglied unserer Band wurde. Wir waren musikalisch so flexibel, wenn ein neuer Hit wie „Hey Jude" von den „Beatles" mittags im RTL Radio lief, spielten wir ihn am Abend desselben Tages schon auf der Bühne. Der „unheilvolle" Schrank steht immer noch

an gleicher Stelle. Ich sehe ihn regelmäßig in demselben Pfarrsaal, da ich nun seit einigen Jahren das Mitsingkonzert „Ihrefelder Weihnacht" in der Pfarrkirche St. Barbara moderiere.

Musik muss mir einerseits über die Familie meines Vaters in den Genen liegen: Mein Vater selbst hat immer Akkordeon gespielt, z.B. bei Familienfesten, und mein Opa väterlicherseits war Pianist im Ehrenfelder Kino auf dem Lenauplatz und hat bei Stummfilmen die Untermalung auf dem Klavier gemacht. So ist die Filmmusik entstanden. Andererseits kam die Beschäftigung mit Musik auch aus mir heraus.

Musik und Kirche waren die Konstanten meiner frühen Lebensjahre. Es war in unserer Familie ein Ritual, sonntags um 11.00 Uhr in St. Barbara in die Messe zu gehen und danach in die Kneipe zum Frühschoppen. Und die Verbindung aus Musik und Kirche bescherte mir später die Liebe zu meiner Frau Zissy, die ich bei der Mitwirkung bei den Jugendmessen kennenlernte.

Meine sich immer intensiver gestaltende Beschäftigung mit der Musik sorgte dafür, dass meine Schulkarriere ein wenig litt: Bevor ich bei den „Middle Ages" spielte, war ich ein guter Schüler, aber nach einigen Ehrenrunden am Dreikönigsgymnasium am Thürmchenswall im Kölner Stadtteil Bilderstöckchen wechselte ich die Schule und ergatterte dank meiner Mutter einen Platz am Elisabeth-von-Thüringen-Gymnasium, das einen

musikalischen Zweig anbot. Dort machte ich 1970 mein Abitur.

Bereits vor dem Abitur bin ich von zu Hause ausgezogen und wohnte allein. Leider musste ich zunächst zur Bundeswehr, doch ich wurde bereits nach einem halben Jahr glücklicherweise ausgemustert und durfte wieder nach Hause. Unsere Band gab es da schon nicht mehr, die „Middle Ages" hatten sich aufgelöst, wie so manch hoffnungsfroher Band in jener Zeit die Bundeswehr ein jähes Ende bereitete. Ich ging zum Studium an die Pädagogische Hochschule Köln und entschied mich für den Lehrerberuf. An der PH kam es mit Peter Werner zu einer für mein weiteres Leben schicksalhaften Begegnung. Seine Idee, eine kölsche Karnevalsband, den „Höhnerhoff", zu gründen und auf Kölsch zu singen, fand ich prima und meine „Ihrefelder" Sozialisation hat es mir natürlich leicht gemacht, hier miteinzusteigen.

Unser erstes Büro samt Proberaum befand sich damals in der Vogelsangerstraße 210. Es war eigentlich das Büro meines Vaters, der Niederlassungsleiter bei „Mäurer & Wirtz" war und anfangs nebenbei als unser Büroleiter

fungierte. Es ging ihm schon Anfang der 1970er-Jahre ums Energiesparen, daher hieß es für unsere beiden Räume immer: Licht aus!

Für meinen Vater und seine Firma habe ich damals Aushilfsfahrten unternommen, um Geld nebenbei zu verdienen. Zusätzlich erwarb ich den Taxischein und jobbte im Taxiunternehmen meines Schwiegervaters; fünf Jahre lang arbeitete ich parallel als Taxifahrer, Student und Musiker. Dadurch lernte ich Köln und das Rheinland sehr gut kennen. Als ich es später übernahm, den Bandbus der „Höhner" zu fahren, benötigte ich dank dieser Zeit niemals ein Navi!

Parallel zu meiner Lehrertätigkeit nach dem Examen häuften sich unsere Auftritte: Während der ersten Session standen wir etwa 150 Mal auf der Bühne, später kamen wir dann regelmäßig auf 200 bis 250 Auftritte pro Session, also etwa 5 Auftritte täglich. Wir waren die erste Karnevalsband, die entschied, montags frei zu machen. Das haben uns so gut wie alle Gesellschaften übel genommen, die montags ihre Sitzungen hatten, auch einige andere „Zünfte", zum Beispiel die Taxifahrer. Man hat

1976, von oben: Rolf Lessenich, Janus Fröhlich, Walter Pelzer, Peter Merheim und Peter Werner. Unten, sitzend: der Büttenredner Heri Blum („Ne ärme Deuvel");daneben hockend: Bruno Eichel, langjähriger KAJUJA-Präsident, Freund und Karnevalsmanager der „Höhner".

Links: Auftritt im
Kölner Tanzbrunnen
mit Janus im Feder-
kleid, back to the
roots, 1978.
Unten: 1990, die Fa-
milienband „Höhner"
mit ihren zahlreichen
eigenen Kindern und
mittlerweile 14 Enkel-
kindern.

uns dann manchmal mit Geld gelockt, um Ausnahmen zu erwirken.

Als Band steigerte sich unsere Professionalität von Jahr zu Jahr. Nach dem Ausstieg von Rolf Lessenich im Jahr 1977 erwies sich unser neuer Sänger Peter Horn als Glücksgriff. Er setzte neue Standards bei uns, denn er hatte die geniale Idee, irische Lieder mit kölschen Texten zu machen. Und binnen weniger Jahre wurden die Songs „Blootwoosch", „Kölsch", „Räuber", „Echte Fründe" und „Winke winke" zu unseren Top-Hits und das Gartenhaus von Peter Horn zu unserem Proberaum.

Mehr und mehr hörten wir auf die „Vibrations" und Reaktionen unseres Publikums: Wir ließen stets die Zuschauer entscheiden, was ein Hit wurde und was nicht. Wir haben quasi am offenen Herzen geprobt. Nach dem Ausscheiden von Peter Horn wurde der Song „Pizza" im Jahr 1988 unser medialer Durchbruch. Er führte uns aus Köln heraus und brachte uns ins Fernsehen. Und das hat sich gelohnt, denn wir mussten uns früh von den kölschen „Hausherren", den „Bläck Fööss", abheben und einen anderen Weg gehen, um die Marke „Höhner" zu etablieren.

„Kumm loss mer fiere" wurde ein weiterer großer Hit im Jahr 1991, im Jahr danach kam der Erfolg „Wann jeiht d'r Himmel widder op". Letzterer Song ist nicht unbedingt „Höhner"-typisch. Er entstand in der Zeit der Gründung der Anti-Rechts-Kampagne „Arsch huh, Zäng ussenander". Die Initiative für diese Kampagne war Rolf Lammers zu verdanken. Aus unserer Band waren Hannes Schöner und später auch ich dabei.

Nach 1992 erreichten wir deutschlandweit ein größeres Publikum und unsere Hits wurden über Köln hinaus wahrgenommen, etwa die Auftragsproduktion „Mer stonn zo Dir, FC Kölle", die bekannteste Hymne eines Fußballvereins in Deutschland, und die „Die Karawane zieht weiter, dä Sultan hät Doosch", unser größter Erfolg damals mit 380.000 verkauften Singles.

Im Jahre 2004 kam es dann nach einer Idee auf Hennings Joggingrunden in Pulheim zu unserem Mega-Hit „Viva Colonia". Dieser Song ging in Deutschland mehr als zwei Millionen Mal über die Ladentheke. Für die Entscheidung über die Endfassung dieses Songs haben wir damals bei einem Konzert in Hückelhoven mehrere unterschiedliche Versionen gespielt: Call and Response, Swing, Marsch. Der Marsch machte das Rennen beim Publikum! Die Leute sind total auf das Lied abgefahren.

Unser Nr. 1-Hit „Wenn nicht jetzt, wann dann" ist auch mithilfe meiner Freundschaft zum ehemaligen Handball-Profi Heiner Brand entstanden. Heiner hatte ich bei einem Urlaub auf der griechischen Insel Kos kennenge-

lernt. Anlässlich einer Weihnachtsveranstaltung am 22. Dezember 2006 fragte ich meinen Freund Heiner: „Könnt ihr als Handballer den Satz ertragen: Nehmt Euer Glück in die Hand?" Heiner bejahte. Also haben wir den Text und das Lied so eingesungen, und am 8. Januar 2007 stellten wir es vor. Nach dem WM-Sieg der deutschen Handballer im gleichen Jahr wurde „Wenn nicht jetzt, wann dann" zum absoluten Mega-Hit.

Bei den zahlreichen erfolgreichen Projekten unserer Band war ich meistens der Mann für die öffentliche Werbung. Das begann bereits in den frühen 1970er-Jahren, als ich in meiner Isetta herumfuhr mit einer Standarte auf einem Pümpel, auf der stand: : „Member of chicken". Wir hatten alle immer eine hohe Affinität zu Clownereien, gerne nahmen wir uns selbst auf die Schippe und tauchten in Märchenwelten ab. Letzteres zeigte sich vor allem in den mit Bernhard Paul entwickelten und mit Thomas Bruchhäuser realisierten, sehr erfolgreichen „Höhner Rockin' Roncalli"-Show, die gerade zum „Höhner Rockin' Circus" weiterentwickelt werden.

Da wir „Höhner" zwar mit ner Pappnas' geboren sind, aber katholisch sozialisiert wurden, hatten wir bei unseren Liedern oft den lieben Gott und seine irdische Wohnung, den Dom, im Gepäck. Das bestimmt uns bis zum heutigen Tag!

1975, der Tonbandsenkel zur ersten Single „Et jeit nix üvver Ostermann", produziert vom Orchesterleiter Ted Borgh. Der Mauenheimer Hermi Barz hat als Freundschaftsdienst die Cover gedruckt und die Freundinnen haben sie gefaltet und geklebt. 2000 Platten haben die Jungs für nen Heiermann während der Auftritte verkauft und damit die Kosten wieder reingeholt.

Vorherige Seite: Das jährliche Adventmitspielkonzert mit den „Höhnern" findet auch heute noch jeweils am zweiten Advent unter der Leitung von Janus Fröhlich statt.
Rechts: „Alte Höhner", 1997: Geschminkt an Weiberfastnacht in der „Maske der Oper der Stadt Köln" (mehrere Stunden lang).

Oben: Die Karnevalsgesellschaften haben gerne die Hits des Vorjahres, die besten Redner oder Tanzgruppen auf ihre Orden gebracht um sich zu bedanken für die tollen Auftritte. Auch Jubiläen wurden auf Orden geprägt.

Oben: Janus beim jährlichen weihnachtlichen Servieren für Obdachlose im Lobby Restaurant kurz LORE. – Janus mit Marschtrommel bei einer Demo gegen Rechts. Links auf dem Bild – ein lieber Musikerkollege Mario Argandona.

Darunter: Passend zu jeder Show das perfekte Outfit mit stylischer Brille – 2014, Janus mit dem Keyboarder der Band Chiclette com Banana in Salvador do Bahia, Wadinho Marques.

Unten: Janus mit Goldmantel bei der Performance von We will rock you – Foto aus den Anfängen mit Mini Pli und Zigarette

Reinold Louis

Die Höhner – ein Kölner Gesamtkunstwerk

„Un jetzt all zesamme" – Janus Fröhlich, Schlag-zeuger in der Gesangsgruppe „De Höhner" im rot-weißen Lappenkostüm, mit roter Knollenna-se, blaugetönten Gläsern im kreisrunden und manchmal auch herzförmigen Brillengestell und mit einem Tamburin in der Hand, durchbricht mit dieser Aufforderung den „Balken", der durch Zigarettenrauch und Alkoholdunst zwischen Bühne und dem proppenvollen Saal entstanden ist. Die sangeslustigen Jecken im Saal brauchen nur dem Scheinwerferkegel zu folgen, um den richtigen Mann aus-zumachen, der seit zehn Jahren in der beliebten Gesangs-gruppe ebenso den Ton angibt wie hier im Saal.

Und das Publikum folgt willig den Vorgaben der „Höh-ner". Wer will schon widersprechen, wenn es heißt „Dat Hätz vun d'r Welt es Kölle", wer, ob Männlein oder Weiblein, singt nicht mit Inbrunst – oder auch mit Weh-mut – „Ich ben ne Räuber"; und irgendwo im Saal sitzt garantiert noch einer, der sich nach der „Kamellebud" sehnt. Wenn der Zeitpunkt des Abschieds, der sich in der Karnevalshochsaison nach Minuten und Sekunden rich-tet, gekommen ist, sitzt niemand mehr auf seinen „vier Backen": Wer noch ganz gut drauf ist, der steht auf einem wackeligen Stuhl, die anderen stehen daneben. Würden die schmalen Tische etwas breiter sein, stünden ganz Verwegene sicherlich darauf. Kenner der Materie haben sich eigens ein frisches Taschentuch eingesteckt. Wo dieses nicht zur Verfügung steht, genügen auch Servietten, Speise- und Getränkekarten, ein abgerissenes Stück der papiernen Tischdecke. „Winke, winke, winke, mer gon eine drinke", intoniert die auf der Bühne gebliebene Kapelle, derweil Janus (Jan Peter Fröhlich), Peter Horn, Günter Steinig, „dä Ahl" Peter Werner und „et Bäärchen", Franz Martin Willizil, quer durch den Saal zum nächsten Auftritt hasten. Wenn die Zeit knapp und der Saal lang ist, wird auch schon einmal eine Abkürzung genommen. Dann marschiert der Vereinsdiener im bunten Livree allein durch den Saal und wundert sich, dass die Musik aussetzt, obwohl er die Tür noch gar nicht erreicht hat."

Als ich diesen Beitrag für das von Kurt Rossa anlässlich der Eröffnung der Kölner Philharmonie am 14. September 1986 herausgegebene Buch „Musikstadt Köln" verfasste, waren die „Höhner" als kölsche Stimmungsmacher im Geschäft; Janus und „dä Ahl" sogar schon etwas länger. Die beiden hatte ich ab 1975 als junger Sitzungspräsident der Erftkreis-CDU in der Türnicher Erfthalle und ab 1978 als Sitzungspräsident der Lyskircher Junge zusammen mit Rolf Lessenich und Walter Pelzer als Gesangsquartett „De Höhner" alljährlich begrüßen können. Als Lessenich und Pelzer ausschieden, machten Peter Horn, Franz Mar-tin Willizil und Günter Steinig das Quartett zum Quintett. Peter Horn schied 1987 aus, sein Nachfolger wurde Henning Krautmacher.

1982 hatte ich die „Höhner" für den Liederbeitrag „E Fess am Nüümaat" für die Folge 9 der Kölsche Evergreens ins EMI-Electrola-Studio geholt und ein Jahr später er-füllten sie mir den Wunsch, den „Kölner Puppenwalzer" für die Folge 10 der Schallplatten-Serie aufzunehmen. Der „Kölner Puppenwalzer" sollte zehn Jahre später eine gewichtige Rolle spielen, als die „Höhner" mit der Idee kamen, in der Kölner Philharmonie zusammen mit der Jungen Sinfonie Köln unter Günter Hässy ein Konzert zu veranstalten, und auf der Suche nach Sponsoren waren. Bei mir rannten sie offene Türen ein und als ich mit dieser Idee zum Kreissparkassen-Vorstand kam und ihm den mit großem Orchester aufgenommenen „Kölner Puppen-walzer" vorspielte, um dieses wunderbare Klangbild vor-zuführen, gab der Vorstand sein Okay zur Finanzierung des Konzertes und der sich anschließenden Produktion einer CD für die Folge 29 der Kölsche Evergreens. „Dat fings do nor he ... Höhner Classic" lautete der Titel.

„HÖHNER CLASSIC" – DIE GEBURTSSTUNDE IN DER KÖLNER PHILHARMONIE

Am 30. April 1993 war die Kölner Philharmonie voll mit erwartungsvollen Besuchern. Begleitet vom vielköpfigen Ensemble der Jungen Sinfonie Köln und unter Mitwir-kung zahlreicher Künstler und Gäste wurde den begeis-terten Besuchern ein konzertanter Querschnitt durch das musikalische Schaffen der Gruppe geboten, dessen Resonanz selbst die kühnsten Erwartungen übertraf. Bevor das Geheimnis gelüftet wurde, wie es funktioniert, wenn eine 72-köpfige Junge Sinfonie unter der Leitung von Günter Hässy zusammen mit fünf „Höhnern".

Oben: 1987, die
Sechser-Formation
mit Peter Horn und
Henning Krautmacher
als Doppel-Sänger bei
einem Karnevalsauf-
tritt mit dem Lied „Mer
han alles em Jreff".
Rechts: Janus Fröhlich
einige Jahre später
mit dem Karnevalsout-
fit als Clown, Anima-
teur, Enfant terrible,
Saalaufmischer und
Stimmungskanone.

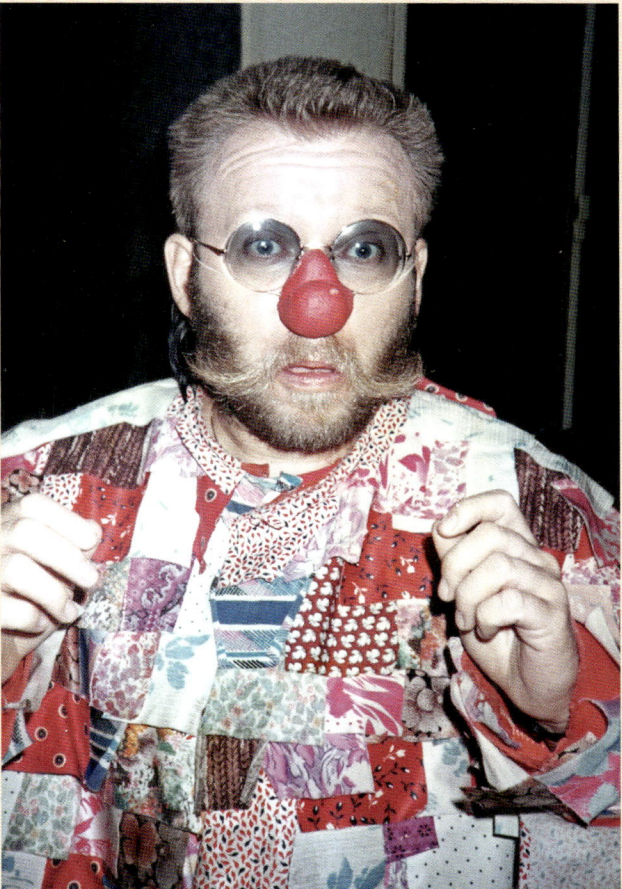

Hannes Schöner war 1990 Gruppenmitglied geworden –
in einem dem klassischen Bereich zugeordneten Ambiente musiziert, war es ein großer Genuss, der blumigen
Laudatio von Carmen Thomas zu lauschen, die unter dem
Motto „Licht und Schatten" nicht nur ihre bis dahin im
Wesentlichen der Öffentlichkeit verborgen gebliebene
„intime" Beziehung zu den „Höhnern" gestand, sondern
auch einige kritisch-liebevolle Bemerkungen über das
persönliche und musikalische Spektrum der „Höhner"
zum Besten gab. Humorvoll-witzig präsentierte sie einen
bunten „Höhner"-Blumenstrauß, der eine Menge über
das Wesen und die künstlerischen Qualitäten der Gruppe
verriet.

Im Sanitäter-Dress bereicherte Peter Millowitsch den
dreistündigen Abend mit launigen Ansagen und einigen „Nettigkeiten": „Spiel doch mal was zusammen, ihr
Krachmacher!" und „Wenn der Dirigent ne zweite Stock
hätte, dann künnt dä stricke!" Der Dirigent, das war der
großartige Günter Hässy, der eigens für diesen Abend die
„Gallina Ouvertüre" komponiert hatte.

Und dann die Liederauswahl der festlich gekleideten und fast familiär anmutenden Band mit zeitweiliger Begleitung durch die bunt kostümierten Pänz vun Gereon – sie liest sich heute wie eine Hit-Parade: Vom „Höhnerhoff-Rock" über den „Räuber" zum „Muuzepuckel", vom „Hätz vun d'r Welt" zu „Winke, winke", vom „Ahle Hus" zum „Karussellche", von „Hey Kölle, do bes e Jeföhl" über „Mona Lisa" bis hin zur Frage „Wann geiht der Himmel widder op?"

„Ein geheimnisvolles Spiel, immer mit einem Augenzwinkern, zwischen Lachen, Weinen, Feiern und Traurig sein, die Spannung zwischen Ernst und gekonnter kölscher Leichtigkeit, zwischen Witz und Kritik, zwischen Licht und Schatten, Kommen und Gehen in die Herzen der Fans" – so beschreibt es Marion Klein im Booklet der CD. Die CD mit der „Geburt" von „Höhner Classic" ist als Beitrag der Kreissparkasse Köln zur Pflege des Brauchtums 20.000 Mal gepresst worden, aber nie im Handel erschienen. Die EMI-Electrola hat 1992/93 einen Live-Mitschnitt auf einer Single-CD und 1993 auf einer Maxi-CD fünf Lieder daraus ausgekoppelt und veröffent-

licht. Aber: „Höhner Classic" ist längst eine „Marke" geworden, auch über Köln hinaus. Die Veranstaltung findet alljährlich in der Kölner Philharmonie statt. Die Konzerte 1994, 1999 und 2003 erschienen als CD und sind im Handel erhältlich.

DANN KAM DIE „HÖHNER-WEIHNACHT"

Die „Höhner-Weihnacht" war von Beginn an die meistverkaufte Weihnachts-CD, und auch hier war das der Startschuss zu einer Konzertreihe, die im November 2022 beginnt und bis Weihnachten mit 20 Konzerten quer durch Nordrhein-Westfalen aufwartet.

Spätestens hier muss darauf verwiesen werden, dass die vielen Konzerte außerhalb Kölns zwischen München und Hamburg hier in Köln nicht nach jedermanns Geschmack waren. Viele Fans befürchteten, zugunsten der Engagements auch im Fernsehen, würden sich die „Höhner" nicht mehr, wie beispielsweise die „Bläck Fööss", um die Mundartlieder kümmern. Es ist in der Tat nicht zu über-

1999, „Höhner Classic" gemeinsam mit dem Orchester Junge Sinfonie Köln unter der Leitung von Günter Hässy. Mit der Präsentation der Studio-CD „Classic Gold". Natürlich wurden auch das Outfit und das gesamte Ambiente angepasst …

Das große Adventmit-
spielkonzert im Kölner
Dom unter der Leitung
von Janus Fröhlich mit
bis zu 4000 Musikerin-
nen und Musikern und
einem Chor. Neben dem
Altar mit dabei an der
Trompete: Michael Kuhl
von „Kuhl un de Gäng".

hören, dass die „Höhner" mit ihren Liedern „in die Weite"
gehen, während die „Bläck Fööss" mit ihren Liedern „in
die Tiefe" gehen.

Dass dabei finanzielle Überlegungen eine entscheidende
Rolle spielen, ist angesichts des oftmaligen „Höhner"-
Engagements für Unternehmen und deren Produkte
verständlich. Das kann aber auch ins Auge gehen, wie
beispielsweise das in Golfkriegszeiten entstandene Lied
„Kumm, loß mer fiere" zeigt: Es wurde als „Jahrhundert-
lied" gefeiert, aber dann durch die Werbung für eine Bier-
marke seines wegweisenden Inhalts beraubt.

Bei der Festveranstaltung zum 50-jährigen Jubiläum gibt
es sicherlich ein Wiedersehen mit allen „Höhnern", die
den Fans so sehr ans Herz gewachsen sind. Nach Janus
Fröhlich und Peter Werner-Jates hat auch Hannes Schöner der Bühne Ade gesagt. Wenn Henning Krautmacher
wie angekündigt zum Jahresende 2022 ausscheidet, ist
Jens Streifling, seit 2003 dabei, das älteste „Hohn". Zusammen mit Micki Schläger, Heiko Braun, Freddi Labitz,
Edin Colie und Patrick Lück steht eine fast komplett neue
„Höhner"-Formation auf der Bühne. Die Musiker treten
ein schweres Erbe an.

DIE „HÖHNER" – EIN GESAMTKUNSTWERK

Hand aufs Herz: Wollte man von den zahlreichen Aktivitäten der „Höhner" nur die größten beschreiben, bräuch-
te man zahllose Farbpatronen, um alles auszudrucken.

Unter dem Begriff „Auftragsmusiker" sind die Höhner im
Internet zu finden. Jedoch ist das ist eine Bezeichnung,
die ganz und gar fehl am Platz ist. Es gibt allein in Köln
zahlreiche Musikgruppen, von denen die „Höhner" mit
der weitesten Strahlkraft aufwarten können. Denn die
„Höhner" in den vergangenen Formationen – das waren
nicht nur exzellente Musiker, sondern sie waren ein
Gesamtkunstwerk, das Musik, Literatur sowie darstellende und bildende Kunst als Fundamente für eine jetzt
50-jährige Karriere beinhaltet. Denken wir an die tollen
Hits, die einfühlsamen Lieder und Balladen, erinnern
wir uns an die fantasie- und immer wieder geschmack-
vollen Kostümierungen, die Veranstaltungen bei und mit
Roncalli, Hennings Kochkünste und seine Leseabende,
Hannes als Studio-Produzent, Janus als Dom-Dirigent zu
Weihnachten, und und und ...

Hühner legen bekanntlich Eier. Die „Höhner" haben ein
großes und buntes Bühnenei gelegt, das ihre Nachfolger jetzt ausbrüten müssen. Deren Einstieg ist schon
gelungen, wie es weitergeht, werden wir aufmerksam
verfolgen.

Peter Horn

Ich war die treibende Kraft, um die Band zu professionalisieren.

Am 28. September 1952 wurde ich im Severins-klösterchen in Köln geboren. Ich bin in meinem Elternhaus auf der Brühlerstrasse aufgewachsen, in dem ich bis zum heutigen Tag wohne. Schon als Grundschüler begann ich, Blockflöte und Gitarre zu spielen. Meine erste „Gitarre" war selbstgebastelt aus einer Zigarrenkiste und ein paar Saiten. Der Wunsch, Musiker zu werden, bildete sich bei mir spätestens seit meinem 10. Lebensjahr aus.

Das Heiligtum meiner späten Kindheit und frühen Jugend war in dieser Zeit die sonntägliche Hitparade ab 13.30 Uhr auf Radio Luxemburg. Meinen musikalischen „Urknall" erlebte ich ab 1962 mit dem Aufstieg und Erfolg der „Beatles". Vorher war Freddy Quinn mein Favorit aber dann hieß es für mich: „Ich wood neu jebore, Freddy hat verlore". Als die „Beatles" kamen, war Freddy out: Nachdem ich die Übertragung eines „Beatles"-Konzerts aus dem Shea Stadium in New York gesehen hatte, eröffnete ich meinen Eltern, dass ich definitiv Musiker werden würde. Sie ließen mich gewähren, denn sie merkten früh, was mir die Musik bedeutete. Später wurde ich immer mehr zum Cohen-Liebhaber, was wohl auch daran lag, dass ich mich mit den Texten auseinandersetzte, deren Aussagen für mich wirklich intensiv und relevant waren. Man kann für meine Jugendgeneration wirklich sagen, dass die 1960er- alles auf den Kopf gestellt haben. Von diesem Aufbruch leben wir heute noch. Wir erlebten damals alles zum ersten Mal. Es war ein großartiges Lebensgefühl.

Meine erste Schülerband gründete ich mit 11 Jahren auf dem Gymnasium. Wir nannten uns damals die „Lions". Ich empfand mich als Bandleader, als Einäugiger unter den Blinden, der die Combo zusammenhielt. Wir spielten damals das, was wir phonetisch für Englisch hielten. Unsere Eigenkompositionen wollte damals allerdings noch keiner hören.

Mit 13 Jahren habe ich erstmals mit eigener Band für Geld gespielt, und zwar im „Covern Club" gegenüber vom „Kaufhof". 1966 gründete ich die „Faces", eine der zahllosen Kölner Beat-Bands, aus denen später Musiker der

1976

Peter Werner

Janus Fröhlich

Walter Pelzer

Peter Horn

1980, Event- und Medien Manger Manfred Schmidt organisierte im Brauhaus Päffgen die Vorstellung der neuen Platte „Clown" für die Plattenfirma Teldec und die Band zog spielenderweise ein. Mit dem Titel „Ich ben Clown" traten sie bei der Prinzenproklamation auf.

„Bläck Fööss" und der „Höhner" hervorgegangen sind—
und meine erste Deutsch singende Band: Ab 1970 traten
wir als „Traumfalter" auf und King Size Dick war unser
Sänger. Es wollte damals in der Beat-Szene leider kein
Mensch die deutsche Sprache hören, daher drängten wir
wohl etwas zu früh auf den Musikmarkt.

Was jedoch für diese Zeit zutrifft: wir waren, obwohl wir
uns als Rocker fühlten, karnevalsaffin und ich verkleidete
mich gern. Das entspricht der kölschen Mentalität: Auch
wenn der Kölner Kommunist ist, so lässt er doch sein
Kind taufen — und auch wenn er Rocker ist, lebt er den
Karneval.

Obwohl mein Wunsch, Musiker zu werden, also lange
feststand, habe ich nach dem Abi zunächst eine 1½-jäh-
rige Schreinerlehre absolviert. Man gab mir einen Hobel
und einen Balken zum Bearbeiten. An dem Balken habe
ich mich derart ausgetobt, dass am Ende des Tages kaum
noch etwas davon übrig war.

Im April 1977 begann meine Zeit bei den „Höhnern". Damals war der Sitzungskarneval, in dem die Band auftrat,

Oben: Auftritt in Kölns „guter Stube", dem Gürzenich. Peter Horn wird eingerahmt von
Bürgermeister Jan Brügelmann (links) und von Oberbürgermeister Norbert Burger
(rechts). Danach Zwischenschminken auf der Toilette im Forum Leverkusen.

Liveauftritte zu den unterschiedlichsten Anlässen, auch während des Jahres, nahmen immens zu. Ob Straßenfest, Betriebseinweihung, Schulfest oder Schützen- und Feuerwehrfest, die „Höhner" waren überall sehr gern gesehene Gäste.

eine völlig andere Welt für mich. Außerdem konnte ich mit den „Höhnern" in ihrer Hühnerkostüm-Phase nichts anfangen. Allerdings war mir auch klar, dass das Hühnerkostüm auf Dauer keine Zukunft hatte. Mit meinen hüftlangen Haaren schockierte ich die biederen Jungs. Sie waren völlig geschockt und entgeistert. Und auch für mich war die erste Begegnung ein Kulturschock, denn sie kamen mir vor wie fromme Messdiener ohne viel Ahnung von dem, was sie da taten. Ich beschloss, das zu ändern, und so probten wir regelmäßig zusammen. Und trotz des unterschiedlichen äußeren Erscheinungsbildes fühlte ich mich mit ihnen wohl und wir gewöhnten uns aneinander. Es gelang uns, durch unsere Auftritte Geld zu verdienen und nicht, wie ich es bisher kannte, lediglich die Instrumente abzuzahlen. Man kann sagen, dass ich die treibende Kraft war, um die Band zu professionalisieren.

Als ich damals die irische Musik für mich entdeckte, hatte ich das Gefühl, diese Musikrichtung könnte mit der kölschen Mentalität und Lebensfreude zusammenpassen. Eines meiner Lieblingsstücke, übrigens in einer Version von Freddy Quinn, war „Cigarettes, Whiskey and wild, wild women", im Original von Jim Croce. Über den Autor

des Liedes, Tim Spencer, gelangte ich an die Rechte des Liedes und übersetzte den Text auf Kölsch. Diese Version wurde bei uns zunächst nur eine B-Seite, doch als wir es dann live spielten, kam es fantastisch beim Publikum an. Der Titel bei den „Höhnern" lautet: „Blootwosch, Kölsch un e lecker Mädche".

Als die „Bläck Fööss" im Jahr 1977 mit „Links eröm – rächs eröm" einen Riesenerfolg und ihre erste Goldene LP einfuhren, war das ein Eisbrecher für den Kölsch-Pop, zumindest, was den Erfolg im Karneval anging. Das war der Beweis, dass mit kölscher Musik Geld zu verdienen war. Daraufhin kontaktierte uns das Plattenlabel Metronom aus Hamburg. Sie nahmen uns für zwei LPs unter Vertrag. Wir verkauften damals 15.000 LPs. Dann kam Alexandra Kassen vom Theater Senftöpfchen auf uns zu und fragte, ob wir eine Woche bei ihr spielen wollten. Wollten wir. Wir haben uns das Programm „reingeprügelt", also alle Texte haarklein und detailliert vorbereitet, und die Premiere verlief fantastisch. Der zweite Abend war aber bereits überschaubar und am vierten Abend hatten wir nur noch sieben Zuschauer. Unter diesen war glücklicherweise Dr. Alfred Biolek. Er sprach uns an, ob

wir in seiner Talkshow auftreten wollten. Dieser erste Auftritt bei „Bioleks Talkshow" war unser Fuß in der Tür zum Fernsehen und Biolek wurde ein Freund unserer Band. Auf unserer zweiten LP aus dem Jahr 1979, diesem besonders authentischen Werk, findet sich auch der erste „Höhner"-Hit „Räuber". Es war das erste emanzipatorische Lied in der Geschichte des Fastelovends (Karneval) und hat uns weitere Türen geöffnet. In der Karnevalssession 1979 sang das Publikum schon beim Einmarsch zu einem Auftritt in einem rechtsrheinischen Stadtteil den Text dieses Liedes, und da wussten wir: Man kennt uns.

Als wir im Jahr 1983 unsere dritte LP „Clown" produzierten, war das aktuelle Sessionsmotto im Karneval „Circus Colonia". Mir wurde die Ehre zuteil, auf der offiziellen Einladung des Festkomitees Kölner Karneval als Autor unter dem Text unseres Liedes „Clown" zu stehen. Darüber hinaus stammten bis in die 1980er-Jahre die Hits „Hätz vun d'r Welt", „Echte Fründe", „Winke Winke" und „Kamellebud" aus meiner Feder. So waren die „Höhner" zu einer festen Größe neben den „Bläck Fööss" geworden.

Im Laufe der 1980er-Jahre entwickelten sich die Vorstellungen innerhalb der Band auseinander. Ein Teil unserer Band wollte aus kommerziellen Erwägungen heraus auch auf Hochdeutsch singen. Ich teilte diese Auffassung nicht, weil ich kein Hochdeutsch kann – es ist für mich die erste Fremdsprache. So traten unübersehbare Differenzen auf, die mich schließlich 1986/1987 dazu bewegten, bei den „Höhnern" aufzuhören, ohne einen Plan B zu haben. Es wurde uns später immer hoch angerechnet, dass wir die Trennung mit einem versöhnlichen Schnitt hinbekommen haben. Ein Dreivierteljahr stand ich noch gemeinsam mit meinem Nachfolger Henning auf der Bühne.

Nach meinem Ausstieg bei den „Höhnern" habe ich mir zwei Jahre Auszeit gegönnt und mit meiner Familie eine wundervolle Zeit an der holländischen Küste verlebt. Ich blieb der Musik treu – passenderweise bis zum Aschermittwoch 2020. Dann begann Corona und mein musikalisches Rentenalter ...

Der Tanzbrunnen wurde zum jährlichen Event und im Kölner Theater Senftöpfchen gestaltete die Band viele abwechslungsreiche Abende.

1979, Günter Steinig kommt als Bassist in die Band und ab sofort spielte man zu fünft zu den unterschiedlichsten Anlässen.

Dies, obwohl man mich mit Fug und Recht als karnevalistisch völlig „unmusikalisch" bezeichnen konnte. Als dann im Jahr 1978 Walter Pelzer der Auftrittsstress zu viel wurde, schlug meine Stunde – zunächst als Aushilfe im Karneval. Bei unseren ersten Auftritten fiel mein desolat statischer Eindruck auf der Bühne negativ auf, sodass Janus mich knuffte und mir bedeutete, zu schunkeln. Das war mir als Rock- und Bluesmusiker zunächst völlig fremd und auch gewöhnungsbedürftig. Da lagen mir die Konzerte mit den „Höhnern" außerhalb des Karnevals im Theater Senftöpfchen doch viel mehr.

Peter Horn war zwar seit 1977 unser Leadsänger, aber ab und zu kam auch mir der eine oder andere Gesangspart zu. Die „Höhner" bildeten die nächsten 22 Jahre meinen Lebensmittelpunkt. Viele schöne Begebenheiten aus unserer Zeit sind mir noch gut erinnerlich:

So wurde unser „Pizza"-Lied sehr aufwendig mit Mikrowelle auf der Bühne inszeniert: Während des Songs verteilte Henning im Saal warme Pizza. Wir legten stets besonderen Wert auf Showelemente, die unsere Songs unterstreichen sollten.

Am 17. Januar 1991, auf dem Rückweg mit meinem Bandkollegen Hannes Schöner von unserem Bandbüro in die Eifel, hörten wir im Radio von den ersten Bomben auf Bagdad. Prompt konfrontierten uns Journalisten mit der Frage: „Wie könnt ihr eigentlich in dieser Situation Musik machen?" In diesem Zusammenhang fiel mir die Melodie zu dem Lied „Kumm loss m'r fiere" ein. Es sollte eigentlich ein neues FC-Lied werden …

Ein besonders beeindruckendes Erlebnis für uns alle war im November 1992 das große „Arsch huh"-Konzert gegen Fremdenfeindlichkeit. Als wir uns damals mit den Künstlern mittags in der Severinstorburg versammelten, strömten die Menschen aus allen Richtungen und Seitenstraßen Richtung Konzertbühne. Es war ein unbeschreiblicher Anblick. Mit einem solchen Zulauf hatte keiner von uns gerechnet. Wir hatten Gänsehaut, vor 100.000 Menschen zu spielen. Das Konzert wurde ein Riesenerfolg und ein Meilenstein in der „Höhner"-Geschichte.

Auf den Text von „Minsche wie mir", den unser Freund Ingo Wojahn verfasste, gelang es mir, zwischen zwei Auftritten durch die Stadt schlendernd, eine Melodie

zu komponieren. Das war an meinem Geburtstag, am 11.11.1993. Morgens am Alter Markt absolvierten wir unseren Auftritt und abends spielten wir im WDR bei „Immer wieder neue Lieder". Um nicht extra nach Hause nach Wesseling fahren zu müssen, blieb ich in der Stadt. Ich kaufte mir Notenpapier, schrieb die Melodie auf, und abends in der Garderobe vor unserem WDR-Auftritt fand meine „Uraufführung" statt vor vielen Kollegen, die im Backstagebereich saßen. Meine eigenen „Höhner"-Kollegen fanden es gut und akzeptierten es sofort.

Eine meiner Aufgaben in der Band war es, mich um musikalische Einsendungen zu kümmern, die wir damals in einem Schuhkarton mit MCs sammelten. Eine Einsendung kam von zwei Frauen, deren Lied „Dummer ne Klore" hieß. Es war ein recht monotoner Refrain. Alle fanden die Idee des Liedes gut. Janus zitierte den Helmut-Kohl-Spruch „Die Karawane zieht weiter", worauf ich entgegnete: „Der Sultan hät Doosch." So entstand dieses Lied nahezu spielerisch. An einem Abend erzählte ich sogar

spontan nach Aufforderung von Janus die Geschichte vom Sultan, der von Kaschämm zu Kaschämm zog ... Das Publikum reagierte begeistert und der Song wurde ein besonderer Erfolg.

Die Jahre 1998/99 waren von meinem persönlichen Burnout überschattet. Unsere Auftritte forderten mittlerweile einen hohen physischen Aufwand. Darüber hinaus war ich dem Rheinland und der Nähe zum Kölner Dom sehr verbunden. Mir lag immer unsere kölsche Tradition am Herzen. Aus diesem Grunde empfand ich eine bundesweite Ausdehnung der „Höhner", wie sie in der Band seit einiger Zeit diskutiert wurde, als nicht notwendig. Mein Lebens- und Arbeitsmittelpunkt war und blieb Köln. Nach langem Erwägen der Vor- und Nachteile wurde Silvester 1999 mein letzter „Arbeitstag" bei den „Höhnern". Zunächst spielten wir an jenem Tag auf dem Roncalliplatz vor tausenden Zuschauern und von dort ging es in den WDR in den großen Sendesaal gegenüber dem Dom. Wir mussten durch die Menge eilen mit den Gitarrenkoffern.

Karnevalsauftritt der Fünfer-Formation 1981 im clownesken Kostüm bei der K.G Nippeser Bürgerwehr und F.M. als Meister der Mandoline.

Mit Tränen in den Augen haben wir uns alle auf dem Dach des WDR mit Böllern und Raketen voneinander verabschiedet.

Den 1.1.2000 verbrachte ich dann komplett im Bett und bereits einen Tag später kam mir die Songidee für das Lied „Pass joot op dich op". Es ist meinen beiden Töchtern gewidmet.

Weil ich ohne Musik nicht sein konnte, gründete ich meine eigene Band „Schmitz", die bis zum Jahr 2008 in unterschiedlichen Besetzungen mein musikalischer Schwerpunkt wurde. Parallel trat ich immer wieder als „Hoot" auf und durch Zufall begegnete mir mein ehemaliger Bandkollege Peter Horn gleich zweimal am selben Ort, in einer Schule im Kölner Süden. Unser Wiedersehen wurde dann zum Startschuss für die „Kölschfraktion", in der wir wieder gemeinsam Musik machten, bis uns Corona am Aschermittwoch 2020 in den musikalischen Ruhestand versetzte.

Oben: Weil das Senftöpfchen mit einer Kapazität von 180 Besucher:innen immer sehr schnell ausverkauft war, wurde auch die Bühne für Zuschauer:innen genutzt. Unten: Aus ehrlicher Verbundenheit mit dem Theater Senftöpfchen und der Prinzipalin Alexandra Kassen (Mitte) gab es viele Jahre lang jeweils eine mehrtägige Konzertreihe. Hier bei einem der letzten Konzerte von F.M. mit der Band. The show must go on ...

1979

Peter Werner
Janus Fröhlich
Peter Horn
F.M. Willizil
Günter Steinig

Günter Steinig

Er lernte bereits als Kind diverse Musikinstrumente.

Von 1979–1990, wirkte Günter Steinig als Bassist bei den „Höhnern" mit. Am 26.9.1955 im Vringsveedel geboren, lernte er als „Urkölscher" bereits als Kind diverse Musikinstrumente. Mit acht Jahren begann seine musikalische Laufbahn am Klavier. Als er dann 12 Jahre alt wurde, war Steinig stolzer Besitzer einer ersten E-Gitarre. Das war die Initialzündung für seine Mitgliedschaften in zehn unterschiedlichen Musik-Formationen.

Auf Vermittlung von Peter Horn stieß er 1979 zu den „Höhnern". Elf Jahre blieb Günter Steinig der Formation treu und erlebte zwei Sänger. Im Jahr 1990 wurde er von Hannes Schöner am Bass abgelöst, wechselte das künstlerische Genre und verlegte sich auf das Kabarett.

Oben: Choraufnahmen im privaten Studio als Demo für den Song „Minge Inschenör". Links: Schön gerahmt mit Günter Steinig und ebenfalls wie gemalt: Henning Krautmacher. Linke Seite: Günter Steinig wird fünftes „Hohn". Eine große Bereicherung für die Band in textlicher sowie musikalischer Hinsicht, kabarettistisches Talent gepaart mit komödiantischem Vermögen. Unvergesslich seine Interpretation des „Zahnpings-Räpp" auf der Platte „Op Jöck" von 1984.

Frank Schätzing

20 Millionen Haushühner

Laut Wikipedia ist das Huhn *(gallus gallus domesticus)* des Menschen beliebtestes Haustier. Bei geschätzt 20 Millionen Haushühnern weltweit entfallen auf jeden Erdenbürger drei Hühner, in Köln werden gar sechs pro Kopf verortet. Der Zugereiste beachte in diesem Zusammenhang die feinen sprachlichen Unterschiede zwischen Köln und Umland – es gilt: Köln ist Köln, Umland alles übrige bis an die Grenzen des Universums –, ausgedrückt in der progressiven Vokalverschiebung von u zu o bzw. ü zu ö.

Wissenschaftlich randscharf ausgedrückt kommen somit auf jeden Kölner sechs „Höhner" *(gallus knallus colonius)*, die mehr als jedes andere Federvieh auf dem Erdenrund heiß und innig geliebt werden. Im Unterschied zum Umlandhuhn, dessen lautmalerisches Repertoire überschaubar bleibt, ist das kölsche Hohn zu komplexen Lautfolgen und Tonhöhenveränderungen fähig, mit dem Effekt, dass die ganze Stadt zeitweise unisono mitgackert, was allgemein als „begluckend" empfunden wird.

Bemerkenswert ist die enorme Langlebigkeit des kölschen Hohns (50 Jahre und mehr). Das typische Nahrungsverhalten (Korn statt Körner) dürfte hierbei eine nicht unmaßgebliche Rolle spielen. Als wahrscheinlichste Erklärung gilt indes, dass das kölsche Hohn von Geburt an eine stabile symbiotische Verbindung mit dem gemeinen Ohrwurm eingeht, der seinerseits mehrere hundert Jahre alt werden kann. Äußerlich hervorzuheben ist die „schlanke, gestreckte Körperform des Urhuhns" (Wikipedia), die allen Kölner „Höhnern" gemein ist (einigen mehr, anderen weniger), wobei die Körpergröße differiert, ebenso wie die Kopfzierde, vom Henningschen Doppelspitzschnabelkamm bis zur völligen Kammlosigkeit.

Uneinigkeit, wenn nicht unversöhnlicher Dissens herrscht hinsichtlich der Frage, wie die „Höhner" auf die Kölner Bevölkerung anteilig umzurechnen seien. Hier haben sich zwei Denkschulen etabliert. Die Statistiker betonen, bei einer Million Kölnern und sechs leiblichen „Höhnern" käme man de facto nicht auf sechs, sondern 0,000006 „Höhner" pro Kopp, da „Höhner" als Bewohner des makroskopischen Raum-Zeit-Kontinuums im Gegensatz zu Quantenschaum-Bewohnern nicht beliebig multiplizierbar seien. Die Gegner der Statistiker schwören, sie trügen ein jeder für sich alleine sämtliche sechs „Höhner" em Hätze. Da das Herz beim Kölner bekanntlich den Kopf ersetze, der vornehmlich zum Singen und Biertrinken diene, existierten ergo sehr wohl sechs „Höhner" pro Kopp, gesamtheitlich somit sechs Millionen „Höhner", und seit der multimedialen „Verhöhnerung" durch Roncalli und Carmen Nebel sogar noch etliche Millionen mehr.

Ich selbst kann für mich freudig in Anspruch nehmen, den „Höhnern" und explizit Henning Krautmacher wiederholt im Brauhaus Päffgen bei der natürlichen Nahrungsaufnahme Gesellschaft geleistet und aufs Schönste mitgetrunken zu haben. Nach diversen Kölsch begannen sich Hennings Schnurrbartspitzen zu verdoppeln und erschienen mir alle „Höhner" durchaus multidimensional.

Es kann also kein Zweifel daran herrschen, dass die gefühlte wie physische „Höhner"-Dichte Kölns ins Unendliche tendiert.

Wissenschaftlich ausgedrückt:

Do simmer dabei!

Peter Gaymann hat für die Höhner nicht nur das Titelbild der CD „Steh auf, mach laut!" gezeichnet, sondern auch zahlreiche Hits und Evergreens der Band in seinem unvergleichlichen Cartoonstil karikiert. Peter, der die Welt bekanntlich gerne mit „Hühneraugen" betrachtet, sieht „Echte Fründe ston zesamme" so wie hier abgebildet.

— Freundschaft —

Henning Krautmacher

Natürlich mit Schnäuzer!

Es war Karnevalsdienstag, der 5. März im Jahr 1957. Der Rosenmontag war noch keine Stunde vorüber, als ich in Schlebusch in eine große, musikalische und brauchtumsorientierte Familie hineingeboren wurde. In meinem Elternhaus und meinem familiären Umfeld wurde der Grundstein für meine Talente und Fähigkeiten gelegt: Für meine Freude am fröhlichen und herzlichen Umgang mit den Menschen, für meine Begabung für Kommunikation und Darstellung, für mein Gehör und für mein besonderes Empfinden für Sprache und Dialekt. Auch das Glück, welches mir Musik und Gesang schenken, erlebte ich seit Kindertagen und macht mich heute dankbar, gelassen und entspannt.

Mein Vater war ein unfassbares Organisationstalent und Musikfanatiker. Als gelernter Bäcker, Konditor und Koch arbeitete er in der Bäckerei Lengsdorf in Schlebusch, wo er irgendwann meiner Mutter begegnete. Wir drei Kinder kamen im Abstand von jeweils 6 Jahren zur Welt: erst mein Bruder Uwe, 1951, dann ich, 1957, und 1963 meine Schwester Elke.

Oben: Der „Neue" Henning mit langen Haaren und Schnäuzer im Studio mit dem Produzenten Thomas Brück.
Rechts: Die „Höhner", noch als Quintett in der Besetzung (von links nach rechts) Janus Fröhlich, Günther Steinig, Peter Werner, Henning Krautmacher und F.M. Willizil.

64

1986

Peter Werner

Janus Fröhlich

F.M. Willizil

Günter Steinig

Henning Krautmacher

Unser Vater war der Musik zugetan und hat meine frühen musikalischen Gehversuche stets gefördert. Er selbst sang in einem ShantyChor. Vater liebte alles, was mit Seefahrt zu tun hatte, er diente in der Kriegsmarine und kümmerte sich um das leibliche Wohl der Kompanie bei Bundeswehr und THW. Wenn irgendwo ein Fest war, „stund minge Vatter do un hätt Ähze- oder Julaschzupp jekoch". Das alles habe ich förmlich in mich aufgesogen.

Als ich die Orffschen Instrumente und Blockflöte erlernte, lautete sein Herzenswunsch: „Der Jung muss Schifferklavier spielen." Gesagt, getan: Ich bekam Unterricht bei dem gestrengen Musiklehrer Rausch, und ich konnte seinen Nachnamen buchstäblich riechen, wenn er mich auf seine strenge Art disziplinierte, um mir den Lernsatz „E-G-H-D-F-S – Es Geht Hurtig Durch FleiSs" einzubläuen. Ich lernte Regeln und Bassläufe, dabei aber weder Melodien noch das Instrument. Diese Tortur machte ich ein Jahr lang mit. Außerdem spielte ich im Akkordeonorchester Wermelskirchen, wohin der gelbe Postbus mich und mein schweres Hohner 72 Bass-Akkordeon brachte – ich war also schon damals nur zwei kleine Punkte von den „Höhnern" entfernt. Doch die Lieder, die wir dort spielten, waren mir zuwider.

Mit elf oder zwölf Jahren stieß ich auf meine erste Schülerband „KuKiSchBu's", deren Name sich aus den Nachnamen ihrer Gründungsmitglieder zusammensetzte: Kugelberg, Kissmer, Schreiner, Buberl. Vor dem Stimmbruch sangen wir mit Plastikmikrofonen über Röhrenverstärker mit Bananensteckern vom Grundig-Tonbandgerät. Es gab

bei diesen alten Röhrengeräten das sogenannte magische Auge. Man musste warten, bis es aufgewärmt war, also grün und grüner wurde, und dann konnte man mit Mittelwelle und Kurzwelle singen. Singen hatte ich nie gelernt, aber ich wirkte mit meiner glockenklaren, hellen Stimme im Leverkusener Kinderchor mit, bis mich eine Blinddarmentzündung aus der Bahn und aus dem Chor warf.

Mit meinem Vater und seinem alten Ford 12 M fuhren wir zu Auftritten in Säle und auf Straßenfeste. Leider starb mein Vater bereits früh, wie gerne hätte er gesehen, dass seine „Saat" in seinem kleinen Henning aufgegangen ist. Aber vielleicht schaut er uns ja vom Himmel aus zu und hält seine Hand über uns.

Meine Mutter, „Queen Mum", erfreut sich immer noch bester Gesundheit. Wir telefonieren mehrfach am Tag –

Oben: Auftritt bei den Karnevalsfreunden Bechen in der Mehrzweckhalle in Kürten im Jahr 1988, mit Henning als neuem Frontmann.
Links: Ein symbolischer Akt beim Einstieg von Henning Krautmacher: Peter Werner hilft dem Neu-„Hohn" in den Sattel.

Oben: Zur Veröffentlichung der Single „Scirocco in Marokko"
gab es eine Pressepräsentation, bei der Shore Plum als
Bauchtänzerin brillierte.
Unten: Eines der ersten Fotos von den gemeinsamen Auftritten
von Sänger Peter Horn und seinem Nachfolger Henning
Krautmacher.

Eines der ersten Fotos von den gemeinsamen Auftritten von Henning
Krautmacher und wiederum seinem Nachfolger Patrick Lück.

Und entstanden ist er wirklich bei einem italienischen Essen: Peter Werner und ich saßen in einer Stommeler Pizzeria und unterhielten uns über die schön klingenden Begriffe auf der Speisekarte: *Pomodoro, Prosciutto, Parmigiano, Margherita, Mozzarella, Capricciosa, Tarantella …* Der Schnäuzer tragende Pizzabäcker im Song ist ein Archetyp, den wir alle vom Montmartre mit Baguette unter dem Arm kennen oder aus Spanien in Form des bärtigen Salvador Dalí – aber auch aus Köln oder Düsseldorf, nämlich als Köbes oder Polizist. Und auch ich kann auf eine persönliche Schnäuzergeschichte zurückblicken: Mit 14 oder 15 Jahren hörte ich auf mich zu rasieren und ließ mir einen Schnäuzer wachsen. Dieser blieb bestehen und wurde später zu einem Markenzeichen unserer Band, frei nach dem biblischen Motto: „An ihrem Schnäuzer werdet ihr die ‚Höhner‘ erkennen."

Nach meiner mittleren Reife habe ich Schauwerbegestalter („Schmücker") gelernt, holte mein Abitur nach und studierte Heilpädagogik mit den Stilmitteln Musik und Malerei. Nach meiner Hochzeit 1977 mit meiner damaligen Freundin Birgit kam 1978 unser Sohn Oliver zur Welt. Ich war zu der Zeit Redakteur des „Leverkusener ‚Wochenblatts'". Das kam der Musik, die ich ja schon immer machte, zugute, denn häufig hieß es: „Engagier den Typen, dann hast du parallel eine Story im ‚Wochenblatt'." Meinen Redakteursjob ergatterte ich, indem ich mir etwas zutraute, ohne die Konsequenzen abschätzen zu können. Manfred Dzwonnek, der Chef der Anzeigenabteilung, fragte mich eines Tages: „Können Sie vor einer Schreibmaschine sitzen, vor einem leeren Blatt, und dann einen Text verfassen?", worauf ich postwendend und selbstbewusst entgegnete: „Selbstverständlich!" „Können Sie auch fotografieren?" – „Selbstverständlich!" wiederholte ich mich, wohl recht überzeugend, aber völlig ungelernt. Dzwonnek gab mir sechs Wochen Zeit, mich einzuarbeiten. Dieser neue Job erforderte eine unglaubliche Organisation meines Tagesablaufs, denn ich war bereits Substitut im Kaufhof. Also lief es wie folgt ab: 9.00 Uhr Kaufhof, Arbeitseinteilung der Mitarbeiter; 9.30 Uhr Redaktionskonferenz beim Wochenblatt; mittags wieder Kaufhof, und am Abend als Reporter unterwegs.

So verlief mein Berufsleben, aber auch meine Karriere als Frontmann einer Band namens „Uss d'r Lameng", der Leverkusener Variante von den „Bläck Fööss" und den „Höhnern" – bis zu jenem schicksalhaften Tag im Juni 1986 im Wuppermannpark in Schlebusch. Es war wieder einmal Wuppermannfest und „Uss d'r Lameng" konnten in jenem Jahr im Rahmen des beliebten Formats „För ömesöns un drusse" mit regelmäßig 10.000 bis 15.000 Zuschauern nicht auftreten und kamen mit unserem auffälligen türkisfarbenen Band-Bus nur als Gäste. Die „Höhner", deren Vorgruppe wir gewöhnlich dort waren, hatten gerade aufgehört zu spielen. Da riefen die

das ist stets eine Prozedur! Ich: „Mutter, zieh et Hörjerät an!" Mum: „Ich kann Dich nicht verstehen, was sagst Du???" Ich: „Du muss et Hörjerät anziehen!" Mum: „Ich kann Dich nicht hören, ich muss mal eben et Hörjerät anziehen. "

Zu ihrem 90. Geburtstag widmete ich ihr ein Lied: „Die Tapfere". In diesem Song geht es um 5 DM, die sie während meiner Lehrzeit täglich zurücklegte, damit ich für meinen Zigarettenkonsum nicht zu viel Geld investieren musste und damit „der Jung nit auf falsche Jedanken" kommt. „Von dir habe ich gelernt zu lieben, du hast jeden bösen Traum vertrieben" – das ist meine Mutter!

Schlebusch, mein Heimatort, ist durch die U-Bahn-Linie 4 wie mit einer Nabelschnur mit Köln verbunden und Dünnwald grenzt unmittelbar an Schlebusch. Insofern hat man mir in Köln nachgesehen, dass ich ein „Schlebuscher Kraat" bin. Diese Tatsache äußert sich in einem gewissen rheinischen Dialektmischmasch zwischen Kölsch, das ja auch je nach Veedel Lautverschiebungen mit sich bringt, und bergischem Platt, da meine väterliche Familie aus dem Bergischen Land stammte. Dialekte sind seit Kindheit meine Passion und so habe ich schon früh begonnen, auf Kölsch zu schreiben. Mir liegt Sprache im Blut.

Meinem besonderen Interesse an Dialekten und der Aussprache ist auch mein erster Erfolg „Pizza" bei den „Höhnern" geschuldet: Er besteht aus einem Sprachwirrwarr!

Fünf Jahre lang hat Henning Krautmacher das WDR-Magazin „Jeck 3" moderiert. In dieser Sendung wurde durchaus kritisch aufgearbeitet, was den Karneval in Köln ausmacht. Dabei war es nicht verwunderlich, dass die Größen der Karnevalsszene auch mal gemeinsame Auftritte abgeliefert haben. V.l.n.r.: Werner Keppel und Kölns populärste Mandolinen-Virtuosen: Hans Süper (Süper-Duett), Klaus Lückerath (Paveier), Bömmel Lückerath (Bläck Fööss) und F.M. Willizil (Höhner). Vorne „Jeck 3"-Moderator Henning Krautmacher.

eine Harmoniefolge, spontan kamen mir die „Searchers" und das Lied „Needles and Pins" in den Sinn. Als Ballade arrangiert, versah ich die Melodie mit dem Text: „Weil du so bist, habe ich dich lieb". Dann fuhren wir nach Königswinter ins „Höhner"-Studio, um das Lied aufzunehmen. Dabei hatte ich die Idee, diese Ballade „a tempo" umzusetzen. Zudem hatte ich in einer Komödie im Hänneschen Theater gehört, wie Köln zu erklären versucht wurde. Irgendwann fiel der Satz: „Kölle es nit einfach nur en Stadt, Kölle es e Jeföhl." Da wurde mir klar, das ist die Zeile: „Hey Kölle, du bes e Jeföhl." Also haben wir das Lied so aufgenommen, uns aber nie getraut, die Nummer zu spielen. Erst bei unserem 20-jährigen Jubiläum warfen wir auf Anregung der Plattenfirma am Rosenmontagszug 20.000 Singles davon ins Publikum, und das war der Durchbruch!

Unser Hit „Viva Colonia" geht ursprünglich auf das Landser Lied „Schwarzbraunes Mägdelein" aus dem frühen 20. Jahrhundert zurück. Beim Joggen in Stommeln ist mir dazu ursprünglich folgender Refrain eingefallen: „Da simmer dabei, dat es prima, wo ist die Party?" Das Wort „Party" wurde in der Band kritisiert, aber die vordere

Sequenz kam gut an. Da packte mich der Ehrgeiz und ich warf in die Runde: „Was ist denn mit ‚Viva Colonia'?" Dann hat sich die gesamte Band über dieses Lied hergemacht und wir probierten eine Version nach der anderen aus. Eine Version war „Call and Response": „Kölle es uns Stadt am Rhing – Heimat schon vun Anbeginn". Zuvor hatte ich mit Ralle Rudnik ein Demoband im Shuffle-Rhythmus aufgenommen. Diese Version hat dann das Rennen gemacht. „Viva Colonia" ist inhaltlich eine Rückbesinnung auf unsere Wurzeln. Nach den bundesweiten Erfolgen „Die Karawane zieht weiter" und „Dicke Mädchen" wurde es wieder Zeit für eine Liebeserklärung an Köln. Wir zählen in diesem Lied ähnlich wie bei der „Pizza" die Emotionalitäten der Stadt auf: Henkelmännchen, Millowitsch, der FC. Peter kam dann noch mit dem Choral, der die Einzigartigkeit des Augenblicks betont: „Met ner Pappnas jebore, d'r Dom em Jepäck".

„Viva Colonia" hat uns die größte Bekanntheit eingetragen. Auf dieses Lied bin ich stolz, weil es Lebensgefühl und eine Ahnung von Glück widerspiegelt: Wir leben den Augenblick und bekennen uns zu unserer Heimat. Der Song wurde in vielen Ländern und Sprachen sehr

erfolgreich: von Südafrika über Holland, China, Polen, England, Spanien, Portugal und Dänemark bis nach Kroatien.

Wir wurden über die Grenzen Kölns hinaus bekannt und es erwies sich als Wirklichkeit, was unser Bandgründer Peter Werner immer forderte: „Wir müssen raus aus Köln!"

Spätestens mit dem Album: „Für Dich" haben wir das verwirklicht: Es war komplett auf Hochdeutsch.

Aber selbst unter diesen fantastischen Bedingungen haben wir uns zunächst noch nicht getraut, bundesweit auf große Tour zu gehen. Das ging erst mit Klaus Bönisch als Tourveranstalter los, und es wurden mehr als fünf Hits, die bundesweite Geltung erlangten, darunter die „Pizza", die „Karawane", „Viva Colonia" und, ganz weit vorne, unser einziger bundesweiter Nr. 1-Hit „Wenn nicht jetzt, wann dann". Dass der Sport Millionen Menschen

erreicht, erlebten wir, als wir unsere Handball-Hymne als „Beiwerk" im „Aktuellen Sportstudio" singen durften, ein mit Platin dekorierter Meilenstein in der „Höhner"-Geschichte, außerdem mit der FC-Hymne und mit „Schenk mir dein Herz".

Ich habe zahllose unvergessliche Momente erleben dürfen in meinen 36 Jahren bei den „Höhnern". Ich bin faszinierenden Menschen begegnet, durfte begeisternde Orte kennenlernen. Es ist ein Geschenk, das ich schwer in Worte fassen kann. Wichtig für unseren Erfolg als Band war, dass wir eine gegenseitige Wertschätzung füreinander empfinden. Wir wissen um unsere Stärken und Schwächen und nehmen diese liebevoll an. Oft hatten wir den richtigen Song zur richtigen Zeit am richtigen Ort. Auch das ist ein Geschenk. Und dazu kommt „bisschen Sein, bisschen Schein, bisschen Schwein" im Leben und auf der Bühne, das sind wichtige Zutaten zum Glück!

In der Karnevalssession 1987 hat Henning bei ca. 270 Auftritten ca. 270 Mal eine Pizza serviert. Aufgeteilt in jeweils zwölf Stücke waren das mehr als 3000 Stück Pizza. Beim traditionellen jährlichen Konzert in der LANXESS-Arena musste eine Pizza für 15.000 Besucher ausreichen.

Henning auf der Bühne im Wuppermannpark vor 10.000 Zuschauern in seinem Geburtsort Schlebusch. – Backstage gemeinsam mit Andrea Berg in der LANXESS-Arena. – In seinem „Home-Office". – Als Pizzalieferant. – Als Schauspieler gemeinsam mit Jochen Busse und Heinrich Schafmeister in der Comedyserie „Einmal Prinz zu sein". – Und last but not least in Brasilien, Salvador do Bahia, zur Fußball-WM 2014 mit einem frischen Kokosnuss-Cocktail.

Hannes Schöner

Die Geister, die ich rief, wurde ich nicht mehr los.

Am 24. Juni 1953 wurde ich als Johannes Schulte-Ontrop als fünftes von neun Kindern in Köln-Bickendorf in eine große katholische Familie hineingeboren. Meine Vorname Johannes geht auf den katholischen Brauch zurück, Kinder nach ihrem Namenspatron zu benennen.

Musik war von Anfang an ein wichtiger Bestandteil meines Lebens: Bereits in meiner Grundschulzeit mit neun Jahren wurde das Gitarre spielen meine große Leidenschaft. Einige Grundgriffe zeigte mir mein Vater, den Rest brachte ich mir selbst bei. Zu Schulzeiten sparte ich mir meine erste eigene Gitarre zusammen, eine 12-saitige Hoyer.

Am Gymnasium in Nippes galt mein erstes musikalisches Engagement der Schulband von Horst Mittmann namens „Madam Made Orchestra". Unsere Band wurde immer erfolgreicher, löste sich dann jedoch nach meinem Abitur im Jahr 1971 auf. Es war mein Plan, Sozialpädagogik zu studieren, um Lehrer zu werden. Meine Frau Anna, mit der ich seit 1978 verheiratet bin, bestärkte mich jedoch in meinem Vorhaben, Musik zu machen.

So zog ich mit dem Vorsatz los, das erste Angebot, das ich bekomme, anzunehmen. Und wie es der Zufall so wollte, begegnete mir im Jahr 1977 mein Bandkollege aus Schülerzeiten F.M. Willizil auf dem Ring in Köln. Wir tauschten uns aus und er sagte, er steige gerade im Ruhrgebiet aus einer Tanzband aus und beginne bei den „Höhnern". Bis zu diesem Zeitpunkt kannte ich die „Höhner" nicht. F.M. Willizil stieg also bei den „Höhnern" ein – und ich landete in der Tanzkapelle.

Mit dem Eintritt von Hannes Schöner 1990 gab es eine weitere positive musikalische Entwicklung in der Band.

1990

Peter Werner

Janus Fröhlich

F.M. Willizil

Henning Krautmacher

Hannes Schöner

Ein außerordentliches Phänomen der Corona-Zeit: Autokino-Konzerte. Einer der letzten Auftritte von Hannes, 2020.

Rosenmontag 1997 fuhren wir dann zum 25-jährigen „Höhner"-Jubiläum im „Zog" mit. Wir haben damals im Band-Bus um die Verkaufszahlen der „Karawane" gewettet ... Und wir lagen alle daneben – zu unserer Freude! Damals verkauften wir täglich mehr als 10.000 Singles der „Karawane". Wir landeten schließlich bei 380.000 Exemplaren. Die „Karawane" war für uns der bundesweite musikalische Ritterschlag. Wir liefen sogar auf Eins Live im WDR! Der WDR2 sagte: „Tut uns leid, diese degoutanten Karnevalsfuzzis spielen wir hier nicht." Und in Eins Live kommentierten die Redakteure bissig und widerwillig: „Tut uns leid, wir müssen jetzt leider die Karawane spielen."

Die Electrola, unsere Plattenfirma, empfand das Lied als derart erfolgreich, dass ein Video produziert werden sollte. Wir ließen sogar von Willy Beivers eine eigene kleine

Comicfigur als Sultan, auf einem blauen Kissen sitzend, entwickeln, die nicht zufällig unserem Frontsänger zum Verwechseln ähnelte. Wir kamen zu „Musik ist Trumpf" und auch zur Echo-Verleihung, wo wir „The Tiger" Tom Jones erlebten.

Vor allem werde ich nie vergessen, wie ich am Rosenmontag 2007 in den WDR-Arkaden vor Freude den Boden küsste, als „Wenn nicht jetzt, wann dann" uns in der bundesweiten Hitparade auf Nummer 1 katapultierte.

Im Laufe der Corona-Pandemie bin ich im Jahr 2020 in die musikalische Rente gegangen und konzentriere mich aktuell auf einige Soloprojekte.

Das „Höhner"-Leben ist vielseitig: Hannes eben noch im Kölner Dom beim Adventmitspielkonzert, dann Backstage oder im Gespräch mit der „Bäuerin des ersten weiblichen Dreigestirns", dann in einer Talkshow oder als Cowboy im Sattel eines Quarter Horse in Arizona; gemeinsam mit den Roten Funken und last but not least bei einer Autogrammstunde nach einem „Höhner"-Konzert.

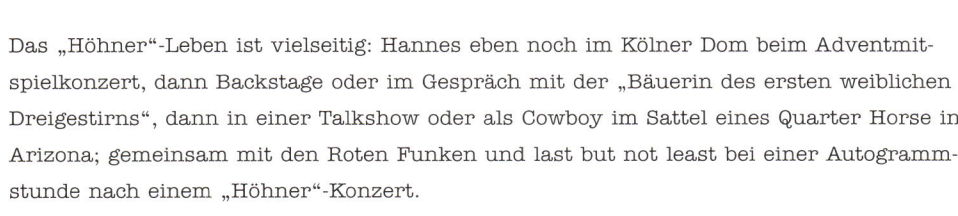

Wolfgang Oelsner

Urerlebnisse mit „Urhöhnern"

Klar, im Nachhinein weiß man, wie alles kam. Doch schon vor mehr als einem halben Jahrhundert finden sich Spuren, die mal zum Erfolg der fünfzigjährigen Bandgeschichte führen sollten. Von meinen sehr persönlichen Erinnerungsspuren an drei „Urhöhner" will ich erzählen.

Peter Werner und ich sind nicht nur fast auf den Tag gleich alt, als Jungs im Alter von 14, 15 Jahren hatten wir auch denselben Trompetenlehrer. Hermann Neuhaus hieß er, ein führender Bläser im Gürzenich-Orchester. Als Katholik war es ihm Ehre und Tradition, für die Fronleichnamsprozession seiner Mauenheimer Gemeinde St. Quirinus eine Kapelle aus der Profiliga zu stellen. Allerdings bat er sich aus, für das Budget eines Berufsbläsers zwei bis drei seiner Schüler hinzuzunehmen. Als erfahrener Instrumentalpädagoge wusste er, auch in der Musik gilt es letztlich „auf'm Platz". Zudem waren 20 D-Mark Gage für uns mehr als nur ein Taschengeld. Mitte der 1960er-Jahre nominierte er mehrfach Peter und mich als Youngster für das Ensemble der alten Hasen.

Bei den Routiniers mithalten zu können, befriedigte meinen Ehrgeiz als Trompeter. Doch es war anstrengend, im Gehen zu spielen. Die anspruchsvoll gesetzten Altarchoräle verlangten Ausdauer und Konzentration, und obendrein zehrten zwei Stunden im dunklen Anzug unter der hohen Juni-Sonne auch physisch. Erleichtert und erschöpft freute ich mich auf den Schlussakt im Pfarrheim: Geld auf die Hand, Trompete in den Koffer und ab nach Hause. „Nix da, Wolfjang", rief Peter, „schnapp ding Trööt, mer maache noch eine!" Als sei die Prozession für ihn lediglich ein Aufgalopp gewesen, agierte er plötzlich am Klavier und bekräftigte seine Aufforderung mit Boogie-Woogie-Rhythmen. Im Mauenheimer Pfarrsälchen war Peter zu Hause. „Komm, steig ein!", lachte er mir zu, „G-Dur. Achtung, gleich Modulation nach D!"

Es lag weder an der Hitze noch an einer Überdosis Weihrauch beim „Tantum ergo", dass ich mich wie der sprichwörtliche Ochse vor dem Berg fühlte. „Mensch, Pitter, ich brauche Noten!" Hilfloser als Nichtschwimmer ohne Rettungsring sind „Notenfresser" – so einer war ich – ohne Noten. Die Einladung zum Improvisieren konnte ich nicht annehmen, sie überschritt meine Routine als stets nur linear lesender Melodiespieler. Peter hingegen dachte Musik auch vertikal, er hörte Harmonien und Rhythmen zur Melodie.

Während der Prozession hatten wir uns als brauchbare Trompeter erwiesen, doch jetzt ließ Peter den Musikanten aus sich raus. Es war ihm eine Wonne, die Anwesenden musikalisch zu unterhalten. Und er hatte eine Witterung fürs Timing. Im Nu wären die Prozessionsteilnehmer Richtung Suppentopf und Kölschglas weg gewesen, hätte nicht genau jetzt das Klavier zu swingen begonnen. Gespielt wurde alles, was sich nicht wehrte. In meiner Erinnerung war es ein Mix in der Streubreite von „Oh when the Saints", „Em Winter dann schneit et" und „Maria zu lieben ist allzeit mein Sinn". Vom Kirchenchor stiegen einige in die Spontansession ein, und wenn Peter mir die passenden Töne zurief, bekam ich hin und wieder sogar eine ostinate Zweiton-Begleitung hin. Während ich die Leitplanken des Notensystems suchte und immer noch nach Hause wollte, spazierte Peter lustvoll durch den Quintenzirkel. Im Live-Act schienen sich seine Energien zu regenerieren.

Jahre später sahen wir uns in der Lehrerausbildung wieder. Auch Janus Fröhlich war im Studiengang, und im Hochschulorchester kamen wir drei öfters zusammen. Die vielzitierten 1968er-Jahre prägten den Zeitgeist: „Anything goes." So war auch die experimentelle Komposition „Song" unseres Musikprofessors Walter Gieseler angelegt. Wir probten für die Uraufführung. Zu Klangclustern des Orchesters wurde das „Hohe Lied Salomons" in vier verschiedenen Sprachen gesungen – gleichzeitig. Statt Taktstrichen gab es Zeitempfehlungen per Nummerntäfelchen, statt tradierter Tonalität Hinweise auf Klanghöhen im Ungefähren. Janus war einer der vier männlichen Gesangssolisten. Der WDR war vom zeitgenössischen Werk angetan und zeichnete es im großen Sendesaal auf. Auch wenn Peter und ich an den gewollten „Krawallstellen" in den Proben schon mal Melodiefetzen von „Alte Kameraden" einschmuggelten, wurde das Experimentelle durchaus seriös betrieben. Es ging nicht um Klamauk, Überkommenes wurde hinterfragt.

Janus griff die Impulse zur Veränderung sehr bald in seiner pädagogischen Arbeit auf. An der Ehrenfelder Kirche St. Barbara leitete er ein Ensemble von Kindern und Jugendlichen mit Orff-Instrumenten. Für sie bearbeitete er so anspruchsvolle Stücke wie Johann Sebastian Bachs Orgelpräludien. Komplexes auf ein leicht zugängliches Niveau herunterzubrechen, ohne den Werken ihre Würde zu nehmen, war ja immer schon ein musikpädagogischer Anspruch. In den frühen 1970er-Jahren wurde es zum gesellschaftspolitischen Postulat.

Lange vor ihrer Zeit bei den „Höhnern" hatte Wolfgang Oelsner, Pädagoge, Psychotherapeut für Kinder und Jugendliche, Musiker und Autor, bereits Kontakt zu Peter Werner, Janus Fröhlich und Henning Krautmacher. Die Geschichte und die Entwicklung der Band hat er nicht nur als Freund und Wegbegleiter erlebt, sondern auch in seinen Büchern rund um den Karneval gewürdigt. Im Bild ein Wiedersehen von Peter und Wolfgang Oelsner, 2019 in Düren.

1974, das Plakat zum
Konzert in der Kirche
St. Peter, geleitet von
Janus Fröhlich und
Wolfgang Oelsner.

1974 wirkten Janus und ich als angehende Lehrer und Leiter von Schülerensembles bei einem Konzert in der Kirche St. Peter mit. Janus spielte mit dem besagten Orff-Orchester ein kleines Bach-Programm. Ich hatte eine Bläsergruppe von Jugendlichen an der Kölner Schule für Körperbehinderte – so hieß sie damals – gegründet. Instrumentalspiel war ein Mosaiksteinchen im sich wandelnden Bild von Bildungsmöglichkeiten schwerstbehinderter Kinder. Wir wiederholten das Konzert im vollbesetzten Gürzenich.

Wenn Janus sein Engagement später mit verhaltensauffälligen Kindern fortführte, wenn er heute als „Höhner-Rentner" bei Projekten des Landschaftsverbands mit Behinderten musiziert oder beim jährlichen „Adventmitspielkonzert" im Dom breitesten Kreisen eine Musikteilhabe zugänglich macht, dann sehe ich einen roten Faden zurückführen bis in Peters und Janus' Referendarzeit. Und denke ich an das jahrzehntelange soziale Engagement der „Höhner", dann führt der Faden noch weiter zurück in die Pfarrheime. Sie waren Fixpunkte in der Sozialisation einer Jugend, die aus der Tradition kam und diese zugleich sprengte. Es war die Zeit der Experimente mit „Beat-Messen", in der sich Gitarren und Schlagzeug der Orgel gegenüberstellten.

Auch Henning erlebte ich, bevor er Teil der „Höhner" wurde. Wahrgenommen wird er ja als „Urhohn", doch in den ersten eineinhalb Jahrzehnten der Bandgeschichte war er bekanntlich anders unterwegs. Da sah ich ihn einige Male als Frontmann der Gruppe „Uss d'r Lameng". Die war in Leverkusen-Schlebusch beheimatet, hatte das dortige Heimatlied vertont und unter anderem die Fans von Bayer 04 mit einem Stadionlied beglückt. Doch eine Medien- und Promi-Aura umflorte sie nicht. Die kann ja in chronisch unterkühlten Sälen für Bands durchaus ein Türöffner sein.

Das Forum in Leverkusen ist solch ein Saal: architektonisch interessant, für eine Karnevalssitzung allerdings denkbar schwierig. Stein und Glas als dominierendes Material, asynchrone Sichtachsen und fehlende Geschlossenheit bieten nichts von „Nestwärme". Gruppen ohne Promibonus müssen sich solche Säle erst „erkämpfen". Und es war ein Erlebnis zu beobachten, wie Henning diesen Auftrag als Frontmann seiner Gruppe annahm und bewältigte. Mein „Beobachtungsposten" war der eines Trompeters in der Sitzungskapelle. Der war ich in der Freizeit viele Jahre geblieben. Das Publikum spürt im besten Fall nichts vom „Kampfeinsatz", der hinter dem spitzbübischen Lächeln eines Frontsängers stehen kann. „Besiegen durch Umarmen" gibt es als Strategie nicht nur in der Politik. Hennings Energieausstoß optimierte jedenfalls das Vergnügen und steigerte die Stimmungstemperatur im Saal.

Ohne Bereitschaft zur Selbstentäußerung sind Bühnenerfolge nicht zu haben. Persönlicher Totaleinsatz bringt eine Band nach vorne. Doch für den, der dem Einsatz sein Gesicht gibt, ist es riskant. So was verschleißt ungemein. Nicht umsonst ist die Rolle des Lead-Sängers mit einem militärischen Begriff belegt: Er steht „an der Front". Im politischen Ernstfall ist eine solche Rolle über Jahre nicht durchzuhalten. Das müsste auch keiner.

Wo und wann tankt jemand auf, der sich Abend für Abend an der „Bühnenfront" ins Getümmel wirft? Gibt es ein Refugium zum Regenerieren? Henning und ich kennen uns zu wenig persönlich, als dass ich das für ihn beantworten könnte. Es stünde mir auch nicht zu. Doch es gab in der Zeit seiner Anfänge bei den „Höhnern" kleine Begegnungen zwischen uns im WDR, die spüren ließen, dass er es schätzt, auch auf Distanz zu sich selbst zu gehen, das eigene Tun zu hinterfragen.

Henning moderierte Anfang der 1990er-Jahre ein TV-Magazin zum Karneval, „Jeck 3". Ich war zu einigen Gesprächsrunden eingeladen und erlebte ihn in einer ganz anderen Rolle. Er, der „Heizefeiz mit der Haarmatte im Nacken", setzte als Interviewer auch andere, nachdenkliche Impulse. Hinter dem Populären und Lustigen öffneten sich die Sinnfragen.

Lässt sich aus meinen „Höhner"-Begegnungen ein Fazit ziehen? Steckt in ihnen etwas, das über das Anekdotische hinaus geht? Das mag jede Leserin, jeder Leser für sich selbst herausfinden. Ich sehe jedenfalls einiges, was dafür spricht. Doch es hier niederzuschreiben, liefe zu sehr Gefahr, als stümperhafte Rezeptur für Bühnenerfolge missverstanden zu werden. Das Rezept gibt es nicht. Zudem, wer bin ich, dass ich, der seine Existenz zeitlebens in „bürgerlicher Tarifsicherheit" bestritt, mir solch eine Empfehlung anmaßte?

Worin ich mir jedoch sehr sicher bin, ist, dass keine dieser Nuancen in den Persönlichkeiten von Peter, Janus und Henning hätte fehlen dürfen. Wieviel Raum ihnen gegeben werden musste, wie sie sich abstoßen und mischen mussten, welcher Zeitgeist und wie viele Glücksfälle hinzukommen mussten, um den Erfolg der „Höhner" ein halbes Jahrhundert lang derart präsent zu halten, wird der Band vielleicht selber ein Geheimnis bleiben. Was zählt ist, dass es gelang. Chapeau!

Eine Erkenntnis springt aus dem Erinnerten indes auch für mich persönlich heraus. Wenn ich rückverfolge, wann ich – wohl noch unbewusst – erstmals Abschied von dem Traum nahm, Musik zu meinem Lebensberuf zu machen, dann könnte mit Peters improvisiertem Boogie-Woogie im Mauenheimer Pfarrsälchen einst ein Pflock eingeschlagen worden sein. Das war eine andere Liga.

1999

Peter Werner
Janus Fröhlich
F.M. Willizil
Henning Krautmacher
Hannes Schöner
Pete Bauchwitz

Pete Bauchwitz

Ein studierter
Musiker

Ein Amerikaner mit deutschen Wurzeln, so wurde Pete Bauchwitz am 14. April 1953 als Sohn eines in Berlin stationierten Soldaten geboren. Nachdem er seine frühe Kindheit in den USA, in Dayton (Ohio), verbrachte, siedelte seine Familie nach Deutschland über, und zwar ausgerechnet nach Köln, das ihm später zur musikalischen Heimat werden sollte. In Köln besuchte er die Grundschule und das Gymnasium, bevor er mit seiner Familie nach Bremerhaven und später nach Bremen umzog.

Als Musiker ist er im Vergleich zu vielen seiner Bandkollegen eher spätberufen, da er das Musizieren erst mit elf Jahren begann. Sein erstes Instrument war die Violine, später kam die Gitarre hinzu. Nach dem Abitur wurde Musik sein Studienfach und zwar am Konservatorium in Bremen in den Fächern Geige und klassische Gitarre.

Ab dem Jahr 1978 war er als Frontmann und Lead-Gitarrist bei der „Günter Noris Bigband" engagiert. Als Profimusiker ist Pete Bauchwitz zu vielen Auftritten in der ganzen Welt herumgereist. Durch seine Bekanntschaft mit Hannes Schöner wurden die „Höhner" im Jahr 1998 auf ihn aufmerksam. Zunächst spielte Pete aushilfsweise als krankheitsbedingter Ersatz für F. M. Willizil. Kurze Zeit später komplettierte Bauchwitz das Sextett bei den „Höhnern" bis zum Jahr 2003. Die Jahre bei den „Höhnern" war musikalisch nach eigener Auffassung eine wichtige Zeit in seinem Leben, mit vielen spektakulären Ereignissen.

Mit Pete Bauchwitz
wird aus der bisherigen
Fünferbesetzung ein
Höhner Sextett. Lange
Gehröcke, weite Hosen,
weite Hemden mit großen
Kragen: In den 1990er-
Jahren begann die Ära der
„Höhner" im sogenannten
Gala-Geschäft.

Ralf Rudnik

Stop at the top – höre auf, wenn du ganz oben bist.

Musik begleitet das gesamte Leben von Ralf (Ralle) Rudnik, das am 12. August 1959 in Duisburg begann. Seine Geschichte mit der Musik startete mit einem Banjo im zarten Alter von sechs Jahren. Später folgte eine Konzert- und mit 10 Jahren eine erste E-Gitarre. Von Anfang an hatten es Ralle Rudnik die Saiteninstrumente angetan und „Learning by doing" war sein musikalisches Motto. Ohne Unterricht brachte er sich alle Instrumente selbst bei.

In Wegberg nahe der holländischen Grenze ist Ralle Rudnik seit Kindestagen beheimatet. Seine erste Band „Crash" formierte sich dort im Jahr 1973. Die nachfolgende Band hieß „Tranquille" und ab 1982 stieg er dann bei den „Young Ones" ein, die später als RTL- 12Uhr-Mittagsband einen gewissen Bekanntheitswert erreichte. Im Verlaufe dieser Zeit begleiteten sie viele bekannte Künstler musikalisch, darunter Wolfgang Petry, Howard Carpendale, Cindy und Bert, Roland Kaiser und Udo Jürgens, um nur einige zu nennen.

Ab 1984 wurde aus den „Young Ones" die Gruppe „Monte Video" und es glückte in dieser Formation 1991 sogar die Produktion des bekannten Titels „Starlight". Das Produzieren wurde bald sein wichtigstes Geschäft und in diesem Zusammenhang kam im Jahr 1995 der Kontakt zu Thomas Brück, dem Produzent der „Höhner", zustande. Bei der „Höhner"-CD „Made in Kölle" wirkte Ralle als Studiomusiker mit, bald schon kannte man ihn in der Kölner Musikszene und er tourte u.a. mit Tommy Engel. Vor der Aufnahme in den „Höhnerstall" musste er einen intensiven Crashkurs in kölschem Dialekt absolvieren. Auch zum Karneval hatte Ralle bis dato eine etwas distanzierte Beziehung, aber es war von Beginn an ein tolles

Gefühl, mit den „Höhnern" auf der Bühne zu stehen und vom Publikum begeistert angenommen zu werden.

Immerhin fast acht Jahre, von Januar 2000 bis 2007, war Ralle ein „Huhn" und begleitete die „Höhner" als Teil dieser Formation.

Es gelangen der Band Top-Hits wie „Viva Colonia" und „Wenn nicht jetzt, wann dann". Ralle Rudnik war jedoch immer klar, dass er diese Belastung nur über eine gewisse Zeit würde durchhalten wollen. Musikalisch war es ihm, der neben der Gitarre auch Klavier, Keyboard und Schlagzeug spielt, etwas zu monothematisch und auf Dauer auch schädlich für seine Kreativität. „Stop at the top", höre auf, wenn du ganz oben bist: Nach diesem Motto handelte Ralle dann im Jahr 2007.

Seitdem hat sich Ralle vor allem wieder der Studiomusik und der Produktion verschrieben. Nach seiner Aussage blickt er dankbar auf eine wundervolle, ereignisreiche und besondere Zeit bei den „Höhnern" zurück.

2 Meter mal 2 Meter groß ist das Acrylgemälde, das Henning im Jahr 2006 von der aktuellen Band-Besetzung gemalt hat. Das Motiv diente später auch als CD-Cover. Nach einem räumlichen Umzug des „Höhner"-Büros ist das Original leider verschwunden.

2000

Peter Werner
Janus Fröhlich
Henning Krautmacher
Hannes Schöner
Pete Bauchwitz
Ralle Rudnik

Oben: Fotoshooting mit dem „Neuen" Ralf (Ralle) Rudnik im Studio von Manfred Esser in Bergisch Gladbach.
Unten: Peter Werner und Ralle Rudnik mit seiner markanten E-Gitarre.

2003

Peter Werner
Janus Fröhlich
Henning Krautmacher
Hannes Schöner
Ralle Rudnik
Jens Streifling

Jens Streifling

Köln ist ein Lebensgefühl

Oben: Nachdem Viva
Colonia der Wiesenhit in
München war und das
Lied vom Weltjugendtag
2005 adaptiert wurde,
brandete Germanwings
ein Flugzeug mit dem
Song. Mit dabei in der
Band der Multiinstru-
mentalist Jens Streifling.
Links: „BAP" vor dem
Tonstudio in Seelscheid.
Damals spielte Jens
noch bei der kölschen
Rockformation. Von links
nach rechts: Jens Streif-
ling, Axel (Efendi) Bü-
chel, Ger Walsh, der als
Tin-Whistle-Spieler und
Sänger bei der irischen
Band „Galleon" spielt
und von den „Höhnern"
an „BAP" ausgeliehen
wurde, Wolfgang Niede-
cken und Klaus (Major)
Heuser.
Rechts: Jens Streifling
begeistert mit seinem
Saxofon-Spiel nicht nur
die Publikumsmassen,
sondern auch Andrea
Berg bei einem Gastspiel
in ihrer Show in der
LANXESS-Arena.

Die ersten Jahre meines Lebens verbrachte ich in Borna südlich von Leipzig bei meiner Oma auf dem Bauernhof. Damit ich nicht nur mit der Natur, sondern auch, quasi ausgleichend, mit der Kultur in Berührung kam, legte meine Mutter besonderen Wert darauf, dass ich ein Instrument lernte. Also begann ich, Klarinette auszuprobieren. Dasselbe Instrument lernte meine kleine Schwester Heidi parallel mit mir, sodass wir in einer gewissen positiven familiären Konkurrenz übten. Dank meines fotografischen Musikgedächtnisses spielte ich die Melodien ohne Noten auswendig und reiste bald mit dem Blasorchester des VEB Braunkohleveredelung Espenhain durch die Republik; unter anderem traten wir bei den Weltfestspielen 1973 in Berlin auf.

Einer unser Lehrer war Herr Roscher vom Gewandhausorchester in Leipzig, er achete besonders auf den Ton und „exerzierte" stundenlang Tonübungen, bis es gut klang. Das wirkt in mir bis heute nach: Wenn ich ein Instrument in die Hand nehme, übe ich so lange, bis der Ton gut klingt. Der Klang macht die Musik! Offensichtlich habe ich mich musikalisch nicht schlecht angestellt und wurde „gescoutet": Ich hätte einen Studienplatz an der Hochschule für Musik Hanns Eisler in Berlin bekommen und studienbegleitend im Orchester des Ministeriums des Innern der DDR (MdI) spielen können. Das klang super: MdI! Doch mir wurde schnell klar, dass dies das Stasi-Orchester war.

Parallel dazu begann ich, in der Musikschule Leipzig Gitarre zu lernen, und war mehr darauf aus, Rock 'n' Roll zu spielen als uniformiert Teil eines Militärorchesters zu sein. Rockstar zu werden, das war mein Ding, und Musik war mein Leben. So habe ich mich im sächsischen Kitzscher, wo ich mittlerweile mit meiner Familie lebte, mit meinen Kumpels Sven Hofrichter und Sven Jaschob zusammengetan: Wir gründeten einen Band, nannten uns „Schulrock" und probten in der Garage.

Wir bemerkten nach kurzer Zeit, dass wir irgendwas gut machen mussten, denn vor der Garage häuften sich die Mädels, die uns zuhören wollten. Wir haben Stücke gecovert wie „Paranoid" von „Black Sabbath" und „Born to be wild" von „Steppenwolf", begannen erste Stücke selbst zu schreiben und gaben die ersten Konzerte in der Umgebung. Nach und nach vergrößerte sich unsere

Band, unter anderem spielte Michael Naß eine Zeitlang bei uns, der bis heute als Keyboarder bei „BAP" aktiv ist. Später benannten wir uns in „P 16" um, tourten durch die ganze Republik, gewannen einen Nachwuchswettbewerb, bekamen einen Auftritt bei der Jugendsendung „rund" im DDR-Fernsehen und wurden als Teenager-Band in Ostdeutschland ziemlich bekannt – wir waren quasi die „Nena"-Band des Ostens.

Irgendwann habe ich das Angebot bekommen, als Saxofonist bei „Zebra" einzusteigen. „Dann bist du ab morgen Profi", sagte man mir. Ich stimmte gerne zu, musste nach Halle an der Saale ziehen und wurde mit 19 Jahren Profimusiker mit einer befristeten „Pappe", wie man sagte, einem befristeten Berufsausweis. In Halle verliebte ich mich in Maren, die Mutter meiner Söhne. Sie hatte damals bereits einen Ausreiseantrag gestellt. Ich fand das System anfangs in Ordnung und merkte im Gegensatz zu meiner Frau noch nicht, wie sehr wir alle bespitzelt, beobachtet und verraten wurden. Eines Tages gestand mir mein Nachbar in betrunkenem Zustand, er sei bei der Stasi. Man hatte ihn beim Umtausch von Westgeld festgenommen und gesagt: „Wenn du uns keine Informationen lieferst, kommst du nach Bautzen in den Knast." Das führte dazu, dass ich genug hatte vom Kommunismus und mit meiner Frau in den Westen ausreiste. Unser erster Sohn Konstantin war bereits unterwegs.

Wir kamen also im Jahr 1989 aus dem grauen, schmutzigen Halle nach Köln und hier war alles so bunt und es blühte. In Köln nahm ich zunächst kleine Komparsen-Jobs an, ich kellnerte, putzte. Die Menschen waren an uns interessiert und empfingen uns mit offenen Armen. Kurzum: Wir waren von Anfang an fasziniert von Köln und fanden hier schnell Freunde. Ich spielte bei „Viva la Diva" und eines Tages las ich eine Annonce: „Multiinstrumentalist gesucht für Überseeangebot". Ich fand, das klang gut, ging hin und spielte vor. Man war begeistert von meinem Vortrag, und so ging es für mich ein Vierteljahr nach Kanada. Die Tour stellte sich als „Humtata-Musik" heraus, es war eine abgefahrene Reise: Wir spielten in bayerischen Lederhosen auf einer Drehbühne im Pub „Vieux Munich" in Montréal.

Nach meiner Rückkehr nach Köln ging es weiter mit Marion Radtke und „Viva la Diva" in den Clubs von Köln

und Umgebung. Den Höhepunkt bildet 1992 die Anti-Rechts-Kampagne „Arsch Huh, Zäng ussenander", wo ich auch Wolfgang Niedecken und „BAP" persönlich kennenlernte.

Irgendwann danach erreichte mich ein legendärer Anruf von Wolfgang Niedecken: „Kannst du dir vorstellen, als Multiinstrumentalist bei meinem Soloprojekt ‚Leopardefell' mitzuspielen? Du spielst Saxophon, Mundharmonika, Gitarre ..." Die Helden meiner Jugend aus den Bands von Udo Lindenberg und Peter Maffay waren auch dabei: Bertram Engel, Ken Taylor, Carl Carlton, Alexander „Effendi" Büchel. Wie diese großen Musiker wollte ich immer werden, in dieser Liga wollte ich gerne spielen. Unter ihnen musste ich mich erneut musikalisch beweisen: Ab 1996 habe ich acht Jahre bei „BAP" gespielt.

Dann kam die Anfrage der „Höhner" über deren Produzenten Thomas Brück. Sie machten mir ein großartiges Angebot, mit dem ich meine Familie absichern konnte. Ohne große Überlegung sagte ich zu, zumal ich bei den „Höhnern" im Karneval schon mal ausgeholfen hatte. Was sie tatsächlich machten, wusste ich zwei Tage und 16 Auftritte später: Das war absoluter Hochleistungssport!

In dieser Zeit spielte ich in vielen Bands: bei „Guildo Horn", bei „L.S.E." und 2 Touren bei „Udo Lindenberg". Das waren alles großartige Erfahrungen. Es ging für mich als Musiker immer darum, binnen zwei Tagen ein Programm und die Texte zu lernen. Mittlerweile bin ich übrigens auf Kölsch textsicher und arbeite sogar im kölschen Dialekt, auch wenn nicht immer alles stimmt. Aber in unserer Band gibt es ja kompetente Korrektive.

Ab 2003 war ich bei den „Höhnern", deren Mega-Hit „Viva Colonia" gerade durch die Decke ging. Hannes Schöner und ich trafen uns regelmäßig als Autoren-

team. Eine besondere Nummer wurde der Motivationshit „Wenn nicht jetzt, wann dann"! Ich werde nie vergessen, wie wir uns in die Arme fielen, als der Hit am Rosenmontag im Jahr 2007 in den deutschen Charts auf Nr. 1 kletterte.

Ich bin längst in Köln angekommen und fühle mich hier wohl – als „Immi" wohne ich mittlerweile schon länger hier als in meiner ersten und eigentlichen Heimat Leipzig. Köln ist ein Lebensgefühl. Ich erinnere mich da an eine besonders kölsche Situation, als ich noch relativ neu in der Stadt war: Als Stage Manager wirkte ich im Tanzbrunnen bei der Show „Linus' Talentprobe" mit. Plötzlich kam ein etwas kräftigerer Sänger auf die Bühne. Die 5000 Zuschauer waren sehr skeptisch und drehten sich erstmal um. Dann begann der Sänger mit seiner schönen Stimme, „In unserem Veedel" von „Bläck Fööss" zu singen. Die 5000 Menschen nahmen sich in die Arme und sangen lautstark mit, und ich hatte sofort Gänsehaut. Ich kannte den Song damals zwar nicht, aber ich wusste: Das ist großes kölsches Gefühl.

Bornheim-Brenig ist heute mein Zuhause und unser Haus, eine umgebaute Dorfkneipe, musikalisch heiliger Boden, denn hier hat bereits Joe Cocker geprobt.

Wenn ich Weihnachten traditionell im Osten bei meiner Familie verbringe, fallen mir immer die dortigen Veränderungen der Infrastruktur und des Aufbaus auf. Es ist mittlerweile wunderschön geworden und das freut mich sehr. Meine Schule in Borna feierte neulich 50-jähriges Jubiläum. Beim Online-Meeting anlässlich dieses Events kam ich mit den Schülern ins Gespräch. Sie sagten mir, ich hätte einen rheinischen Singsang, wenn ich spreche. Das merke ich selbst gar nicht. Ich fühle mich hier im Rheinland zu Hause und bin im kommenden Jahr sogar der Senior der „Höhner". Wer hätte das gedacht, nach meinem Einstieg in die Band als „Küken" im Jahre 2003!?

Ich freue mich auf die Zeit, die vor uns liegt, und bin sehr optimistisch, dass wir als „Höhner" unserer kölschen und besonders vielseitigen musikalischen und künstlerischen Tradition treu bleiben werden.

Links: Jens Streifling, der Multiinstrumentalist und Tausendsassa, in Action mit seinem Saxophon.
Unten: Die „Höhner" acapella bei der Aufzeichnung der 50-Jahre-Jubiläumssession 2022 für das Karnevals-Online-Format „Jeckstream". Ab 2023 wird Jens das dienstälteste Mitglied der Band sein.
Rechts: Jens mal ganz privat – backstage.

John Parsons

Die Sonne Spaniens

Im Jahr 1954 wurde ich in Pontllanfraith, South Wales, geboren. Mit 11 Jahren habe ich angefangen mir Gitarre selbst beizubringen, fasziniert und inspiriert von den Platten von Elvis, den „Beatles", den „Stones" etc., die meine ältere Schwester und mein Bruder Anfang der 60er hörten. Ich beschloss so gut wie Eric Clapton zu werden und mit 20 Jahren zog ich aus diesem Grunde nach Leeds, zum Studium am „Leeds College of Music".

Im Jahr 1977 verschlug es mich in die Kölner Südstadt. Dort gründete ich mit spanischen und lateinamerikanischen Musikern die Band „Santiago", mit der ich zwei Jahre später im Jahr 1979 den Deutschen Schallplattenpreis als „Beste New Age Band" gewann. Mit hunderten von Künstlern habe ich im Studio und live gespielt, unter anderem mit Miguel Ríos, Joaquín Sabina, „Acoustic Alchemy", „Klaus Doldingers Passport", mit den „Hollies" sowie den „Searchers". Während meines spanischen „Exils", in dem ich unterschiedliche Songs komponierte und produzierte, hielt ich mich zwischendurch immer wieder in der Kölner Musikszene auf und musizierte im Studio für die „Bläck Fööss" und die „Höhner". Als Nachfolger von Gitarrist Ralf „Ralle" Rudnik kam ich dann am 1. Dezember 2007 fest zu den Jungs. Nach einer fruchtbaren und erfolgreichen Zeit bei den „Höhnern" zog es mich ab 2018 wieder zurück in die Sonne Spaniens. Ich war mehr als zehn Jahre in der Band und es heißt doch, dass die Zyklen des Lebens sieben Jahre andauern – ich habe sie übertroffen.

2009 auf der Hohenzollernbrücke mit John Parsons anlässlich der festlichen „Höhner Weihnacht"-Dinnershow im Kölner Maritim. Dieses Bild schaffte es auch auf die Weihnachtskarte der „Höhner".

2008

Peter Werner
Janus Fröhlich
Henning Krautmacher
Hannes Schöner
Jens Streifling
John Parsons

Oben: Gut zehn Jahre war John Parsons als absoluter
Ausnahme-Gitarrist mit den „Höhnern" live unterwegs.
Allerdings war er auch schon lange vorher, in den
Anfängen der Band, sehr oft als Studio-Gitarrist tätig.
Unten: Kaum eine Band ist so sportaffin wie die
„Höhner", vom 1. FC Köln über Fußball-WM und
Handball-WM bis zum CHIO Aachen. Hier, kurz vor
dem Auftritt beim Heimspiel der Kölner Haie in der
LANXESS-Arena, entstand eines der letzten Fotos mit
John Parsons.

Ne "Höhnerhoff"

De Höhner

HÖHNER
Photo: Peter Boettcher 4/98

EMI ELECTROLA

DE HÖHNER

HÖHNER
Foto: EssenStrauss 9/88   ELECTROLA

HÖHNER
Foto: Stefan Pick 1/98   ELECTROLA

HÖHNER
Foto: Ein Stein   ELECTROLA

DE HÖHNER

DE HÖHNER

DE HÖHNER

HÖHNER
Photocredit: Heinz Unger

HÖHNER
Foto : Nadar Al Kabbany

HÖHNER.

VIVA COLONIA

De Höhner

HÖHNER.

Joost Vergoossen

Spezieller Sound

John Parsons verließ im Juni 2018 die „Höhner" und der niederländische Gitarrist Joost Vergoossen wurde bis 2021 der feste Neue bei den „Höhnern". Die „Höhner" begeisterte der spezielle Sound, den Joost Vergoossen seinem Instrument entlockte. Seine vorherigen Aushilfsgastspiele bei den „Höhnern" hatten die Gruppe und Konzertbesucher beeindruckt. Vergossen musste das wohl ähnlich empfunden haben, denn als die Anfrage der „Höhner" konkreter wurde, habe er keinen Moment gezögert.

Freddi Lubitz

Musikalische Leidenschaft

Seit meinem vierten Lebensjahr musiziere ich schon, anfangs auf dem Glockenspiel und der Blockflöte. Mit sechs Jahren zupfte ich erstmalig die Saiten einer Gitarre, startete voller Begeisterung den klassischen Gitarrenunterricht und entdeckte so meine musikalische Leidenschaft für dieses Instrument. Seit meinem elften Lebensjahr spiele ich in verschiedenen Bands, mit denen ich unter anderem diverse TV- und Radioauftritte sowie Tourneen in Frankreich und Italien absolvierte. Die Zusammenarbeit mit diversen Coverbands halfen mir, mein Spektrum von Pop, Rock, Ska und Blues bis hin zum Discofunk zu erweitern. Vom perfekten Spiel auf verschiedenen Instrumenten bis zum ausgereiften, mitnehmenden Gesang bin ich auf der Bühne vielseitig einsetzbar. Damit überzeuge ich auch seit Jahresbeginn 2021 meine „Höhner"-Kollegen und das Konzertpublikum.

Edin Čolić

Ein echter „kölsche Jung"

Mit mir haben die „Höhner" nun auch mal wieder einen echten „kölschen Jung" in ihren Reihen, der „Jung" hat aber schon 25 Jahre Erfahrung als Gitarrist. Mit 15 Jahren gewann ich den „Battle of the Axes"-Nachwuchswettbewerb in Köln, wo die „Höhner" gerade „mit der Karawane weiterzogen" ... Danach spielte ich zahlreiche Auftritte in lokalen Musikgruppen, bis immer mehr Engagements größerer Produktionen folgten. Regelmäßige Tourneen mit diversen Künstlern, Musicals, TV-Shows, aber auch Studioproduktionen stellten mich immer wieder vor neue Herausforderungen. Meine Referenzen wurden dann auch ziemlich umfangreich, darunter finden sich Namen wie Beatrice Egli, Mickie Krause, Tom Beck, Kelly Family, Matthias Reim, Rocky Horror Musical, Giovanni Zarrella, Mrs. Greenbird, Michael Bublé, Lena Meyer-Landrut, Sasha, Andreas Bourani, Josh Groban, Anastacia, Enyadres, Thomas Anders, Luca Hänni, LaFeeund viele mehr.

Neue Farben fürs Bühnenoutfit: Im Jahr 2016 hat die Band die Farben Weinrot und Blau für sich entdeckt. Mit dabei Joost Vergossen, der Nachfolger von John Parsons, und Heiko Braun, welcher wiederum Wolf Simon ersetzte.

2018

Henning Krautmacher
Hannes Schöner
Jens Streifling
Micki Schläger
Heiko Braun
Joost Vergoossen

Interview mit dem neuen Sänger und Nachfolger von Henning Krautmacher:

Patrick Lück

Links: Mit dem Song „Anna Havanna" haben die „Höhner" auch ihr Schuhwerk ans Bühnen-Outfit angepasst. Erstmalig gab es für alle Bandmitglieder echte englische Federgamaschenschuhe. Oben: An der Rote-Pappnasen-Aktion von Michael Ulbricht haben sich auch die „Höhner" beteiligt. Irgendwie auch ein Bekenntnis zur ersten Zeile im Lied „Viva Colonia": „Mit ner Pappnas jebore". Eine Pappnas tragen neu die Mitglieder: Freddi Lubitz und Edin Colic.

Was waren Deine ersten Schritte als Musiker?

Meine ersten Schritte unternahm ich am Kinderkeyboard, mit Papas akustischer Wandergitarre oder der ausrangierten Orgel. Gitarre zu spielen musste ich mir selbst beibringen. Im Abschlussjahr zur Mittleren Reife ging ich in den Schulchor, aber nur, weil ich unsterblich in eine Mitschülerin verliebt war. In diesem Chor sollte auch mein erster Bühnenauftritt folgen: Man hatte mich bei unserer Abschlussfeier in der Schule für einen Solo-Song auserkoren, ich hatte mich für den Titel „November Rain" von „Guns N' Roses" entschieden.

Wolltest Du immer Berufsmusiker werden oder hast Du einen anderen Beruf erlernt?

Daran habe ich nie gedacht. Wichtig war mir, überhaupt einen Beruf zu erlernen. Ich entschied mich für Werbekaufmann. Da Mama und Papa damals jedoch den Bankjob für einen der sichersten Jobs hielten, gingen auch Bewerbungen an diverse Kreditinstitute. Ich hatte tatsächlich die Qual der Wahl und musste mich zwischen drei Firmen entscheiden. Es wurde dann die Bank, bei der ich über zehn Jahre blieb.

Wann hast Du zum ersten Mal ein „Höhner"-Lied gehört und welches?

Auf der Gitarre habe ich mir „Das schönste Mädchen vom Westerwald" beigebracht. Das war der Hit bei geselligen Abenden mit Freunden. Wobei ich nicht sagen kann, ob ich den Song damals schon den „Höhnern" zugeordnet habe.

Wie bist Du zu den „Höhnern" gekommen?

Die „Höhner" sind zu mir gekommen. :-) Das war eine Überraschung und Ehre. Der Keyboarder meiner vorigen Band „Street Life", Elmar Hüsch, und Peter Werner sind Nachbarn und Freunde. Ich wurde unter einem Vorwand, nämlich mit der Anfrage für einen Gastauftritt bei der „Höhner"-Weihnachtstour, in Elmars Garten „gelockt". Im Laufe des Gespräches kam mir die Sache seltsam vor und es stellte sich heraus, dass Henning und Peter mich als Nachfolger von Henning ins Auge gefasst hatten. Dann kam es zu einem Kennenlernen der Band bei einem Konzert. Nach einem gemeinsamen Probetermin und einigen Gesprächen schließlich war das siebte „Hohn" am Start.

2021

Henning Krautmacher
Jens Streifling
Micki Schläger
Heiko Braun
Freddi Lubitz
Edin Čolić
Patrick Lück

Links: Das Outfit zum
50-Jahre-Jubiläum –
natürlich in Schwarz-
Gold.

Wie verlief Dein erster Auftritt?

Der erste Auftritt war die Aufzeichnung des Tauschkonzerts beim WDR, das erste öffentliche Konzert auf einem Flusskreuzfahrtschiff in Koblenz. Bei beiden Auftritten habe ich trotz Anspannung Vollgas gegeben. Zudem haben mich die Bandkollegen und vor allem Henning hervorragend unterstützt. Beide Auftritte sind super gelaufen und ich hatte Riesenspaß.

Wie viele der ca. 600 „Höhner"-Lieder kennst Du?

598! ;-) Nein, Spaß beiseite. Es werden täglich mehr, da ich für viele unterschiedliche Projekte immer neue Songs einstudieren muss. Als ich in die Band kam, war ich überrascht davon, wie viele „Höhner"-Songs ich schon kannte. Aber letztendlich ist das bei den vielen Hits der Band ja auch kein Wunder. Ich freue mich immer wieder, auch alte Schätzchen wie „Karussells un bunte Büdcher" einstudieren und singen zu dürfen.

Welches ist Dein liebstes „Höhner"-Lied?

Ursprünglich „Blootwoosch, Kölsch un e lecker Mädche", mittlerweile bin ich tiefer in das musikalische Universum „Höhner" eingedrungen. Neben „Wann jeiht d'r Himmel widder op", „E Leeve Lang" oder „Die schönste Stroß" gibt es sicherlich noch einige andere Titel, die ich sehr mag. Da ich Irland liebe, stehe ich auch auf Traditionals von der grünen Insel. So habe ich mich gefreut, dass die „Höhner" viele Songs mit irischen und schottischen Einflüssen haben. Man denke nur an die FC-Hymne!

Was bedeuten den Kölnern die „Höhner"?

Um André Rieu zu zitieren: „Wer Köln sagt, sagt ‚Höhner'!" Genau wie z.B. die „Fööss" sind die „Höhner" aus Köln und aus dem Karneval nicht wegzudenken. Wir reden hier über 50 Jahre erfolgreiche Musikgeschichte mit unzähligen Hits und Geschichten in und um Köln. Man kann ihnen nach 50 Jahren nur Respekt zollen für ihre Verdienste um die Tradition des Liedguts der Stadt Köln. Die „Höhner" sind bundesweit bekannt. Hits wie „Wenn nicht jetzt, wann dann" oder „Viva Colonia" haben sogar international für Furore gesorgt. Die „Höhner" sind unfassbar vielseitig: Sie spielen diesen Sommer in Wacken! Das ist der Ritterschlag!!! Natürlich bleibt der Fastelovend eine wichtige Säule. Darüber hinaus haben sie mit ihren vielen Projekten eine unglaubliche Bandbreite und Abwechslung im Repertoire. Es wird zukünftig wichtig sein, die „Marke Höhner" innovativ in die nächsten 25 erfolgreichen Jahre zu befördern. Dabei mitwirken zu dürfen, spornt an. Ich freue mich unglaublich darauf.

Links: Seit Sommer 2022 befindet sich Henning sozusagen auf „Abschiedstour". Sein persönliches Highlight dürfte der Auftritt in seinem Geburtsort Schlebusch im Wuppermannpark gewesen sein.

Unten: in Siebener-Formation. Patrick Lück ist als neuer Sänger dabei und Henning weist ihn ein 2021/2022, ganz so wie Peter Horn es 1986/1987 gemacht hatte.

KARNEVAL

Im Kölner Gürzenich, der „guten Stube" der Kölner Karnevalsgesellschaften, bei einer sogenannten Gala- oder „Frack-
sitzung". In den 1970er- und 1980er-Jahren mussten die
„Höhner" nicht nur ihre Instrumente, sondern auch die kleinen
Kofferverstärker persörlich auf die Bühne tragen und an den
Strom anschließen, um dann wenige Sekunden später mit
ihrem Musikprogramm zu beginnen.

Jochen Blatzheim

Eine Horde von Idioten – wie ich sie genannt habe – in Hühnerkostümen.

Innerhalb von 49 Jahren habe ich in meinem Leben im Gürzenich zwei Schocks erlebt: Das erste Mal war ich geschockt, als ich die „Bläck Fööss" bei einer Sitzung der Lyskircher Junge Gesellschaft erlebt habe, wie sie sich vor ihrem Auftritt Schuhe und Socken ausgezogen haben.

Der zweite Schock war dann, als eine Horde von Idioten – wie ich sie genannt habe – in Hühnerkostümen auf die Gürzenich-Bühne gestürmt sind.

Ich habe ja noch solche Karnevalisten wie Jupp Schmitz erlebt und ich erinnere mich, wie eben dieser Jupp Schmitz einmal von der Bühne gepfiffen worden ist. Damals wusste das Publikum wohl noch nicht, was eine sogenannte „Litschnummer" ist – nämlich ein geplanter Missgriff des Literaten, damit der darauffolgende Künstler besser ankommt.

Das vermutete ich auch bei den beiden vorgenannten Bands. Da habe ich mich aber wohl doch geirrt! Beide Musikgruppen haben ihren Weg gemacht und schon bald den Kölner Karneval dominiert!

Meinen „Höhnern" wünsche ich jetzt erst einmal alles Gute zu ihrem 50. Jubiläum! Und ich muss sagen, dass ich sprachlos war, als sie mich beim sogenannten Prinzenfrühstück, dessen Gastgeber ich viele Jahre lang war, zum „Ehren-Hohn" ernannt haben.

Ich werde – und das ist die Wahrheit – die vielen Jahre mit euch, sowohl geschäftlich, als auch privat, nicht vergessen.

Jungs! Bleibt bitte so, wie ihr seid!

Jochen Blatzheim war jahrzehntelang Chef und Betreiber der Blatzheim Betriebe im Kölner Gürzenich. Alljährlich hat er am Dienstag nach Rosenmontag das sogenannte Prinzenfrühstück ausgerichtet, bei dem die „Höhner" regelmäßig anwesend waren. Jochen Blatzheim ist vor vielen Jahren von der Band zum „Ehren-Hohn" ernannt worden.

Links: Warten vor dem nächsten Auftritt im Karneval. Natürlich schaut man dabei auch den anderen Künstlern zu.
Unten: „Winke, winke" heißt der Hit, hier gespielt bei einer reinen Damen-(Mädchen-)Sitzung.

Oben: Von Saal zu Saal
mit viel Schlepperei.
Henning mit Klüngel-
mantel, Gitarre und
Kofferverstärker. Peter
mit Notenkiste und
Janus mit Snare und
Bass Drum.

Rechts: Die Band rockt
bei ihrem ersten Hit „Dr
Höhnerhoff-Rock". Peter
spielt mit der rechten
Hand Klavier, links bläst
er die Bluesharp.

Christoph Kuckelkorn

Präsident Festkomitee Kölner Karneval von 1823

Natürlich kommen die „Höhner" auch immer zum Karneval zurück.

50 Jahre „Höhner" – was für eine Erfolgsgeschichte! Als sich die Band 1972 gründete, war ich noch ein kleiner Junge, der gerade seine ersten Schritte im Karneval machte. Seitdem haben mich die „Hühner" und ihre Musik in jeder Session begleitet, mein ganzes Leben lang. Im Karneval gestartet, sind sie mittlerweile weit über die Grenzen unserer Domstadt hinaus bekannt. Ihre Auftritte führten sie nicht nur durch die ganze Republik, sondern auch schon nach Kuba, in die USA oder auf die Chinesische Mauer. Überall begeistern sie die Menschen mit ihrem ganz eigenen Stil und sind darüber hinaus die besten Botschafter des Kölner Karnevals, die ich mir als Festkomitee-Präsident wünschen könnte.

Natürlich kommen die „Höhner" auch immer zum Karneval zurück. Mit dem Festkomitee sind sie seit Jahrzehnten eng verbunden. Dazu gehören nicht nur Auftritte bei Sitzungen oder bei der Proklamation des Kölner Dreigestirns. Auch im „Zoch", dem Kölner Rosenmontagszug, waren und sind die „Höhner" immer wieder präsent. Ihre Lieder finden sich als Persiflage-Motive wieder, die Band selbst bekam bereits zum 20. und zum 40. Jubiläum einen eigenen Wagen. Letzteren durfte ich als damaliger Zugleiter begleiten.

Am meisten beeindruckt hat mich aber immer das soziale Engagement der „Höhner". Seit Jahren engagieren sich die Bandmitglieder gegen Rechts, sind fester Bestandteil von „Arsch huh". Auch bei der Festkomitee-Demonstration für ein buntes Köln anlässlich des AfD-Parteitags 2017 waren die „Höhner" dabei. Dazu kommen viele Aktionen für die Kölner Stadtgesellschaft wie Mitsingkonzerte für Kinder oder Weihnachtsessen für Wohnungslose. Die „Höhner" waren und sind eine echte Bereicherung nicht nur für den Karneval, sondern für ganz Köln.

Auftritt in der Lachenden Kölnarena – eine von vielen Veranstaltungen der Gastspieldirektion Hofner. Das gesamte Team hat immer an die Band geglaubt und sie seit 1976, ob Lachende Sporthalle, Millowitsch-Konzerte oder Höhner Classic, massiv unterstützt. Beim Gitarrensolo von „Hey Kölle" fallen hunderte Luftballons von der Decke.

Oben: 1993, zum 20-jährigen Bestehen der „Höhner" hatte der damalige Zugleiter Alexander von Chiary der Band einen eigenen Prunkwagen gewidmet. In diesem Jahr hatten die Bandmitglieder nicht nur Kamelle un' Strüßjer geschmissen, sondern auch 20.000 Vinyl-Single-Schallplatten mit dem Song „Hey Kölle, du bes e Jeföhl". Diese Schallplatten waren damals nicht käuflich zu erwerben und haben heute großen Seltenheits- und Sammlerwert.

Rechts: In der Session 1994/1995 sind die Musiker der irischen Band „Galleon" für gut 100 Auftritte mit den „Höhnern" durch die Säle gezogen. Hier singen TV-Sitzungspräsident Harald Linnartz, Ger Walsh von „Galleon" und Henning gemeinsam „Minsche wie mir/People Like Us".

Oben: Die „Höhner" beim traditionellen jährlichen Auftritt im Festzelt des Verlagshauses von „Stadt-Anzeiger" und „Express". Dort wurde jedes Jahr an Weiberfastnacht der sogenannte närrische Oscar verliehen, den die „Höhner" insgesamt sieben Mal für ihre Erfolge im Karneval erhalten haben.

Rechts: Rote Funken-Präsident Heinz-Günther Hunold gemeinsam mit Henning beim Funken-Biwak auf dem Neumarkt anlässlich der Verleihung des Preises „För et beste Kölsche Leed". Auch diese Auszeichnung haben die „Höhner" mehrfach erhalten.

HÖHNER CLASSIC

Von links: Dirigent Ulli Gögel/ Wim Mergenbaum/
Jens Streifling/ Hannes Schöner/ Peter Werner/
Sebastian Hässy/ Henning Krautmacher/ Janus
Fröhlich/ John Parsons

Dieter Hens

Ein solches Konzert ohne Proben ist nicht gerade üblich.

In meiner Eigenschaft als Kulturredakteur und Regisseur des WDR-Fernsehens, in erster Linie zuständig für den Jazz, hatte ich das große Glück, mit den bedeutendsten Musikern des Jazz arbeiten zu dürfen: Miles Davis, Lionel Hampton, Dizzy Gillespi, Oscar Peterson, Ray Charles, Art Blakey, Herbie Hancock, Al Jarreau, Stan Gets, Paco de Lucia, Chick Corea, George Shering – aber auch mit den großen deutschen Vertretern dieser Musik: Klaus Doldinger, Manfred Schoof, Paul Kuhn, Till Brönner, Joachim Kühn, Willi Ketzer, um nur einige zu nennen.

Neben meinen Jazz-Produktionen hatte ich auch zahlreiche Konzerte, Videos und Filme mit der Kölner Kult-Gruppe „Bläck Fööss" produziert. Natürlich kannte ich auch die Band „de Höhner", aber mehr dem Namen nach als durch ihre Lieder.

Das sollte sich schlagartig und radikal durch einen Anruf 1992 ändern. Ich lag mit einer Erkältung zu Hause im Bett, als mein Telefon klingelte, und wenn ich mich nicht irre, war Janus Fröhlich, Gründungsmitglied der „Höhner", am anderen Ende. Er erzählte mir von dem Vorhaben, zum 20-jährigen Bühnenjubiläum der „Höhner" ein Konzert mit der Jungen Sinfonie Köln unter der Leitung von Günter Hässy in der Kölner Philharmonie aufzuführen, und dass es der Wunsch der Gruppe sei, dass das WDR-Fernsehen es sende und ich die Regie führte.

Von der Idee sehr angetan besorgte ich einen Sendeplatz für 120 Minuten, was im WDR-Fernsehen nicht alle Tage üblich war. Bis zum Tag des Konzerts beschäftigte ich mich nun sehr intensiv mit den vorgesehenen Liedern, an denen ich immer mehr Gefallen fand, an den Texten und der Musik. Es kam der Tag des Konzerts in der Philharmonie, das

schon seit langem bis auf den letzten Platz ausverkauft war. Die Spannung bei allen Beteiligten, den „Höhnern" Henning Krautmacher, Janus Fröhlich, Peter Werner, Hannes Schöner, F.M. Willizil, den Musikern der Jungen Sinfonie Köln, bei meinen Kollegen und mir, dem Regisseur für die Fernsehübertragung, war riesengroß, da Franz-Xaver Ohnesorg, Direktor der Philharmonie, uns nur kurze Zeit zum Einleuchten und für den Sound-Check einräumen konnte, weil die übrige Zeit des Tages schon für die WDR-Bigband verplant war.

Nun, ein solches Konzert ohne Proben ist nicht gerade üblich, aber um es kurz zu machen, es wurde ein überwältigender Erfolg für die „Höhner" und die Junge Sinfonie Köln. Dieser Abend wurde zur Geburtsstunde der „Höhner Classic"-Konzerte, die von nun an jährlich stattfanden, aber es war auch die Geburtsstunde einer permanenten, sehr kreativen Zusammenarbeit der „Höhner" und mir für das WDR-Fernsehen bis zu meiner Pensionierung 2002, mit jährlichen Konzerten im Millowitsch-Theater, Videos und Filmen sowie ungezählten Auftritten in meinen Sendereihen „Heimatklänge" und „Schöne Bescherung"; Letztere wurden in den folgenden Jahren an den Adventsonntagen live aus der Kölner Altstadt gesendet.

Die „Höhner" waren in diesen Jahren fester Bestandteil der Musik-Szene des WDR-Fernsehens und bereicherten unser Programm mit ihrer musikalischen Qualität, ihren guten und originellen Texten, der tollen Bühnenpräsenz und guten Einschaltquoten.

Ich bin dankbar, dass ich diese überaus kreative Zeit mit ihnen verbringen durfte.

Michael Bischoff

So wurden die Höhner
zu Klassikern.

Die Karnevalsbühnen hatten sie in den 1990er-Jahren im Sturm erobert, die „Karawane" war noch nicht komponiert und die Hymne „Viva Colonia" noch Zukunftsmusik. Und trotzdem zog es die „Höhner"-Karawane unaufhaltsam weiter. Warum soll eine Saison mit Aschermittwoch eigentlich vorbei sein? Auch wenn sie noch so stressig, anstrengend und aufregend war, der Aschermittwoch und die Fastenzeit sind für die begeisterten Musiker zum Ausruhen und Durchatmen doch viel zu lang(weilig).

Da formt sich in ihren Köpfen eine buchstäblich abenteuerliche Idee: Wie wäre es zum 20-jährigen Jubiläum mit einem Klassikkonzert? Goethe war zu seiner Zeit ein Gassenhauer, warum also nicht jetzt so ein Hit wie „Minsche wie mir" im symphonischen Mantel? Einen Versuch wäre das doch wert. Und um das Ganze auf die orchestrale Spitze zu treiben, visieren die Hühner den Kölner Musikolymp an, ausgerechnet die Philharmonie! Dort, wo die klassischen Weltstars sich seit Jahren die Konzertklinke in die Hand gaben und die berühmtesten Orchester das Kölner Publikum regelmäßig von den Sitzen riss. Ausgerechnet dort wollen sie hinein. Und das nicht jeck, sondern klassisch. Anzüge statt Jeans. Anspruch statt Party. „Ihr spinnt", sagen viele. Doch sie schaffen es. Und mit der Jungen Sinfonie Köln findet die Band ein mutiges Orchester.

Das Experiment startet am 30. April 1993 – und schlägt ein wie eine musikalische Bombe! Eine neue Geschäftsidee ist geboren. Und es geht weiter. Gleich im Jahr darauf.

Am 7. September 1994 schlägt die offizielle Geburtsstunde von „Höhner Classic". Das Programm soll außer in Köln auch in Bonn und Leverkusen gastieren, der WDR will es aufzeichnen. Ein Album ist geplant, die Aufregung der Fans riesig. Nur acht Stunden nach Vorverkaufsstart sind alle Tickets weg. Von den 2000 Menschen im ehrwürdigen Halbrund sind viele noch nie hier gewesen. Die Heiligen Konzerthallen von Köln, die berühmte Philharmonie gleich neben dem Dom. Die Kathedrale kennen alle, doch das hier? Was für eine Aufregung! Sie kommen in Jeans und Anzug, teils schüchtern, teils vorlaut: Wenn

Bei den „Höhner Classic"-Konzerten begleiten die „Höhner"das Orchester auch schon mal bei der Darbietung klassischer Werke.
Rechts: Bereits im Jahr 1993 machte sich Peter Millowitsch als Konzertmoderator verdient. Er spielte damals die Rolle eines „kauzigen und widerborstigen Orchester-Notenwarts".

die „Höhner" sich hier hineintrauen, dann können wir das doch auch!

Staunen im Saal. 80 Musiker und Musikerinnen der Jungen Sinfonie Köln in feinen Anzügen und eleganten Kleidern. Daneben die „Höhner" in knallbunten Fräcken, grün, gelb, rot, blau. Mittendrin Günter Hässy, der musikalische Leiter des Orchesters – und des Abends. Schwarzer Frack, weiße Fliege, Schmunzeln im Gesicht. Ein Schalk am Pult. Zusammen mit Wim Mergenbaum hat er seit Monaten alle Songs neu arrangiert und sogar noch eine „Höhner"-Ouvertüre dazu komponiert.

Der Abend wird Kult. Standing Ovations schon zum Opening mit „Hey Kölle, du bes e Jeföhl".

Noch summen die Fans leise mit. Schunkeln traut sich keiner. Es ist doch kein Karneval hier. Oder doch? Immerhin fangen die großen Bläser- und Streicherklänge alle Fans im Saal immer wieder gefühlsmäßig ein. Doch viele Augen glitzern schnell verdächtig. So schön klang „Mona Lisa" noch nie. Beim „Wartesaal der Träume" fließen Tränen. Als die irische Band „Galleon" dazu kommt und „Ming Stadt" ertönt, gibt es kein Halten mehr. Die Emotionen explodieren, die „Höhner" beamen. Das nächste jecke Universum ist erobert. Gänsehaut pur.

In Köln wird ein neues Konzertkapitel aufgeschlagen.

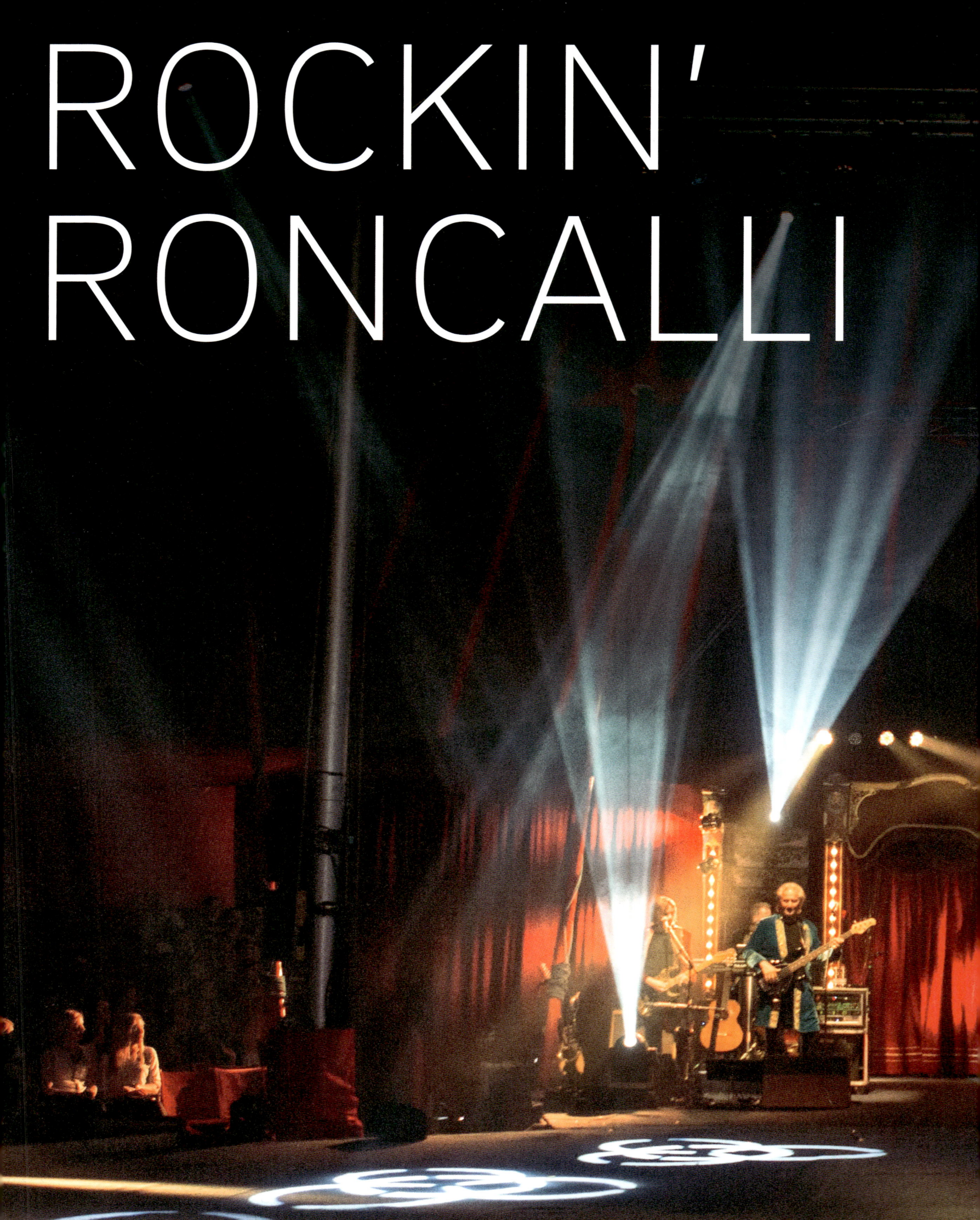

ROCKIN'
RONCALLI

Nicht nur die aufwändigen Kostüme, die die Band in jeder der „Höhner Rockin' Roncalli"-Shows trägt, sind Bestandteil der Philosophie, Zirkustradition und moderne Rock- und Pop-Elemente zu verbinden – auch die liebevoll restaurierte „Manegen-Bühne" aus dem vergangenen Jahrhundert istein echter Hingucker.

Thomas Bruchhäuser

„Pausen-Clowns" im wahrsten Sinne des Wortes.

DIE VORGESCHICHTE

Den ersten Kontakt zu den „Höhnern" hatte ich 1997. Ich hatte zugesagt, das Casting und die Regie für eine neue Improvisations-Theater-Gruppe zu übernehmen. Der Produzent Jo Steinmann hatte gute Kontakte zu den „Höhnern" und hatte ihnen die Theater-Gruppe (die es tatsächlich noch gar nicht gab!) in den höchsten Tönen als Side-Act für eine Show der „Höhner" angepriesen.

Die „Höhner" hatten da gerade mit dem Hit „Die Karawane zieht weiter" einen Meilenstein in ihrer Karriere gesetzt und waren sogar mir bekannt. Meine musikalischen Vorlieben galten eher Tom Waits und der klassischen Musik. Allerdings begann damals die Zeit, in der man an den „Höhnern" – zumal in Köln – nicht vorbeikam. Aber natürlich habe ich sie – Asche auf mein Haupt –, mich einreihend in die blasierte Gruppe der „gehobenen" Musikliebhaber, nicht wirklich ernst genommen. Nun, ich wurde schnell eines Besseren belehrt. Aber zunächst zum Treffen.

Der Produzent und ich waren verabredet mit Peter Werner im ehrwürdigen „Café Reichard". Als wir eintrafen, war Peter bereits da. Oha! Schon mal ein erster Pluspunkt. Ich hatte, obwohl selbst Künstler, kein großes Vertrauen in die Pünktlichkeit und Zuverlässigkeit derselben, schon gar nicht, wenn sie prominent waren. Aber Peter räumte sowieso direkt auf mit so manchem Klischee. Er

Die Artistentruppe „Bingo" hat die „Höhner Rockin' Roncalli"-Show über mehrere Jahre begleitet.

Oben: 2000; das Plakat zur
ersten Zirkusshow.
Mitte: Lagebesprechung am
Campingtisch zwischen den
historischen Zirkuswagen
des Circus Roncalli.
Unten: Hannes präsentiert
„Die schwebende Jungfrau".
In diesem Fall hieß die Jung-
frau allerdings Janus Fröhlich.
Zwischen der Jungfrau und
Henning steht Regisseur,
künstlerischer Leiter, Ideen-
geber und seit 1997
enger Freund der Band:
Thomas Bruchhäuser.

hatte überhaupt keine Starallüren, war nicht abgehoben
oder gar arrogant. Nein, er war aufgeschlossen, interessiert, neugierig und, ja, vor allen Dingen sehr nett!

Als Peter nach einer kurzen Vorstellungs- und Kennen-
lernrunde erfuhr, dass ich in der Schweizer Clownschule
Dimitri meine Ausbildung genossen hatte, war das Eis
endgültig gebrochen. Kurz zuvor hatte er noch bei einem
Urlaub im Tessin eine Vorstellung von Dimitri besucht.
Wie? Ein Kölner Karnevals-Musiker kennt Dimitri, den
Clown?

Aber wie gesagt – meine Klischees konnte ich gleich
wieder einpacken. Besonders „angezündet" war ich dann,
als ich erfuhr, bei welchem Projekt sich die „Höhner" eine
Zusammenarbeit vorstellen konnten: „Höhner Classic" in
der Philharmonie!

Wobei ich beschämenderweise zugeben muss, dass ich
von diesem Format, obwohl die Vorstellungen immer
ausverkauft waren und schon damals Kultstatus genossen, noch nichts gehört hatte. Aber die Begeisterung
von Peter und Henning, der bei unserem nächsten Treffen
auch dabei war, für dieses Projekt war sofort anste-
ckend. Und zu klassischer Musik hatte ich ja sowieso eine
Affinität. Außerdem hatte ich nun ein erstes konkretes
Auftrittsziel für das noch in den Kinderschuhen stecken-
de Improvisations-Theater. Dass dies der Beginn einer bis
heute andauernden Zusammenarbeit und vor allen Dingen engen Freundschaft mit den „Höhnern" war, konnte
ich natürlich nicht ahnen.

Die Auftritte der Impro-Gruppe waren glücklicherweise
erfolgreich und die Zusammenarbeit mit den „Höhnern"
so inspirierend, dass ich hocherfreut war, als mich
Hannes Schöner nach der Premiere fragte, ob ich mir
eine komplette Show-Inszenierung „zutrauen würde".
Es ging um das jährlich stattfindende Konzert-Thea-
ter-Gastspiel im Millowitsch-Theater. Ja, konnte ich!
Und so kam es zur ersten kompletten Regiearbeit für die
„Höhner". Der Titel nahm Bezug auf den damaligen Hit
„Club Sultano".

In einer Mischung aus Selbstüberschätzung und jugendlicher Unbefangenheit war mein Anspruch natürlich
nichts Geringeres, als mit der Inszenierung ein Zeichen zu
setzen. Das begann mit der Ausstattung und den Kostümen. Hierfür hatte ich mir die Unterstützung der Düssel-
dorferin(!) Petra Hube geholt. Die „Höhner" bekamen
Kostüme in Tierfell-Optik und das Theater verwandelte
sich in „1001 Nacht".

Dass ich aber auch auf die Inszenierung der Lieder Einfluss nehmen wollte, ging nicht ganz so reibungslos bei
allen Mitgliedern der Band durch. Bei einigen traf ich auf

ein tiefes Misstrauen, wenn ich als „Nicht-Musiker" versuchte, einen Song beispielsweise zu „choreografieren". Man war ja schließlich „ein Musiker und kein Tänzer". Auf keinen Fall wollte man zum „Pausen-Clown" werden.

Aha … Karneval schon, aber bitte mit ernsthaftem musikalischem Anspruch! Tatsächlich gab es bei der Bereitschaft, sich als Entertainer zu betätigen, zwei Lager in der Band.

Bei den Arbeitsmeetings mit der Band ging es immer sehr emotional zu. Hier wurde nicht nur über die Songauswahl und ihre mögliche Inszenierung, sondern auch über neue Songs, die Texte und ihre musikalische Umsetzung aufs Heftigste diskutiert. Da schlugen die Wogen beim Ringen um Details schnell mal hoch, kurz danach saß man wieder einträchtig zusammen, als wäre nichts gewesen.

Wobei Peter Werner beim „Wogenglätten" eine meisterhafte Fertigkeit besaß, die ich sehr bewunderte. Am Ende war es genau das, was die „Höhner" ausmachte – die Detailversessenheit und der unbedingte Perfektionismus jedes Einzelnen.

Bei der Bühneninszenierung für „Club Sultano" kam ich mir oft wie ein Dompteur vor, und das lag sicherlich nicht an den Tierfell-Kostümen. Alles in allem hat mich die Arbeit mit der Band in einem Maße beansprucht, wie ich es bis dahin noch nicht kannte. Aber vor allen Dingen hatten alle Beteiligten riesigen Spaß und zum Glück wurde der „Club Sultano" schließlich zu einer der erfolgreichsten Millowitsch-Produktionen der „Höhner".

DIE ANFÄNGE

Ich war so beflügelt von der Zusammenarbeit, dass in mir eine neue Idee zu keimen begann. Die „Höhner" als Band mit ihren unterschiedlichen Charakteren und vor allen Dingen mit ihrem reichhaltigen Repertoire an variantenreichen Songs hatten meiner Meinung nach das Potential zu einer Synergie mit artistisch-zirzensischen Darbietungen, für einen weiteren Schritt in Richtung „inszeniertes Konzert". Die Grundidee zur „Höhner Rockin' Roncalli"-Show war geboren.

Ich war (und bin es noch) befreundet mit dem damaligen Geschäftsführer vom Circus Roncalli, Thomas Schütte, und natürlich hatte ich durch meinen damaligen Hauptberuf als Comedy-Akrobat des Duos „Tébé & Leiste" auch eine besondere Beziehung zum Circus.

Also habe ich Thomas mit dem Segen der „Höhner" von meiner Idee erzählt. Er war durchaus interessiert, aber

am Ende bedurfte es natürlich der Zusage von Bernhard Paul, dem Gründer, Direktor und „Spiritus Rex" des Circus Roncalli. Was ich nicht wusste, war, dass Bernhard den „Höhnern" schon 1980(!) bei einem zufälligen Treffen vorschlug: „Wir müssen irgendwann mal etwas zusammen machen." Aber es passierte, damals wie jetzt, erst mal – nichts.

Aber der Samen war gelegt. Es bedurfte allerdings noch eines weiteren Jahres und eines Besuchs von Janus (im Frühjahr 1999) bei Bernhard, damit das Pflänzchen sprießen konnte. Plötzlich war er Feuer und Flamme für das Projekt.

Es kam zu einem ersten Kreativ-Meeting im Garten von Schloss Lerbach vor den Toren Kölns – ein wunderbarer Ort! Mit dabei waren Peter, Henning, Hannes und Janus, der „Höhner"-Manager Hans-Leo Linden, Bernhard Paul,

Oben: Vor Facebook und Instagram gab es viele Jahre lang alle drei Monate eine eigene „Höhner"-Zeitung mit Informationen rund um die Band. Hier studiert Bernhard Paul die neueste Ausgabe von „Neues vom Höhner-Hoff". Unten: Beim „Chinesen an der Ecke", einem Restaurant in der Kölner Innenstadt, entstand dieses Werbefoto für die erste „Höhner Rockin' Roncalli"-Show „Rheinland des Lächelns".

Damals gab es sogar echte Hühner in der Show. Die putzigen Tiere zu artistischen Leistungen zu bewegen, wurde als Meisterleistung empfunden, auch wenn die Übungen – sehr zum Vergnügen des Publikums – meistens überhaupt nicht funktioniert haben.

Thomas Schütte und ich. Es war noch ca. ein Dreivierteljahr bis zur geplanten Premiere.

Wir saßen also bei bester Laune, schönem Wetter und Häppchen von Sternekoch Dieter Müller zusammen und die Ideen sprudelten nur so aus allen raus. Die beste war zunächst die Idee von Bernhard für den Namen des Projekts: „Höhner Rockin' Roncalli"-Show! Als die eigentliche Arbeit begann, bekam die Show einen (Unter-)Titel, der den „roten Faden" für das Programm bilden sollte. Er nahm Bezug auf den damaligen Sessions-Hit „Immer freundlich lächeln …" und hieß „Rheinland des Lächelns".

Besondere Aufmerksamkeit galt dem Wunsch, dass die „Höhner" nicht nur die „Zirkus-Band" sein sollten, die die Artisten musikalisch untermalte, sondern sich auch so viel wie möglich in der Manege einbringen sollten. Also „Pausen-Clowns" im wahrsten Sinne des Wortes.

Im Monat vor Beginn der Proben mit den Artisten kam Bernhard Paul wieder ins Spiel. Wir sprachen den geplanten Ablauf ab und er brachte die Band mit der renommierten Kostüm-Designerin Maria Lucas zusammen. Bei einem dieser Treffen musste ich eine bittere Pille schlucken: Thomas Schütte eröffnete mir, dass die Regie natürlich Bernhard selbst übernehmen würde. Aha! Auch mein vorsichtiger Protest und Hinweis, dass das gar nicht so einfach für Bernhard würde, da ich ja nicht nur die Vorarbeit gemacht hatte, sondern auch auf eine inzwischen zweijährige Zusammenarbeit mit den „Höhnern" aufbauen konnte, half nichts.

EINE ERFOLGSGESCHICHTE

Es kam der Tag des Probenbeginns im Zirkuszelte.

Die Artisten aus der ganzen Welt waren angereist, die „Höhner" komplett anwesend und wir versammelten uns zu einer großen Begrüßungsrunde in der Manege. Das Wort führte, charmant und eloquent, Bernhard, der die Dimension dieses ganz besonderen Projektes erläuterte, den internationalen Artisten die Bedeutung der Band klar machte und natürlich alle auf eine intensive Zusammenarbeit und eine tolle Probenwoche einschwor. Und dann kam's: Im Applaus nahm er mich zur Seite und raunte mir zu: „Du, Thomas, du host hier doch alles im Griff, oder? Du woaßt ja eh, dass beim (Tournee-)Zirkus gerade auch die Proben laufen und i kann mi ja net zerteilen. Konn i mi drauf verlossen, dass du hier übernimmst?" Wie schon Jahre zuvor bei Hannes kam meine Antwort sicherer rüber, als ich mich fühlte: „Klar kannst du!" Das soll nicht heißen, dass sich Bernhard komplett rausgezogen hätte. Er kam regelmäßig, vor allen Dingen in den ersten Jahren der Zusammenarbeit, bei den Proben und Vorstellungen

vorbei und gab Feedback und Input zu Dramaturgie, Licht und Inszenierung.

Die Proben mit den Artisten und Musikern waren eine echte Herausforderung. Tatsächlich war ich damals wahrscheinlich der Einzige, der die Synergie zwischen der Band und ihren Songs und den Artisten im Kopf hatte. Immer wieder bedrängten mich die meist internationalen Artisten, ich solle doch ihre eigene Musik nehmen, sie hätten auch „Noten" für die „Kapelle" dabei. Und die Band kam oft nicht damit zurecht, wenn ich sie bat, einen Titel zu verlängern, zu schneiden oder gar – eine Todsünde – im Tempo anzupassen. In späteren Jahren haben wir oft darüber gelacht, aber zu Beginn dieser besonderen „Ehe" zwischen Zirkuskünstlern und den „Höhnern" gab es noch die eine oder andere Verständnislücke zwischen den Akteuren.

Bei der Premiere schließlich stand ich neben Thomas Schütte im Eingang zwischen den Tribünen. Das Opening war als eine Art vorgezogenes Finale inszeniert, bei dem alle Artisten des Programmes schon mal vorgestellt wurden. Hierzu hatten die „Höhner" extra einen Song geschrieben: „Herzlich Willkommen (ihr lieben Leute)". Das Publikum war von Anfang an begeistert dabei. Als dann der Artist Andrea Togni zum Titel „Schöne jode Morje" an Tüchern in die Luft entschwebte, ging ein Raunen durchs Publikum. Ich bekam eine Gänsehaut und wusste: „Die Show wird funktionieren!" Am Ende gab es begeisterten Applaus und zum Finale Standing Ovations.

Und nicht nur das Publikum war begeistert, sondern vor allen Dingen auch alle Mitwirkenden. Das Zusammenspiel der Artisten mit der Musik funktionierte fantastisch! Manch ein Zirkus-Act kam bei der Show besser an als normalerweise. Und umgekehrt wurden Songs, die es kaum in ein normales „Höhner"-Konzert geschafft hätten, abgefeiert. Das „(Rhein-)Land des Lächelns" wurde ein großer Erfolg und bildete den Grundstein einer fast 20-jährigen Zusammenarbeit von Circus Roncalli und den „Höhnern".

Es folgten noch viele weitere Produktionen. Der Radius, in der die Show gespielt wurde, wurde immer größer und verließ mit der Zeit sogar das Rheinland. Die Popularität der „Höhner Rockin' Roncalli"-Show stieg nicht nur beim Publikum, sondern auch in der internationalen Zirkusszene. War es am Anfang noch schwer, die Künstler zu „überreden", zu „Höhner"-Musik aufzutreten, so wurden wir mit der Zeit von Artisten bestürmt, die unbedingt auch mal in der Show dabei sein wollten.

Und auch die „Höhner" selbst liebten es immer mehr, selbst in die Manege zu steigen, nicht nur als Musiker, sondern auch als Artisten und ja ... auch als Clowns.

Tatsächlich war von Beginn an eines der großen Erfolgsgeheimnisse der „Höhner Rockin' Roncalli"-Show die perfekte Synergie zwischen der Musik und den Acts. Das war aber tatsächlich kein Selbstläufer. Hierfür wurde in den Monaten vor der Show viel Zeit investiert, an der sich grundsätzlich alle beteiligten.

Die Arbeit begann immer mit der Suche nach einem geeigneten Motto bzw. Titel für die Show. Dann stand das

„Casting" der entsprechenden Artisten und Clowns an. Und dann die wichtigste und zugleich schwierigste, aber auch eine der schönsten Arbeiten an der Show: die Suche nach der perfekten Synergie zwischen einem Song und dem Act. Hierbei hatte man entweder einen Musiktitel, der unbedingt ins Programm soll, und suchte die passende Nummer. Oder wir wollten unbedingt einen besonderen Act und suchten hierfür einen passenden Song. Das funktionierte aber in den seltensten Fällen eins zu eins. Je nach Nummer musste der Artist seine Darbietung anpassen oder der Song dem Act angepasst werden. Meist mussten sich beide bewegen. Wenn gar nichts passte, wurde und wird extra ein Song geschrieben. Das ist sozusagen die Königsdisziplin.

Bei der Arbeit an den Songs fürs Programm mischte neben den „Höhnern" auch deren musikalischer Produzent Thomas (Tom) Brück mit. Tom kam ungefähr zur gleichen Zeit wie ich zur Band, hatte aber mit seiner Arbeit einen wesentlich wichtigeren Anteil an deren Entwicklung. Er gehörte naturgemäß zu den „Wächtern" der ursprünglichen Kompositionen, steckt da doch sehr viel von seiner Arbeit drin. In den Anfängen haben wir

Bei jeder Show gab es ein solches Manegenfoto. Zum Ende der Spielzeit versammelte sich dazu das gesamte Team aus Artisten, Musikern, Sound- und Lichttechnikern und Servicepersonal.

Gruppenbild mit Circus-Chef Bernhard Paul am historischen Bühnen-eingang, 2016.

uns oft gekabbelt, wenn ich wieder mal wollte, dass ein Song dem Artisten angepasst werden sollte und nicht umgekehrt. Aber auch hier war es wie mit den Bandmit-gliedern: Nachdem wir uns immer besser kennenlernten und sukzessive mehr Einblick in und Verständnis für die jeweilige Arbeit des anderen bekamen, wuchs zunächst der Respekt und es entwickelte sich schließlich eine ver-trauensvolle Freundschaft.

WEITERE ZUSAMMENARBEITEN

Nie hätte ich mir zu Beginn vorstellen mögen, wie in-tensiv und lang anhaltend die Zusammenarbeit mit den „Höhnern" sein würde. Aber von Anfang an stimmte die künstlerische und menschliche Chemie zwischen der Band und mir. Und so wurde ich mit der Zeit sowas wie ihr „Haus-und-Hof-Regisseur" und habe in den vergan-genen 25 Jahren zahllose Projekte für sie inszenieren dürfen, darunter auch die jährliche „Weihnachtsshow", die beliebte Sendung „Stars in der Manege", und natür-lich als Highlights die Jubiläums-Shows „30 Jahre" in der LANXESS-Arena und „40 Jahre" im Tanzbrunnen.

Die Zusammenarbeit hatte allerdings auch noch eine andere Dimension. Als Geschäftsführer einer Eventagen-tur habe ich die „Höhner" immer wieder gerne in unsere Events eingebunden. Die schönste Nachricht ist, dass die Zusammenarbeit noch lange nicht zu Ende ist. Und frei nach Charles Darwin – „Nichts ist beständiger als der Wandel" – habe ich auch die wechselnden (Neu-)Be-setzungen der Band immer offen und neugierig verfolgt. Auch wenn mancher Weggang bedauerlich war, so waren die Neuzugänge auch immer wieder eine Bereicherung. Und so freue ich mich, dass auch das Projekt „,Höhner' und Zirkus" weiterläuft.

Mit ungebremster Freude arbeiten wir anlässlich des 50. „Höhner"-Jubiläums an einer Show, die sowohl einen Blick zurück wirft auf das Erreichte als auch einen nach vorne auf die wunderbaren Geschichten, die noch erzählt werden wollen.

Danke, dass ich so lange (externer) Teil dieser tollen Band sein durfte.

Danke für euer Vertrauen und eure Freundschaft!

Von der bekannten Kölner Kostümbildnerin und Modedesignerin Maria Lucas stammen die meisten Kostüme und Outfits der „Höhner".

Die einzelnen „Höhner" in unzähligen Rollen: Henning beim Sketch mit dem russischen Clown Jigalow. – Janus als Hunde-Dresseur. – Jens und Micki als lebendige Stockpuppen „Hänesje" und „Bärbelche". – Peter in seiner Paraderolle als „Star-trompeter" mit Andrey Jigalov oder als klassischer Weiß-Clown. – Henning, singend, in schwindelnder Höhe am frei schwebenden Seil.

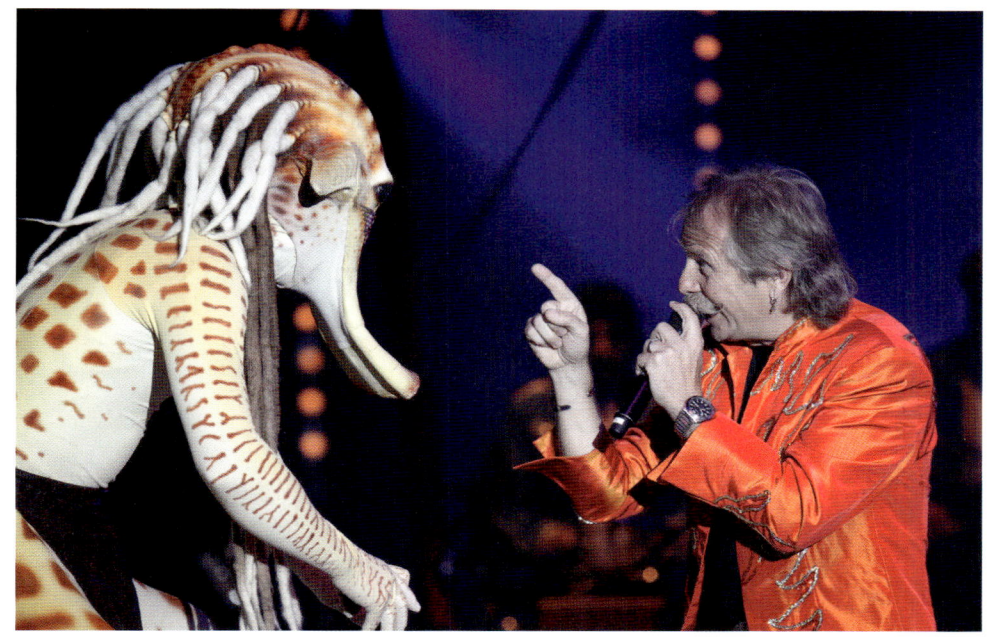

Henning im Spiel mit einem Fabelwesen. – Peter am fliegenden Piano. – Die Artisten Leoswill und Diosmani am Chinese Pole. – Hannes als „Hühnerbeschvörer". – Janus als Seehundimitator.

Georg Steinhausen

Echte Fründe, wo Träume wahr werden.

Wo Träume wahr werden, lautet das Motto des Schulcircus Radelito. Einer dieser Träume wurde ab dem Jahr 2000 wahr, als die Radelitos Mitglied der „Höhner Rockin' Roncalli"-Familie wurden. Echte Fründe stonn zesamme, heißt es seitdem bei unzähligen gemeinsamen Auftritten. Es begann mit der ersten HRR-Show 2000, setzte sich fort über die Prinzenproklamationen (PriPro) im Gürzenich, Auftritte in der Philharmonie, in der LANXESS-Arena, beim Weihnachtszirkus sowie zum 30. und 40. „Höhner"-Jubiläum. Mehrfach saßen Mitglieder der Band in der Jury beim Circus-Wettbewerb um den Goldenen Zylinder, den die Radelitos alle zwei Jahre durchführen, und vergaben den HRR-Sonderpreis „Nit mööchlich", natürlich verbunden mit einem eigens angefertigten Pokal.

Ein besonderes Jeföhl stellte sich bei der gemeinsamen „Höhner Rockin' Roncalli"-Show mit den Radelitos zum 30. Jubiläum der Willy-Brandt-Gesamtschule 2005 ein. Ohne gemeinsame Probe gelang es uns als echte Fründe, eine 60-minütige Circus-Show zu präsentieren. Die Radelito-Artist:innen begeisterten zu den Klängen der „Höhner" die vollbesetzte Aula. Im Anschluss gab es selbstverständlich noch ein fast zweistündiges „normales" „Höhner"-Konzert.

Als echte Fründe unterstützen uns die Höhner bis heute bei unserem mehrfach ausgezeichneten circensischen Austauschprojekt „SOMOS – Wir sind!" mit Jugendlichen aus der Kölner Partnerstadt Corinto in Nicaragua. Dass die Lieder der „Höhner" auch in Corinto mittlerweile bekannt sind und bei fast jeder Circus-Vorstellung gespielt werden, verdeutlicht, dass echte Freundschaft mehr ist als „e Jeföhl", sie ist völkerverbindend. Elmer aus Corinto spielt „Viva Colonia" auf der – von den „Höhnern" geschenkten – Trompete bei jedem Besuch, natürlich ohne Noten. Seit dem ersten gemeinsamen Austausch im Jahr 2005 verwenden wir auch (mit freundlicher Genehmigung der „Höhner") das Willkommenslied der HRR-Show zu einem eigenen Text. Heißt es bei uns: „Herzlich willkommen bei uns im Circus Radelito", so singen die Colorintos in Nicaragua: „Hola que tal, al circo Colorinto".

Wie „Jott un Pott" stonn mer zesamme und haben viele neue Freundschaften bewirkt. Artist:innen aus der HRR-Show kamen für einige Workshop-Tage (Toni Fribourg,

Unten rechts: Der Kinder- und Schulzirkus Radelito aus Köln war schon bei der ersten Zirkusproduktion dabei. Unten links: Janus mit den Jüngsten der Truppe bei der Darbietung des Songs „Nase vorn". Darunter: Peter präsentiert mit einem der Kinder den Song „Seifeblose".

Allabendlich durfte Jens seine Künste als „Seilchenspringer" zeigen. Wer glaubt, dass das doch ganz einfach sei,der kann es ja mal im Team mit einem Zirkusartisten versuchen.

Martin Mall, Olivier Taquin) oder gleich für zwei Wochen (wie Encho Keryazov) bei den Radelitos in der WBG vorbei, um gemeinsam wie echte Fründe zu trainieren. Oksana vom „Trio Bingo" unterstützte uns zum 20-jährigen Radelito-Jubiläum (2012) gleich für drei Monate. Jose Henry Caycedo vom Circolombia aus Kolumbien war in der letzten HRR-Show „Funambola" (2018/2019) der Star auf dem Drahtseil. In den Pandemie-Jahren 2020/2021 wurde er zu einem neuen Fründ. Er hat nicht nur in jeder freien Minute mit den Radelitos trainiert, er war auch 2019 mit uns in Nicaragua beim SOMOS-Projekt und hat 2021 mit seiner Kollegin Paola Viuje sowohl vor Ort in Corinto als auch digital eine zirzensische Fortbildung mit den Jugendlichen in Corinto absolviert.

Fründe, Fründe, Fründe en dr Nut
Jon 'er hundert, hundert op e Lut.

„Hey Kölle" löst bei Anika, die als Radelito-Artistin 2002 in der HRR-Show mit dabei war, immer noch eine Gänsehaut aus, wie sie mir vor Kurzem erzählt hat.

Dieses Lied war der Einstieg in das Finale der HRR-Show und die Radelitos gingen als Erste durch den Vorhang in die Manege, wo sie von 1500 begeisterten Zuschauern stehend empfangen wurden, und dies vier Wochen lang, jeden Abend.

Do bes en Stadt met Hätz un Siel
Hey Kölle, do bes e Jeföhl

Dieses Jeföhl, Teil einer Familie zu sein und nicht nur „schmückendes Beiwerk" einer Show, ist es, was sich bei allen Radelitos festgesetzt hat. Für dieses Jeföhl möchte ich mich im Namen aller Radelitos bedanken und wünsche den „Höhnern" für die nächsten Jahrzehnte Erfolg, Glück, viele neue Fründe und vor allem Gesundheit.

Jlück.ich, wä sich do nit blende liet
Un nit zo vell op schöne Auge jitt,
En jedem Fründe 'ne richtige Fründe och süht
Echte Fründe stonn zesamme.

Seit 1978 verbindet die Höhner eine enge
Freundschaft zum FC und persönlich auch zu
einigen Spielern. Der Refrain von „Hey Kölle"
wurde eine Zeit lang bei jedem Tor des FC
jubelnd eingespielt.

Dr. Werner Wolf Präsident des 1. FC Köln

E Jeföhl, dat verbingk.

50 Jahre „Höhner", davon 44 Jahre „Höhner" und 1. FC Köln. Denn seit dem letzten Meisterjahr 1978 verbindet uns eine besondere Beziehung! Seit dieser Zeit haben die „Höhner" dem 1. FC Köln drei unterschiedliche Lieder gewidmet. Mit diesen Melodien verbinden mich als FC-Präsident einige emotionale Momente.

„E Jeföhl, dat verbingk", erlebte ich während des Christopher Street Day, diesem Welttag der Toleranz und der prallen Lebensfreude, am 3. Juli 2022. Es ist eine der größten öffentlichen Partys und auch an diesem wunderbaren frühsommerlichen Tag herrschte eine ausgelassene und heitere Stimmung in Köln.

Überall, wo ich mit der Delegation des 1. FC Köln und den Damen des FC auf unserem Festwagen vorbeikam, wurde die aktuelle FC-Hymne „Mer stonn zo dir FC Kölle" gespielt. Ich hatte das Gefühl, die ganze Stadt gebe dieses Echo wider. Da dachte ich unwillkürlich: Wo gibt es das sonst auf der Welt? Welcher Sportverein ist derart musikalisch beschenkt und im Lied verewigt?

Was wäre unser FC, was wäre Köln ohne die „Höhner"?

DANKE dafür – DANKE, dass ihr das Lebensgefühl unseres Vereins und unserer Stadt seit mittlerweile fünf Jahrzehnten prägt!

1978 brachten die vier „Höhner" zur Deutschen Meisterschaft des 1. FC Köln das Lied heraus: „Unsre Bock eß Meister" und trafen damit voll ins Schwarze. Über 20.000 Mal verkaufte sich die Single.
Oben: Immer wieder traten die „Höhner" bei Heimspielen oder anderen Anlässen am Geißbockheim auf – sehr oft auch mit der Mannschaft.

Anthony Modeste kann nicht nur Tore schießen – auch als Stimmungsmacher, hier mit Henning, macht er eine „gute Figur". Sein französischer Slang, wenn er die FC-Hymne mitsingt, ist ein Ohrenschmaus.

Gruppenbild mit Hausband. Bei der Fußball-Saisoneröffnung 2022 präsentierte Stadionsprecher Michael Trippel traditionell den aktuellen Kader mit Trainer Steffen Baumgart, FC-Vorstand und den „Höhnern". Zum ersten Mal sangen Steffen Baumgart und alle Spieler anschließend die FC-Hymne in vollem Umfang mit, vor 50.000 Fans.

Wolfgang Schmitz   WDR-Hörfunkdirektor i.R.

Da kütt unser Schulsprecher.

Meine Geschichte mit den „Höhnern" beginnt zu einer Zeit, als es – in Köln eigentlich unvorstellbar – die „Höhner" noch gar nicht gab. Ort: Das altehrwürdige Dreikönigsgymnasium, das einige der späteren Band-Mitglieder besuchten. Wir wussten allerdings damals nichts voneinander. Und als ich, viele Jahre später, auf dem Roncalli-Platz bei einer Bandprobe vorbeischaute, rief es von der Bühne: „Da kütt unser Schulsprecher." Köln ist dann eben doch ein Dorf, allerdings das schönste weit und breit.

Und sonst? 50 Jahre „Höhner": Komm, loss mr fiere, was sonst? Und mit wem sonst, wenn nicht mit diesen Jungs, die es von Anfang an vortrefflich verstanden haben, mit wenigen, oft schlichten Worten und bestens eingängigen Tönen das kölsche Lebensgefühl und das ausge-

prägte Feier-Gen der Kölnerinnen und Kölner zu aktivieren. Zum Mitsingen, Schunkeln, Tanzen, Wohlfühlen. Wo zu „Höhner"-Musik gefeiert wird, werden in Minuten aus Fremden Freunde.

Dass die Band-Mitglieder, ob frühere oder aktuelle, auch ein Herz für gesellschaftliche und soziale Verantwortung haben, kann man nachlesen. Oder selbst erleben, wie bei einem großen Sommerfest einer rechtsrheinischen Flüchtlingsinitiative in einer Flüchtlingsunterkunft, an dessen Organisation ich beteiligt war. Ein Anruf, schon war Janus Fröhlich mit seinen Kollegen am Start.

Das Ergebnis: Schunkeln geht immer und ist eindeutig in der Lage, Menschen unterschiedlichster Herkunft miteinander zu verbinden, und das im Wortsinn.

50 Jahre haben mich die „Höhner" begleitet, privat und gelegentlich auch beruflich, nämlich bei WDR-Veranstaltungen. Und das Highlight? Für mich immer wieder die Gänsehautmomente im Müngersdorfer Stadion, wenn viele tausend Menschen sich mit der Hymne Mut und Zuversicht ansingen. Das tut der Seele gut, egal, wie das Spiel später ausgeht.

Was vergessen? Ach ja, die schönsten Songs der „Höhner" haben natürlich auch bei uns zuhause ihren festen Platz, wenn wir mit Freundinnen und Freunden Fastelovend feiern.

50 Jahre „Höhner" – und die Karawane zieht weiter, hoffentlich noch viele Jahre. Viva Colonia, viva „Höhner"!

Linke Seite: Manschafts-foto zum „Einreihen". Anläßlich des 40-jährigen Höhner-Jubiläums wurde dieses Foto angefertigt. Altfordere und damals aktive FC-Spieler, FC-Vorstand, Management und Geißbock (mit Be-treuern). Das Bild – in Lebensgröße – diente damals dazu, dass sich Fans „dazugesellen" und sich abfotografieren las-sen konnten.

(v.l.n.r.) obere Reihe: John Parsons, Chris-tian Clemens, Carsten Cullmann und Stephan Engels
(v.l.n.r.) mittlere Reihe: Karlheinz Hoppe, Jürgen Hoppe, Henning Kraut-macher, Hannes Schöner, Bernd Cullmann, Jens Streifling und Trainer Holger Stanislawski
(v.l.n.r.) untere Reihe: Hans Schäfer, Janus Fröhlich, Harald „Toni" Schumacher, Thomas Kessler, Peter Werner, Wolfgang „Bulle" Weber, FC-Vorstand Werner Spinner und FC-Vice Markus Ritterbach
(v.l.n.r.) vorne: Hildegard Schäfer, Ingo Reipka und Hennes VIII

Anlässlich des Empfangs im Historischen Rathaus zu Köln zum 50-jährigen Geburtstag des 1. FC Köln gab es allen Grund, anzustoßen. Von links nach rechts: Der damalige FC-Präsident Albert Caspers, Kölns Oberbürgermeister Norbert Burger, Henning Krautmacher und der damalige DFB-Präsident Egidius Braun.

Den Fans zuwinkend inspizieren die „Höhner" den Rasen mi Hennes VIII. Janus Fröhlich war als FC-Dauerkartenbe-sitzer Sportbeauftragter der Band. Er platzierte die „Höhner" optimal zu allen möglichen Anlässen – ob mit Mannschaft oder vor einem Spiel im Stadion.

Lukas Podolski

Super Musik!!!

Ich kann die Jungs das ganze Jahr lang hören – nicht nur im Karneval. Sie gehören zu Köln wie der Dom, der Rhein und der FC – und das seit 50 Jahren!

Es war immer eine Freude die Band zu treffen, ob beim Fußball oder auf der Fanmeile 2014 in Berlin, als wir mit dem WM-Pott aus Brasilien heimkehrten. Es sind absolut bodenständige und herzliche Menschen: Ich habe Janus, Peter und Henning immer als sehr lustig und bescheiden erlebt!

Die Höhner sind nicht nur regional ein Hit, auch national, weit über Kölns Stadtgrenze hinaus, haben sich die „Höhner" Ansehen, Respekt und vor allem Fans erworben.

Ihre FC-Hymne ist absolute Champions League.

Welcher Verein wird musikalisch so wundervoll verewigt, wie unser FC, das ist Weltklasse! Jedes Mal bekomme ich Gänsehaut, wenn die Fans vor dem Spiel stehen, singen und die Schals hochhalten. Das gibt es sonst nirgendwo! Damit haben sich die „Höhner" ein Denkmal gesetzt.

Männer: Ihr seid fantastische Botschafter unserer Stadt.

WEITER SO!

Oben: Lukas Podolski haben es die „Höhner" wahrscheinlich zu verdanken, dass der Song „Viva Colonia" auch in Sönke Wortmanns Kinofilm „Ein Sommermärchen" zu hören ist. Poldi hatte den Song angestimmt, wann immer sich die Gelegenheit dazu ergab, ob in der Kabine, im Mannschaftsbus oder bei Feierlichkeiten. Unten: Live-Auftritte bei Heimspielen des FC waren gute Möglichkeiten, um zu testen, ob ein neuer Song auch größeren Publikumsmengen gerecht wird. Bei der Erstaufführung von „Viva Colonia" live im Stadion waren die Massen „aus dem Häuschen".

Hymne des 1. FC Köln

Ehrenfeld, Raderthal, Nippes, Poll, Esch, Pesch un Kalk
Üvverall jitt et Fans vom FC Kölle!
En Rio, en Rom, Jläbbisch, Prüm un Habbelrath,
Üvverall jitt et Fans vom FC Kölle!

Freud oder Leid, Zokunft un Verjangenheit!
E Jeföhl, dat verbingk FC Kölle!
Ov vür, ov zoröck,
Neues Spill heiß neues Jlöck!
E Jeföhl, dat verbingk FC Kölle!

Mer schwöre dir, he op Treu un op Iehr!
Mer stonn zo dir, FC Kölle!
Un mer jonn met dir,
Wenn et sin muss durch et Füer,
Halde immer nur zo dir, FC Kölle!

Ov Jung oder Alt, ov ärm oder rich!
Zesamme simmer stark FC Kölle!
Durch dick un durch dünn,
Janz ejal wohin!
Nur zesamme simmer stark FC Kölle!

Mer schwöre dir, he op Treu un op Iehr!
Mer stonn zo dir FC Kölle!
Un mer jonn met dir,
Wenn et sin muss durch et Füer,
Halde immer nur zo dir FC Kölle!

Kein Heimspiel, keine Siegesfeier, keine Saisoneröffnung ohne die Stadionhymne „Mer stonn zo dir, FC Kölle"!

LOCH LOMOND
(Traditional, arranged Run Rig)
All tracks published by Storr Music.

By yon bonnie banks and by yon bonnie braes
Where the sun shines bright on Loch Lomond
Where me and my true love spent many happy days
On the bonnie bonnie banks of Loch Lomond

Twas there we parted in yon shady glen
On the steep steep sides of Ben Lomond
Where in purple hue the Highland hills we view
And the moon glints out in the gloaming

You'll take the high road and I take the low road
And I'll be in Scotland afore ye
Where my true love will never meet again
On the bonnie bonnie banks of Loch Lomond

Where wild flower spring and the wee birdies sing
On the steep streep sides of Ben Lomond
But the broken heart it kens nae second spring
Though resigned we may be while we're greetin

You'll take the high road and I take the low road
And I'll be in Scotland afore ye
Where me and my true love will never meet again
On the bonnie bonnie banks of Loch Lomond

Repeat Chorus

On the bonnie bonnie banks

Run Rif Magmt, Marlene Ross Aberdeen tel.: 0224 573100

Zum Einsingen sogenannter „Volks-Chöre" hatten die „Höhner" Freunde und Familienmitglieder ins Studio eingeladen. Als die Beteiligten im Jahre 1998 noch vom Textblatt ablesen mussten, konnte niemand ahnen, dass „Mer stonn zo dir, FC-Kölle" fortan bei jedem Heimspiel vom gesamten Publikum im Rhein-Energie-Stadion auswendig und komplett mitgesungen werden würde. In der „ersten Reihe" haben damals gesungen: FC-Geschäftsführer Wolfgang Loos (zwischen Janus und Henning) und der FC-Fanbeauftragte Rainer Mendel (der Zweite von rechts hinter Henning).

Oben: Beim Empfang der Weltmeister am Brandenburger Tor in
Berlin gab es Gelegenheit, den WM-Pokal mal ganz aus der Nähe
zu betrachten. Erst später hat die Band erfahren, dass es sich nicht
um den Originalpokal, sondern um eine Kopie gehandelt hat.
Unten: Ein beliebter Fanartikel sind und waren die Drumsticks.
Noch attraktiver wurden sie, wenn sie auch noch signiert waren.
Rechts: Die musikalische Prominenz gab sich beim Empfang der
Weltmeister in Berlin die Ehre. Von links nach rechts: DJ Ötzi,
Andreas Bourani, Helene Fischer, Henning.

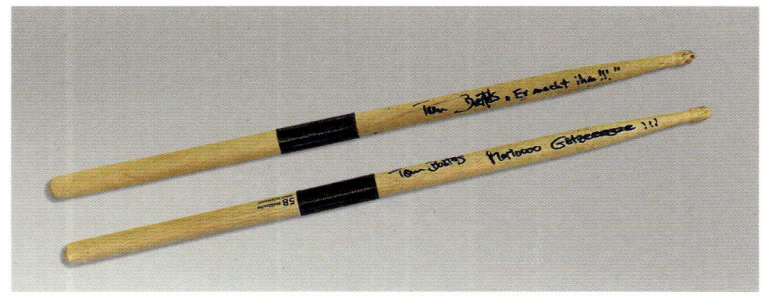

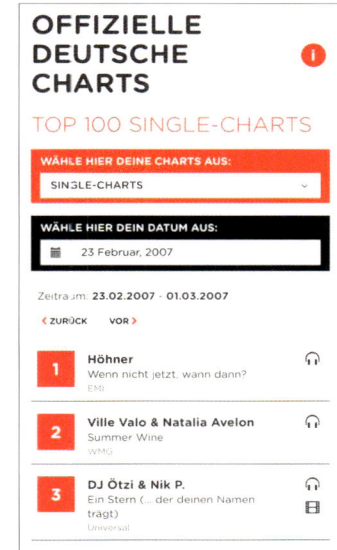

OFFIZIELLE
DEUTSCHE
CHARTS ❶

TOP 100 SINGLE-CHARTS

WÄHLE HIER DEINE CHARTS AUS:
SINGLE-CHARTS

WÄHLE HIER DEIN DATUM AUS:
23 Februar, 2007

Zeitraum: 23.02.2007 - 01.03.2007
‹ ZURÜCK   VOR ›

1   Höhner
     Wenn nicht jetzt, wann dann?
     EMI

2   Ville Valo & Natalia Avelon
     Summer Wine
     WMG

3   DJ Ötzi & Nik P.
     Ein Stern (... der deinen Namen
     trägt)
     Universal

Links: Bei der Handball-WM sangen die „Höhner" am 4.2.2007 mit knapp 30.000 Fans den Nr. 1 Hit auf dem Balkon des Kölner Rathauses.

Unten: Gemeinsam mit der Siegermannschaft von 2007 haben die „Höhner" ihren Nummer-1-Hit „Wenn nicht jetzt, wann dann" noch einmal mit neuem Text als Fußballvariante aufgenommen. Diese Version sollte der deutschen Fußballnationalmannschaft als Ansporn für die EM 2012 dienen. Unter anderem hieß es da: „Nehmt den Fuß – und nicht die Hand!"

Heiner Brand

Meine besondere Nähe zu den „Höhnern" entstand eigentlich erst im Jahre 1985 mit dem Beginn der Freundschaft zu Janus Fröhlich. Der Höhepunkt unserer Verbindung war sicherlich das Jahr 2007 mit der Handball-Hymne „Wenn nicht jetzt, wann dann", an deren Entstehung Janus und ich nicht unwesentlich beteiligt waren und die auf Platz 1 der Hitparade landete. Ein außergewöhnlicher Erfolg, auch für die „Höhner", den man bei Beginn der Handball-WM so nicht erwarten konnte, denn die Berliner Zuschauer des Eröffnungsspiels konnten damals mit dem Auftritt der „Höhner" relativ wenig anfangen.

Auch heute noch verfolge ich die Entwicklung der Band und bin stets emotional berührt, wenn ich im Rhein-Energie- Stadion „Mir stonn zo dir, FC Kölle" höre.

Ich war übrigens immer wieder überrascht, dass meine Nationalspieler aus den unterschiedlichsten Regionen Deutschlands bei den „Höhner"-Liedern sehr textsicher waren.

Toni Schumacher

Sach ens, Tünn. Häste nit Luss', ens mit uns ze singe?

Die Überschrift über unserer langen gemeinsamen Zeit könnte so lauten: „Tünn trifft ‚Höhner' im Höhnerstall!" Denn kennengelernt habe ich euch beim 1. FC Köln – und niemand wird bestreiten, dass es da seit Jahrzehnten mitunter zugeht wie im Hühnerstall: Es wird laut gegackert, wie wild rumgerannt und leider auch mal eine Menge Mist hinterlassen. In diesem Falle nicht!

Treffen und mögen war eins bei uns. Vor allem zu Janus knüpfte ich ein enges Band, von ihm kam dann auch die entscheidende Ansage: „Sach ens, Tünn. Häste nit Luss', ens mit uns ze singe?" Was für eine Frage! Auf der Bühne mit der Kapelle, von der ich jedes Lied auswendig konnte? Die „Höhner" waren schon sehr früh meine Lieblingsband und viel Größeres konnte ich mir nicht vorstellen, als mit den Jungs gemeinsam zu singen.

Nun waren mir im Job Selbstzweifel ja meist fremd. Aber einen Strafraum zu beherrschen, ist eben immer noch etwas anderes, als auf den Brettern zu stehen und eine Menge Menschen zu unterhalten. Das kann fürchterlich schief gehen, gerade beim Singen, wo jeder schiefe Ton so schlimm ist wie eine unerreichbare Flanke im WM-Finale. Also: „Kann ich das?", lautete die Frage zunächst an mich und dann an Janus. Der wischte die Bedenken weg, wie es seine Art ist, und ich erinnerte mich daran, dass ich ohnehin Rocksänger geworden wäre, wenn es mit dem Profifußball nicht geklappt hätte. Also: „Klar kann ich das!" Und im Ernst: Was konnte es Größeres für mich als Kölner geben, als mit euch kölsche Lieder zu singen?

Nie werde ich vergessen, wie Janus vor dem ersten Auftritt zu mir kam, mich zur Seite nahm und sagte: „Toni, mach' dich nit verröck! Dat ist janz einfach, du muss' nur en rauchije Stemm han." Zwei Zigarillos zog ich mir rein, das half, die Stimme war rauchiger als die von Rod Steward, und so zog ich von diesem Tag an immer, wenn es der Terminkalender zuließ, mit den „Höhnern" durch die Säle. Dabei erlebte ich Höhepunkte, die ich nie vergessen werde. Meinen 30. Geburtstag feierten wir singend zusammen mit 300 Gästen an einem Karnevalsdienstag.

Dabei ging es nicht immer nur um den Spaß an der Freud. Manchmal wurde es nachdenklich und ich erfuhr, was es

mit einem Menschen machen kann, wenn er über Gefühle singt und plötzlich spürt, wie er mit dem Publikum förmlich verschmilzt. Die Nähe ist dann noch größer als die zu den Fans im Stadion. Ein Gänsehauterlebnis!

Noch heute bin ich traurig, dass der damalige Chef der „Lachenden Sporthalle" – Otto Hofner – mich nicht mit euch zusammen auf die Bühne ließ, weil er Angst hatte, den eng getakteten Terminplan der Veranstaltung zu sprengen. Ganz falsch lag er damit sicherlich nicht. Die „Höhner" mit Toni Schumacher – das war damals schon eine große Nummer in Köln, die man nicht gerne von der Bühne ließ.

Aber ich wurde entschädigt: Ich durfte mit euch im Millowitsch-Theater auftreten in „3 Zimmer, Küche, Diele, Bad" , ihr habt meine beiden Abschiedsspiele in Istanbul und Köln musikalisch begleitet und seid mit mir in der SAT.1-Fußball Show „Ranissimo" aufgetreten, wo auch Franz Beckenbauer dabei war. Das sind Erlebnisse, die ich nie vergessen werde. Ich habe das gemeinsame Singen mit euch sehr genossen, jeden einzelnen Auftritt.

Beim Abschiedsdinner von Toni Schumacher im Hilton Hotel in Istanbul ließen es sich die „Höhner" nicht nehmen, vor den insgesamt 800 geladenen Gästen und gemeinsam mit Toni den Song „Echte Fründe" und einige Lieder mehr anzustimmen.

Oben: Der Song „Nemm mich su wie ich ben" ist Toni Schumacher auf den Leib geschrieben. Es gibt auch eine Studioversion, gesungen von Toni persönlich. Darüber hinaus gab es jede Menge Live-Auftritte, die der National-torwart mit den „Höhnern" absolviert hat.
Links: Bei der After Show-Party anlässlich des Abschieds-spiels von Toni Schumacher im damaligen „Müngers-dorfer Stadion" ließ „dä Tünn" es sich nicht nehmen, gemeinsam mit den Höhnern für Stimmung zu sorgen. Im Foto trägt Henning eines der begehrten Abschieds-T-Shirts mit dem Aufdruck „Tschüss Tünn!"

Und wenn ich wie zuletzt, beim Abschied meines guten Freundes Alex Wehrle vom 1. FC Köln, noch einmal mit Hannes diese Lieder singen darf, dann jeht mir – op die echte kölsche Art – janz eenfach et Hätz op!

Maaht et jot, ihr „Höhner"! Danke für alles. Ihr habt mein Leben bereichert, wie das vieler tausender Menschen weit über die Grenzen Kölns hinweg. Und denkt dran: Wenn ihr Verstärkung braucht – ihr wisst, wo ihr mich findet!

Und bis heute spüre ich den kölschen Ritterschlag auf meinen schmalen Schultern, den ihr mir verpasst habt mit zwei Songs voller „Jeföhl", die ihr mir gewidmet habt. Kein Wunder, dass „Hey Kölle" und „Nimm mich su wie ich bin" bis heute meine absoluten Lieblingslieder sind. Danke dafür, Jungs!

151

Pierre Littbarski

Für was soll ich eigent-
lich danke sagen?

Dass ich mich bei jeder Kölner Sitzung heiser gesungen habe bei euren Liedern?

Dass ihr bei meinem Abschiedsspiel das Stadion zum Kochen gebracht habt?

Dass ich, wenn ich traurig bin, nur eure Lieder hören muss, damit es mir wieder gut geht?

Dass ich mich im Karneval bei euren Liedern jedes Mal fast bewusstlos schunkele?

Dass ihr mir beigebracht habt, was es bedeutet, „ne Kölsche" zu sein?

Dass ihr immer so gute Laune versprüht?

Dass ihr so kreativ seid?

Dass ihr immer 100 Prozent gebt?

Ich sage Danke, weil ich stolz bin, euch zu kennen, und weil ihr mich glücklich macht!

Pierre Littbarski zusammen mit Bodo Ilgner, Henning und Janus.

Reiner Calmund

Junge, Junge!
50 Jahre „Höhner"

Ich bin mit den „Höhnern" groß, dick und wieder dünn geworden. Und was vor fünf Jahrzehnten mit Peter Werner, Walter Pelzer, Rolf Lessenich und Janus Fröhlich und ihrem „Scheiß ejal ..." begann, ist noch lange nicht zu Ende. Längst haben sie sich von der Stimmungs- und Karnevalsband zu nachdenklichen Chronisten ihrer Stadt entwickelt, musikalische Granaten wie Peter Horn, Hannes Schöner oder Jens Streifling ließen die „Höhner" unsterblich werden für alle Kölner (und für viele andere Menschen, über die Stadtgrenzen hinaus).

Mein engster Freund und Partner in vielen Lebenslagen ist Frontman Henning Krautmacher, der vor knapp 40 Jahren Peter Horn ganz vorne auf der Bühne ablöste und seitdem das Gesicht der „Höhner" ist. Ich kannte die in Leverkusen geborene Stimmungskanone schon vor seiner erfolgreichen „Höhner"-Zeit. Henning arbeitete als Sport-Journalist mit mir bei Bayer 04 zusammen. Natürlich war er auch damals schon ein exzellenter Musiker, mit seinen ersten beiden Bands „Locker vom Hocker" und „Uss d'r Lameng" und seinem Song „Mir sin die Fans us dem Bayer Stadion" wurde er häufig für Auftritte im Rahmen von Fußball-Veranstaltungen gebucht.

Seine Liebe zum Fußball hat er später mit den „Höhnern" weiter ausgelebt, als er längst „hauptamtlich" Musiker war. Die „Höhner" sind für mich heute längst die „Haus-Band" des 1. FC Köln. Bei jedem Heimspiel stehen die Fans der „Geißböcke" stramm und singen lauthals mit, wenn die Hymne „Mer stonn zo dir, FC Kölle" abgespielt wird. Diese wohl schönste Hymne der Liga ist dem schottischen Song „Loch Lomond" nachempfunden, auch eine Hommage der „Höhner" an die Partnerschaft mit vielen Musikern aus Schottland. Von Udo Lattek, dem erfolgreichsten Bundesliga-Trainer aller Zeiten und späteren FC-Sportdirektor, stammt die Aussage zu Krisenzeiten der Kölner: „Die ‚Höhner'-Musik ist so schön und sorgt für beste Stimmung im Stadion. Schade, dass sie von unseren Spielern kurz vor dem Anpfiff abgelöst werden."

Doch die „Höhner" machen nicht nur Musik, sie haben auch eine stark pulsierende soziale Ader. Ihre Auftritte gegen Ausländerfeindlichkeit und für benachteiligte Menschen in Köln sind kaum zu zählen, ihre Musikprojekte mit jungen

Musikern aus aller Herren Länder ebenso. So sehr sie ein wichtiger Faktor in der Stadt sind und jedem Kölner gehören, für mich könnten die „Höhner" auch die „Fründe" heißen. Niemals werde ich vergessen, als sie 2016 – ich saß nach einer Lungenembolie und einem schmerzhaften Bandscheibenvorfall im Rollstuhl – plötzlich bei uns in Saarlouis vor der Tür standen. Sie hatten ein Konzert in der Nähe und ließen es sich nicht nehmen, mir persönlich alles Gute zu wünschen. Das Bier wurde kaltgestellt, der Grill angeworfen – es wurde ein legendärer Nachmittag. Für mich war das damals die beste Medizin und vor allen Dingen ein Beweis dafür: „Echte Fründe" wird von den „Höhnern" nicht nur gesungen, es wird von ihnen gelebt.

Ich bin kein Musikexperte, aber die Klasse der „Höhner" ist unbestreitbar. 2014 habe ich sie in Brasilien erlebt, als sie im Rahmen der WM mit der populären brasilianischen Band „Chicleta com Banane" auftraten. Da ging dermaßen die Post ab und irgendwann wusste keiner mehr, wer aus Köln kam und wer aus Rio. Rhythmus pur!

Und diesen Rhythmus wippe ich seit 50 Jahren mit. Wahnsinn! Ob bei unserer Hochzeit 2003, meinen runden

Geburtstagen zum 50. und 70. Lebensjahr oder ganz früher schon, beim UEFA-Cup-Sieg von Bayer 1988 – die „Höhner" sorgten für die Begleitmusik.

Ich wünsche der Band alles Gute zum 50. Geburtstag. Was für ein Wahnsinn ist aus den Anfängen im Hühnerkostüm geworden – unglaublich! Macht weiter so, Jungs, Kölle braucht euch auch noch die nächsten 50 Johr!

Ganz nach dem Text eines meiner Lieblings-Songs,

„Nemm mich su, wie ich ben,
Einfach su, wie ich ben!
Ich weiß jenau, dat ich Fähler han,
Doch anders kann ich nit sin!"

komme ich zum Ende, sonst besteht die Gefahr, dass ich alleine ein ganzes „Höhner"-Buch schreibe …

Reiner Calmund ist nicht nur einer der langjährigsten Freunde der Band, sondern auch ein großer Zirkusliebhaber. Bei seinen Besuchen in der „Höhner Rockin' Roncalli"-Show nutzte er oft und gerne die Gelegenheit, sich ans Schlagzeug zu setzen. Bei der Pressekonferenz zur Verabschiedung von Janus Fröhlich hat er sich sogar (mit einem gewissen Schmunzeln) als Nachfolger beworben.

Für die „Höhner" war es damals, 1992, eine
Freude und Ehre, aufgenommen zu werden
in den Kreis der „Kölschen Südstadt-Rock-
größen". Beim Konzert am 9. November 1992
am Chlodwigplatz präsentierten die „Höhner"
mit dem Song „Wann jeiht der Himmel widder
op?" eine musikalische Facette der Band, die
man so noch nicht kannte.

SOZIAL

Markus Ritterbach

Die ehrenhaften Höhner

Unzählige Male habe ich die „Höhner" auf den Bühnen des Kölner Karnevals erlebt. Sie waren immer für einen Spaß zu haben, wenn wir bei den Sitzungen des Festkomitees des Kölner Karnevals von 1823 mal wieder ein bisschen Blödsinn zum Bühnenprogramm eingeplant hatten.

Als FC-Fan und -Vizepräsident habe ich in all den Jahren Hunderttausende Fans die FC-Hymne der „Höhner" singen hören. In jedem Oktoberfest-Zelt wird zigmal am Abend „Viva Colonia" gesungen – und eben nicht „Viva Bavaria" – sowas muss man als Kölner Band erst mal schaffen ...

Doch diese Erfolgsaufzählungen sind für mich gar nicht so wichtig, wenn ich an die „Höhner" denke. Ich finde es viel wertvoller, dass sich die Band und ihre einzelnen Musiker seit vielen Jahren ehrenamtlich für Menschen einsetzen, die Unterstützung brauchen. Abseits des grellen Lichtes der Bühnen, der Medien und des ganzen Autogramm- und Selfie-Rummels.

So gestaltet Janus Fröhlich, langjähriger Schlagzeuger der Band, schon seit zwölf Jahren im Advent das „Adventmitspielkonzert" mit den „Höhnern" im Kölner Dom. Dies ist eben kein Konzert der „Höhner", sie sind lediglich die Begleitung für über 2000 private Musikerinnen und Musiker, die mit ihren Lieblingsinstrumenten in den Dom kommen. Dort werden sie nach ihren Instrumenten platziert, es gibt eine Probe mit dem Dirigenten Janus und anschließend wird gemeinsam in der Hohen Domkirche zu Köln adventliche Musik konzertiert – ein sehr bewegendes Konzert, das zudem live im Web übertragen wird.

Zudem war Janus UN-Botschafter der „UN-Dekade für biologische Vielfalt für die Jahre 2011–2020" und setzt sich dafür ein, den nachfolgenden Generationen eine lebenswerte Welt zu hinterlassen. Inzwischen ist Janus im musikalischen (Un-)Ruhestand und hat eine „Kölsche Messe" komponiert, die bei der Messe der Kölsche Funke rut-wiiß vun 1823 e.V. in der Romanischen Kirche St. Severin im November 2021 uraufgeführt wurde. Mit diesem Geschenk gibt Janus viel an den ehrenamtlichen Karneval zurück, der ihn und die „Höhner" trägt.

Henning Krautmacher stammt aus Leverkusen, er unterstützt seit Jahren die Leverkusener Tafel und engagiert

sich bei Lesungen. Denn Henning ist ebenso „Lesebotschafter" der Stiftung Lesen, die sich bundesweit dafür einsetzt, Kinder und Jugendliche an das Lesen heranzuführen und damit die Lese- und Schreibfähigkeiten zu verbessern. So unterstützt er auch den jährlichen „Lese-Lauf" in Köln mit dem „Power-Walk mit Henning", um junge Menschen für den Sport zu begeistern.

Ebenso hilft Henning der Deutschen Knochenmarkspender-Datei (DKMS) dabei, viele Menschen für eine Typisierung zu gewinnen, wenn lebensgefährlich an Leukämie erkrankte Menschen dringend auf eine Knochenmarktransplantation warten. Für sein vielfältiges ehrenamtliches Engagement wurde er im Jahr 2019 von der Bundesrepublik Deutschland mit dem Verdienstkreuz am Bande geehrt.

Die „Höhner" engagieren sich seit den 1990er-Jahren für das Kölner Lobbyrestaurant „LORE" in Domnähe, ein Treffpunkt und ein Restaurant für Menschen, die zumeist auf der Straße leben. Im LORE erhalten sie warme Speisen und echte Wertschätzung. Im Jahr 1994 thematisierten die „Höhner" in dem Titel „Alles verlore" die besonderen Herausforderungen von Berbern, das Stück wird auch heute noch auf vielen Konzerten gespielt. Jeder Cent, der mit dem Titel verdient wird, geht direkt an das „LORE". Und immer zur Weihnachtszeit

„Never change a winning team." Die Mitarbeiter des Lobby-Restaurants „LORE" zusammen mit Janus Fröhlich, Hannes Schöner und Henning Krautmacher kurz vor dem Servieren des kostenlosen Weihnachtsmenüs für Obdachlose.

Links: Konzerte für die Obdachlosen der Stadt fanden natürlich „auf der Straße" statt.

Unten: Ebenfalls auf der Straße, vor den Toren des Lobby-Restaurants „LORE", findet jedes Jahr im November die Übergabe des ersten geschossenen Wildschweins durch die Jägerschar der Stadt Köln statt. Das Wildschwein wurde und wird noch heute anschließend zu einem festlichen Weihnachtsmahl verarbeitet. Die Vorspeisen-Suppe und das Dessert bereiten auch heute noch die „Höhner" zu.

sind die „Höhner" gerne Schirmherren, wenn die Kölner Jägerschaft ein stattliches Wildschwein an das „LORE" übergibt und damit ein köstliches Weihnachtsessen für Bedürftige zubereitet wird.

Darüber hinaus unterstützen die „Höhner" seit Jahren viele weitere Projekte wie beispielsweise Aktion Lichtblicke, die Stiftung Wir helfen, die AG Arsch huh, Wir runden auf, den Deutschen Tierschutzbund und den WWF.

So sieht man wunderbar am Beispiel der „Höhner", dass Karneval viel mehr ist als „nur" feiern. Die „Höhner" leben den tiefen Sinn des Karnevals. Ich finde, genau diese vielfältigen Engagements machen die „Höhner" aus, und dafür danke ich euch von Herzen!

Hedwig Neven DuMont

Wir helfen!

E s ist wunderbar, dass es euch gibt. Denn sowas, wie ihr es seid, ist aus unserer Stadt nicht wegzudenken und für Köln nicht ersetzbar. Ich bin sehr glücklich, dass wir zusammen den Chor Grenzenlos aus Flüchtlingskindern und Mitgliedern des Jugendchors St. Stephan gegründet haben.

Danke auch für eure stete tatkräftige Unterstützung von Wir helfen.

Eure Hedwig Neven DuMont

Ihr seid Kölle!

Auf Initiative von Hedwig Neven DuMont und Henning Krautmacher und mit Hilfe von Michael Kokott, demLeiter des Jugendchors St. Stefan, konnte der Chor Grenzenlos gegründet werden. Die geflüchteten Jugendlichen aus Afghanistan, Syrien, Nigeria oder Albanien haben jeweils einen Paten aus den Reihen des Jugendchors gefunden und konnten so schnellstmöglich die deutsche Sprache und sogar Kölsch lernen. Bereits kurz nach Gründung des Chores ist der eigens hierfür komponierte Song „Neues Land in Sicht" entstanden.

Basti Campmann (Kasalla)

Steht auf – und macht und bleibt laut!

W ann jeiht dr Himmel widder op?" Das haben sich viele tausend Menschen 1992 auf dem Chlodwigplatz gefragt. Auch ich stand mit 15 Jahren dort vor der Bühne. Um Flagge zu zeigen. Ein Abend, ein Moment, der bei allen, die vor Ort waren, wohl für immer im Herzen bleibt. Und für mich ein Aha-Moment.

Die „Höhner" waren für mich bis dahin „Ich ben ne Räuber" und „Pizza wundabar", waren auf so vielen Karnevalsabenden in Kneipe oder Wohnzimmer der wunderbare und unverzichtbare Soundtrack zum Feiern. Aber an diesem Abend beim so lauten Statement gegen Nazis und rechte Gewalt sah ich die „Höhner" mit ganz anderen Augen. Als Band, die für Ideale einsteht. Die sich ganz klar positioniert.

Und das tun sie heute noch. Alles nur erdenklich Gute zum 50.! Steht auf – und macht und bleibt laut! „Sinn mer dan nit all he Bröder!?"

Mehr als 100.000 Menschen haben das legendäre Konzert am Chlodwigplatz unter dem Motto „Arsch huh, Zäng ussenander" besucht.

Michael Kokott (Jugendchor St. Stephan)

Ihr seid Kölle!

Oben: Der Chor Grenzenlos als musikalische Gäste beim Konzert in der LANXESS-Arena. Mit auf der Bühne: Frau Dr. Auma Obama, die die „Höhner" in ihren Bemühungen für ihr Projekt Sauti Ku unterstützen, sowie Wolfram Kons von der RTL-Stiftung „Wir helfen Kindern". Unten: Der Chor Grenzenlos beim Auftritt am Silvesterabend 2016, ein Jahr nach den Übergriffen in der Silvesternacht 2015. Neben Henning Krautmacher und Michael Kokott stehen Hedwig Neven DuMont und Oberbürgermeisterin Henriette Reker.

Ich gratuliere den „Höhnern" sehr herzlich zu ihrem 50-jährigen Bandjubiläum. Bei aller Fröhlichkeit und allem Spaß, den die „Höhner" mit ihren großartigen Liedern seit fünf Jahrzehnten verbreiten, beeindruckt mich sehr, dass die Band immer auch ein Herz für soziale Projekte hat: Für das Kölner Obdachlosen-Restaurant LORE, für ehrenamtlich Engagierte mit dem Song „Stille Helden" oder gegen Corona-Vereinsamung mit dem Song „Zeit für Menschlichkeit".

Im Jahr 2016 hatte Henning Krautmacher mit Hedwig Neven DuMont die Idee, unter dem Gedanken „Integration durch Musik" den Flüchtlingschor Grenzenlos ins Leben zu rufen. Ich durfte den Chor leiten, der sich aus geflüchteten Kindern und Jugendlichen u.a. aus Afghanistan, Albanien, Iran und Nigeria sowie Mitgliedern meines Kölner Jugendchors St. Stephan zusammensetzte.

Wir hatten viele eindrucksvolle Auftritte, u.a. beim Sommerblut-Kulturfestival, LVR-Tag der Begegnung, Birlikte-Festival, Kinderkultursommer, Come-Together-Cup, Kölner Ehrenamtstag und bei der „Höhner Rockin' Roncalli"-Tour und den „Höhner"-Weihnachtsshows.

Ein ganz besonderes Highlight war der Silvesterauftritt des „Grenzenlos"-Chores mit Henning Krautmacher vor dem Kölner Dom 2016.

Ich wünsche den „Höhnern" viele weitere erfolgreiche Jahrzehnte mit guten Ideen, tollen Songs und met vill Hätz!

159

Viele soziale Projekte werden von den „Höhnern" begleitet. Das Adventmitspiel-konzert im Kölner Dom. – Gemeinsam mit Künstlerkollegen die Organisation einer Demo für ein geeintes Europa. – Die Förderung des Behinderten-sports. – Schulprojekte zum Thema Integration und die Kreation von speziellen Weihnachts-kugeln, deren Verkaufs-erlös sozialen Zwecken zufließt.

Gegen Rassismus und jede Form von Gewalt. – Als Botschafter für den Deutschen Tierschutzbund, hier im Kampf gegen die schmerzhafte Kastration von Ferkeln ohne Betäubungsmittel. – Und für das Herzensprojekt von Hedwig Neven DuMont, Wir helfen: Spendenübergabe aus dem Erlös einer Sondervorstellung der „Höhner Rockin' Roncalli"-Show.

Wim Mergenbaum

Zweifelsfrei der 10. Februar 1972!

Den genauen Anfang der „Höhner"-Story wird jedes Gründungsmitglied etwas anders verorten. Für mich ist es zweifelsfrei der 10. Februar 1972, Weiberfastnacht. An diesem Tag zog am frühen Nachmittag eine bunte Truppe Musikanten vom Pfarrheim der Gemeinde Christi Auferstehung in Melaten in die Innenstadt mit dem Ziel, sehr viel Spaß zu haben.

Mit dabei waren alle Gründungsmitglieder der späteren „Höhner" sowie ein bunt gemischter musikalischer Freundeskreis. Janus Fröhlich, Peter Werner und ich waren in der Gemeinde in Musik- und Jugendarbeit involviert und durften daher das Jugendheim für alle möglichen Proben nutzen, unser großer musikalischer Freundeskreis war bei den verschiedensten musikalischen Aktivitäten dabei. Für diesen Tag hatten wir uns ein Repertoire an damals bekannten Karnevalsliedern ausgesucht, die wir mit zwei Gitarren, Klarinette, Trompete, Posaune, allerhand Percussion sowie kräftigem Gesang zu Gehör brachten.

Schon in der Bahn begannen wir zu spielen, machten weiter mit kleinen Spontandarbietungen auf der Schildergasse und schließlich gingen wir in Kneipen und hatte großen Erfolg: Der Wirt stellte seine Musikanlage ab, die Leute sangen bei uns mit, wir bekamen alle ein Gratis-Kölsch. Einige Male wurden wir in Geschäfte hineingebeten, um die Stimmung auf karnevalistische Höhen zu treiben. Dabei bekamen wir manches Scheinchen zugesteckt, sodass wir uns zwischendurch ein selbstverdientes Abendessen leisten konnten; das Bier gab's für eine musikalische Einlage wieder ömmesüns.

Irgendwann in der Nacht, nach einem vielstündigen Musikmarsch durch die Altstadt, sind wir dann nach Hause gefahren, müde, aber glücklich. Und am nächsten Tag waren wir um die Erfahrung reicher, dass man mit Karnevalsmusik nicht nur sehr viel Spaß haben kann, man kann damit sogar Erfolg haben.

Diese Erfahrung hat Peter Werner über den Sommer ausgebaut zu der Idee, als Hühner verkleidet auf die Bühne zu gehen. Die Hühnerkostüme wurden aufwändig gestaltet, der KAJUJA-Vorstellabend wurde zum ersten Erfolg und in der Session 1973 gab es eine Menge Auftritte für die neu entstandene Studentenband. Mein Beitrag waren

die Arrangements für die Saalkapelle, in den nächsten Jahren sollten noch viele weitere Arrangements folgen. Bis in die 1990er-Jahre war das Notenschreiben noch kalligraphische Handarbeit.

Im Sommer 1975 war ich, wie oft in dieser Zeit, zu Besuch bei Millowitschs, Onkel Willy und Tante Gerda. Willy plante für die Winterspielzeit die Aufführung des Stücks „Drei Daach ahl Kölle". Er schwärmte von der guten alten Zeit, als man viele der Schwänke noch mit kleinem Orchester aufführte, auch zu diesem Stück gab es einige Couplets. Wenn man doch wenigstens eine ganz kleine Instrumentalbesetzung hätte! Ich stellte die Idee, im Millowitsch-Theater zu spielen, den „Höhnern" vor. Die Chance, im renommierten Volkstheater aufzutreten, war natürlich toll, leider schränkte das Engagement die Auftrittsmöglichkeiten in der Session ein. Trotzdem ließen sich die „Höhner" diese Chance nicht entgehen, und so saß ab Dezember eine fünfköpfige Combo aus vier „Höhnern" und Wim gedrängt vor der Bühne des altehrwürdigen Volkstheaters und gestalteten in insgesamt 92 Vorstellungen die Bühnenmusik; zudem konnten die „Höhner" in der ersten Umbaupause ihre neuen Lieder singen.

In der Zusammenarbeit mit Willy und seinem Ensemble gewannen wir Musikanten viel Erfahrung und Routine, Spaß hat es auch noch gemacht. Die Theatermusik blieb zwar ein einmaliges Engagement, aber in Zukunft gab es immer wieder Auftritte im Millowitsch-Theater und gemeinsame Lieder mit Willy. „Willy, wat wör Kölle ohne dich" ist das musikalische Denkmal der „Höhner" für Willy.

Die „Höhner" wurden von Session zu Session erfolgreicher und wechselten konsequent in den Profistatus. 1988 bekam die Band das Angebot, zur Sessionseröffnung mit dem WDR-Rundfunkorchester (heute WDR-Funkhaus-Orchester) aufzutreten. Das war meine erste Chance, drei größere Orchesterarrangements zu schreiben – eine zeitraubende Arbeit, die ich in vielen Nachtstunden erledigte. Kurioser Nebeneffekt am Rande: Unseren damals sechs Monate alten, nachtaktiven Sohn Max setzte ich in diesen Nachtstunden in die Kinderwippe neben meinen Schreibtisch. Wenn ich die Melodien, die ich niederschrieb, leise mitsummte, war er mit der Welt zufrieden, summte seinerseits mit und schlief schließlich ein.

Von links nach rechts: Wim Mergenbaum an der Posaune, daneben verdeckt Walter Pelzer und Rolf Lessenich, ganz hinten Janus Fröhlich und mit kurzer Hose Peter Werner am Beatles-Bass bei einer Probe 1973.

Im Jahr 2001 hatten die „Höhner" als musikalische Gäste im Rahmen von „Höhner Classic" Matthias Reim und „Brings" mit im Programm. Während Matthias Reim seine Hits „Verdammt, ich lieb dich" und „Ich hab geträumt von dir" spielte, präsentierten „Brings" erstmalig vor großem Publikum ihren Song „Superjeile Zick", den bis zu diesem Zeitpunkt noch niemand kannte. Die „Höhner" hatten ihren jungen Kollegen „prophezeit", dass der Song ein Hit würde – und haben Recht behalten.

Die „Ur-Höhner" im Orchestergraben und in der Mitte Wim Mergenbaum als musikalischer Leiter.

Am 11.11.1988 saß ich abends vor dem Radio, wartete gespannt auf das Ergebnis – und war erst einmal sehr enttäuscht: Mein Orchestersatz war als Hintergrund für den Band-Sound konzipiert, bei der Aufführung erklang aber nur Bandgesang plus Orchester, die Bandinstrumente hatte man wegen Tonproblemen weggelassen. Hätte ich das gewusst, hätte ich ja volleren Klang ins Orchester legen können! Als dann noch ein Oboist den letzten Akkord nach Moll verfälschte, saß ich sehr bedröppelt vor dem Radio. Das allgemeine Feedback war Gottseidank nicht so schlecht wie mein erstes Empfinden, und als einige Zeit später auf einer Karnevalsfete der „Plattenleger" die Mitschnitte dieser Veranstaltung in seinem Programm hatte, war ich getröstet.

Den Grund für den falschen Oboenton entdeckte ich übrigens Jahre später, als wir das Arrangement von „Vorbei is vorbei" nach den original WDR-Noten bei „Höhner Classic" spielten: Ein böswilliger Kollege hatte dem 1. Oboisten mit Bleistift ein „b" vor den Schlusston gemalt, und der ist darauf reingefallen.

Peter Millowitsch

Verdammt lang' her ...

●●● ist es, dass mein Vater in der Aachenerstraße ein Stück spielte, das „Im Nachtjackenviertel" hieß. Das war 1972, also im letzten Viertel des vergangenen Jahrhunderts, und es ist somit verdammt lang her. Es war ein Stück mit Musik. Und diese Musik machten, wenn man so sagen kann, die „Ur-Höhner" Peter Werner und Janus Fröhlich. Sie machten das sehr gut und fragten an, ob sie in der Pause ein paar Sachen von sich spielen dürften. Sie durften. Die Stücke kamen beim Publikum sehr gut an und man merkte gleich: „Da kommt bestimmt noch mehr" – und das tat es dann ja auch.

Bis zu unserer nächsten Zusammenarbeit dauerte es fast 20 Jahre. Wie es dazu kam, weiß ich eigentlich gar nicht mehr. 1992 bat man mich, Texte für ein Programm von den „Höhnern" zu schreiben. So verband ich die Lieder mit einer kleinen Geschichte, die wieder mit großem Erfolg in der Aachenerstraße gespielt wurde und den Anfang einer langen Reihe von erfolgreichen Programmen bildete, die von Gastspieldirektion Hofner betreut wurden. Ich hatte bis dahin mit Barbara Schöller nur Theaterstücke für „richtige" Schauspieler geschrieben, und das war eine ganz neue Erfahrung für mich.

Die Sache kam so gut an, dass man mich bat, auch den Text für „Höhner Classic" zu schreiben. Diese Gelegenheit ließ ich mir natürlich nicht entgehen und ich habe mir die Rolle eines Orchesterdieners in das Programm geschrieben. Zum Glück, denn mit so erstklassigen Musikern in der Philharmonie „Heh Kölle, du bes a Jeföhl" zu singen, gehört zu den schönsten Erlebnissen auf der Bühne in meinem an Erinnerungen wirklich nicht armen Theaterleben!

Diese Band ist nun 50 Jahre alt. Von den „Ur-Höhner" ist keines mehr dabei, aber die Qualität hat dennoch nicht gelitten. Unter diesen Voraussetzungen können die „Höhner" gerne hundert Jahre alt werden – ich wünsch es ihnen von ganzem Herzen.

Viele liebe Grüße!

Überraschung auf der Bühne! Beim Konzert der „Höhner" im altehrwürdigen Millowitsch-Theater kamen plötzlich und unvermittelt der Prinzipal Willy Millowitsch und Wolfgang Niedecken auf die Bühne. In seiner Ansprache und als Erklärung fürs Publikum bedankte sich Wolfgang Niedecken für die Teilnahme der „Höhner" an der Aktion „Arsch huh, Zäng ussenander".

Willy Millowitsch war im Orchestergraben dabei, beim Bühnenstück „Drei Daach ahl Kölle" oder bei Live-Auftritten und Galaempfängen – dort auch gemeinsam mit Gerda Millowitsch.

Mariele Millowitsch

Ein Bierchen im „Pittermännche"

Es war 1974, als ich die frühen „Höhner" kennenlernte: Peter Werner (Bass), Janus Fröhlich (Schlagzeug), Rolf Lessenich Gitarre, Lead Sänger), Walter Pelzer (Klarinette). Die Jungs waren Studenten und ich noch in der Schule.

Mit von der Partie war auch mein Cousin Wim Mergenbaum am Keyboard. Gemeinsam standen wir jeden Abend – sonntags um 17 Uhr, montags frei – auf der Bühne von Willys Theater in dem Stück „Drei Daach ahl Kölle", einer Tragikomödie mit Gesang. Bei aller gebotenen Disziplin hatten wir aber auch unseren Spaß.

Nach der Vorstellung waren wir hin und wieder auf ein Bierchen im „Pittermännche" (wenn ich nicht mit Vater sofort nach Hause musste, es war ja Schule ...).

Auch wenn ich mich nicht an alle Einzelheiten erinnern kann, wird mir doch alles in allem warm ums Herz, wenn ich an diese Zeit denke.

Foto-Shooting für das Vinyl-Album „Kumm loss mer fiere!" Auf dieser Langspielplatte mit 18 Songs, befinden sich auch zwei Lieder, die Willy Millowitsch gesungen hat. „Wenn dat Wötche WENN nit wör" und „Vorbei is vorbei!".

165

Irish Band Galleon

This special time of „shunkeling"

Henning Krautmacher came to Ireland in 1991, because he was told: „You must see the band Galleon!" „Galleon" were playing two concerts every week at a holiday centre called Trabolgan in Cork, Ireland. In 1987, Heinz Neunkirchen who sadly passed away in September 2021 and his wife Margot came to their first Galleon concert at Trabolgan. They fell in love with the „Galleon" sound and, as they had a holiday home nearby, they would visit Ireland very often and probably came to see „Galleon" more than anyone else.

Heinz and Margot became great friends of „Galleon". Heinz would say: „I have friends in Germany, I will tell ‚Höhner' about ‚Galleon'. You will play in the Philharmonie. I will make sure it happens." And the „Galleon" boys knew that something special might happen, because Heinz and Margot were not just ordinary fans. They were more like adoring parents, who were proud of their „Galleon" boys .

So Henning came to that concert in 1991 and the „Galleon" adventure in Germany began.

The first „Galleon" tour in Germany was in 1992, when they were guests of „Höhner" in their concerts. „Galleon" was a semi professional band from Cork and suddenly they were in the real professional bright lights world, like nothing they had experienced before. And the chemistry on stage and off stage between „Galleon" and „Höhner" was fantastic. The music of both bands was like hand in glove, and together it was magic. A special friendship grew between the two bands and so the „Galleon" voyage, that began in 1992, is still going on in 2022, and many of the „Höhner" fans have now become „Galleon" fans.

Die irische Band „Galleon" war nicht nur häufig zu Gast in Köln – auch die „Höhner" haben ihre „Twin Band" ab und zu auf der grünen Insel besucht. Szenen an der rauen, steinigen Küste waren da natürlich beliebte Fotomomente.

In the two years after 1992, Galleon came to Germany many times, doing concerts themselves and with „Höhner" and created a fan base of their own. They also found a home away from home in the Stommeln area.

In 1994, the Heinz Neunkirchen dream was realised, when „Galleon" played the Philharmonie in Köln with „Höhner" and the Young Symphonie Orchestra for the Classic Concerts of 1994. They played there again a few years later and accompanied „Höhner" for nearly a hundred times in carnival – this special time of „shunkeling", when the people in Köln are so called „jeck". Another highlight was the „Höhner" concert at the huge LANXESS- Arena with „Galleon" as special guests.

„Höhner" came to Cork in 1996 and joined „Galleon" on stage in concert at the Everyman Palace Theatre.

It did not take the „Galleon" boys very long to understand, why they felt like it was home in Köln. There is a sense of fun and humour in Cork that you cannot find anywhere

Oben: Erst bei einem Besuch auf der „grünen Insel" und in einem echten irischen Pub lernt man, Folk Music zu spielen.

Unten: In nur einer Nacht wurde in den legendären Dierks-Studios in Puhlheim-Stommeln gemeinsam mit der irischen Band „Galleon" der Song „Minsche wie mir/People Like Us" aufgenommen.

Die „Höhner", die „Bläck Fööss" und die „Paveier" gemeinsam auf der Bühne beim Auftritt bei der Prunksitzung der Prinzengarde Köln unter der Leitung von „Raketen Becker" alias Hans Becker (oben rechts). Von links nach rechts: Peter Werner, Erry Stocklosa, Willi Schnitzler, Bubi Brühl, Hannes Schöner, Micky Brühl (verdeckt), Peter Schütten, Henning Krautmacher, Detlef Vorholt (verdeckt), Bömmel Lückerath, Janus Fröhlich, F.M. Willizil, Hartmut Priess.

Ralph (Gus) Gusovius

Das gleiche Humor-Level

Mein Bezug zu den „Höhnern" begann schon lange, bevor es die „Höhner" überhaupt gab. Mitte der 1960er-Jahre drückte ich gleichzeitig mit Janus Fröhlich, dem späteren Gründungsmitglied, die Schulbank am Kölner Dreikönigsgymnasium. Es war die hohe Zeit der Schülerbands, Janus trommelte bei seinen „Middle Ages" und ich bei den etwas rockigeren „Crusade". Wir spielten und begegneten uns abseits vom Schulhof in jeder Menge Jugendheimen und auf Schulbällen, die Geschichte vom „Rheinhotel" war für uns „true story".

Wer hätte damals gedacht, dass sich unsere Wege später als Mitglieder der Kölner Top-Bands wieder kreuzen würden? Janus hat ganz lange Zeit die Geschicke und die Entwicklung der „Höhner" mitgeprägt. Ich wünsche ihm einen genussvollen, langen Ruhestand.

Mitte der 1980er-Jahre hatte ich begonnen, Songs zu schreiben. Durch meine Beziehung zum „Fööss"-Produzenten Reiner Hömig lernte ich durch die Vermittlung der EMI-Elektrola den damaligen Produzenten der „Höhner", Eugen Römer, kennen, der sich einige meiner Songs auch gut für die „Höhner" vorstellen konnte. Im Studio der Electrola kam es dann zur ersten Begegnung mit Henning Krautmacher, der damals gerade Peter Horn als Sänger und Frontmann der Gruppe ersetzt hatte. Zwei Dinge waren relativ schnell klar: Wir hatten das gleiche Humor-Level beim Entwickeln von Liedern, und so entstanden u.a. „Jodelade He" und etliche andere. Und zweitens war mir schnell klar, dass Henning zielstrebig seinen eigenen Stil verfolgte. Er hat damit bis heute die Entwicklung und das Gesicht der „Höhner" entscheidend mit geprägt, wobei ich natürlich die tolle Leistung von Hannes und den anderen Ex-„Höhnern" nicht schmälern möchte. Vun nix kütt nix, hot aff un alles jode für dä Höhnerhoff!

Stefan Worring

Chefreporter und Fotograf in der Lokalredaktion
des „Kölner Stadtanzeiger"

Regional, national und auch international

1990 habe ich als Fotograf beim *Kölner Stadt-Anzeiger* angefangen, da waren die „Höhner" schon volljährig und Henning Krautmacher war der Frontmann. Die „Bläck Fööss" standen hoch über allen anderen kölschen Bands, auch wenn man damals in Karnevalskreisen von einem Kleeblatt sprach, dem auch die „Höhner", die „Räuber" und die „Paveier" angehörten. Karneval jenseits von Kneipe und Stunksitzung war mir suspekt, und musikalisch interessierten mich eher der Gerd-Köster-Sound von „The piano has been drinking", Michael Hansonis' „King Candy", die „Unknown Cases" oder eine ganz junge Rockband namens „Brings". Als Tommy Engel dann bei den „Fööss" ausstieg und mit „L.S.E." ein neues, spannendes Projekt startete, ergab sich für die ehrgeizigen „Höhner" die Chance, aufzuholen im Vergleich zur „Mutter aller kölschen Bands".

Den ersten „Höhner"-Song, den ich wirklich mochte, hörte ich am 9. November 1992, beim „Arsch huh"-Konzert auf dem Chlodwigplatz. „Wann jeit d'r Himmel widder op", das Lied über einen Flüchtling, der in Köln ankommt, hatte eine sehnsuchtsvolle Ernsthaftigkeit, die ich bis dahin nicht mit den für mich eher klamaukig-jecken „Höhnern" in Verbindung gebracht hätte. Und der Song war trotzdem ein Ohrwurm. Nach diesem Konzert waren sie auf einmal mittendrin in „meinem" Universum, nicht zuletzt, weil sie sich klar gegen Rassismus und Neonazis positionierten. Sie machten keinen Hehl daraus, wo sie hinwollten: Ganz nach oben. Diesen Weg beschritten sie sehr professionell, mit Kalkül, manchmal hochdeutsch, und dafür werden sie bis heute bewundert, belächelt, beschimpft. Wer es allen recht machen will, schafft genau das nicht immer. Dass man sich auf der Suche nach Songs auch mal bei anderen Autoren bedient oder inspirieren lässt, ist dabei genauso legitim und schlau, wie sich den freigesetzten „BAP"-Multiinstrumentalisten Jens Streifling in den Stall zu holen, der die Live-Performance auf eine andere Stufe hob. Schlager ist im „Höhner"-Kosmos kein Schimpfwort, Schnäuzer auch nicht. Und so werden sie einerseits regelmäßig in der Stunksitzung persifliert (was die „Fööss" bis heute nicht einmal geschafft haben), andererseits kommt an

ihre bundesweite Fernsehpräsenz höchstens Wolfgang Niedecken heran.

Nicht zuletzt mein privilegierter Job als Journalist hat es möglich gemacht, dass wir, die „Höhner" und ich, viel gemeinsam unterwegs waren. Ich war dabei, als sie mit Montserrat Caballé und ihrer Tochter Montserrat Martí in der Stierkampfarena von Palma de Mallorca „Barcelona" gespielt haben, bei der „Höhner Rockin' Roncalli"-Show, bei den vorweihnachtlichen Mitmachkonzerten im Dom. Ich habe sie auf der Expo in Shanghai verblüfften Chinesen ihr Herz schenken sehen. Ich habe mit Henning Krautmacher über Kochen geredet, mit Hannes Schöner nächtens über Wagner diskutiert und bei Licht mit Micki Schläger und Wolf Simon über Fotografie. Wir haben Cuba Libre getrunken, Rioja und Kölsch. Die „Höhner" haben den Vollmond angespielt auf der Chinesischen Mauer und die Kubaner in Havanna zum Tanzen gebracht. Ob am Lagerfeuer in der Prärie Arizonas vor hundert glückseligen Roten Funken, in einer Mall in Las Vegas vor Laufkundschaft oder vor der ausverkauften LANXESS-Arena – sie geben live immer alles.

Und es gibt „Höhner"-Momente, bei denen sie gar nicht dabei sind. Wenn auf dem Oktoberfest im Zelt eine Schuhplattlerkapelle „Viva Colonia" anstimmt und Hunderte Münchner enthusiastisch mitgrölen und der Kölner denkt: „So geht Tradition." Oder wenn vor den Heimspielen des 1. FC Köln sich das Müngersdorfer Stadion erhebt und erbebt: „... denn mir jonn mit dir, wenn et sin muss, durch et Füer ..." Do jitt et kei spreche!

Gerne und fast regelmäßig werden die „Höhner" in der Stunksitzung karikiert. Kaum eine Show, in der nicht ihre Songs oder der markante „Krautmacher-Schnäuzer" Erwähnung finden.

Oben: Von Wickenburgh (Arizona) ging es mit insgesamt 18 Harley-Davidson-Motorrädern und 45 Ford Mustang-Cabriolets gut 500 Meilen über die Route 66 bis nach Las Vegas.
Unten: Kölsche Tön in der Wüste: Unplugged-Konzert mitten in der Wüste von Arizona am Lagerfeuer unter sternenklarem Himmel.

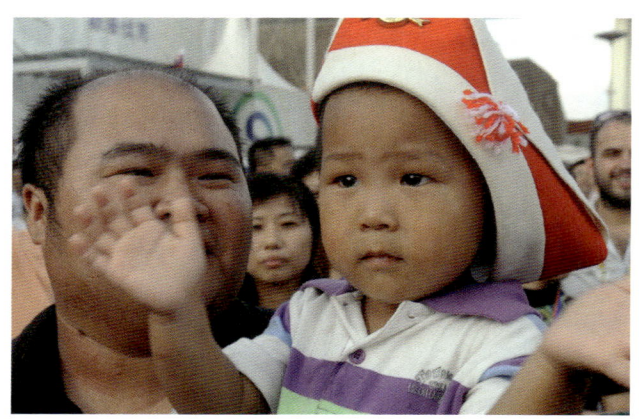

2010, Pressefoto mit
den Roten Funken:
Auf zur Expo nach
Shanghai und
weiter nach Peking!
Hier begeistern die
„Höhner" mit dem
chinesischen Lied
„Molihua".

Oben: 2018, Auftritt in der kubanischen Botschaft von Havanna vor großem internationalem Publikum.
Rechts: Auf der Bühne im „Downtown Las Vegas Event Center", gegenüber dem berühmten „Golden Nugget", gab es 2018 das erste Konzert einer kölschen Band.

Bernd Stelter

Was soll ich sagen: „Viva Colonia!"

Die „Höhner". Ich kannte die „Höhner" schon, als ich noch mit meinen Eltern in Unna in Westfalen auf der Breitcord-Couchgarnitur saß. Es war Rosenmontag, die Luftschlange hing um die Wohnzimmerlampe, der große Kump mit Bowle stand auf dem Tisch, im Fernsehen lief die Karnevalssitzung aus Köln. Und diese Sitzung war für uns erst dann perfekt, wenn die „Höhner" „Ich ben ne Räuber" gesungen hatten.

Zehn Jahre später stand der Junge aus Unna aus irgendeinem Grund selbst auf der Karnevalsbühne in Köln. 1989 war meine erste Karnevalssession. Ich hatte tatsächlich meine ersten Auftritte im ehrwürdigen Gürzenich. Die „Höhner" hatten in dem Jahr einen Monsterhit. Henning Krautmacher trug zur gestreiften Hose eine weiße Schürze und eine Kochmütze, und er sang: „Ooh la la, willess Du eine Pizza!" Meine Güte, was für ein Hit. Und dann waren die auch noch nett. Die konnten mich gar nicht kennen, aber Henning wollte wissen, wie ich mich denn so fühle in der ersten Session. Janus gab mir Tipps. Peter Werner hatte irgendwo her erfahren, dass ich eigentlich auch Keyboarder war.

Mir taten die „Höhner" ein bisschen leid. „Pizza wundabar!" Das war ja nie mehr zu toppen. So einen Hit hast Du doch nur einmal im Leben. Falsch gedacht, Herr Stelter. „Kumm, loss mer fiere!" F.M. Willizill mit der zweihalsigen Gitarre. 1991, zack, schon wieder ein Hit. Und was taten mir die „Höhner" leid. „Pizza wundabar" und „Kumm, loss mer fiere" hintereinander. Das kannst du doch nie wieder hinkriegen.

Der neue Bassist war auch ein sehr feiner Kerl, und meine Güte, was konnte der singen. Hannes Schöner, und schon wieder nett. „Die Karawane zieht weiter" und „Der liebe Gott weiß, dass ich kein Engel bin". Dann hieß der Neue Jens Streifling. Der konnte singen, Saxofon spielen, Flitsch spielen, und wenn eine Kirchenorgel auf der Bühne gestanden hätte, das hätte der auch gekonnt, und schon wieder nett. Aber noch mehr geht doch nicht!

Was soll ich sagen: „Viva Colonia!"

Mittlerweile stehe ich seit 33 Jahren auf der Bühne. Ich habe Bands kommen und gehen sehen. Und dann waren da die „Höhner", mit einer musikalischen Qualität, mit

einer musikalischen Kreativität, die nie aufgehört hat, die sich immer weiter entwickelt hat. Das ist schön. Das wird jeder Fan so sehen, und ich bin ein großer Fan. Aber ich bin auch ein Bühnenmensch, und da sind die Jungs Kollegen. Menschen, mit denen man Spaß haben kann, aber auch große Jungs, mit denen ich reden kann, wenn es mal nicht klappt. Henning hat ein Ohr für mich, und die Jungs wissen hoffentlich auch, dass ich immer ein Ohr für sie habe.

Neulich stand in der Zeitung, dass Henning darüber nachdenkt, die Gitarre neben dem Fernseher an die Wand zu hängen. Nicht so weit weg, immer so, dass man im Notfall dran kann. Wenn eine Sitzung aus Köln übertragen wird, und die „Höhner" singen nicht „Ich ben ne Räuber", dann kann er die Klampfe vom Haken nehmen. Dann spielt er es halt selbst.

Die „Höhner" wird es immer geben. Weil es so viele tolle Lieder sind, weil die Kreativität sie nie verlässt, und weil das Publikum sie hören will. Das ist das größte Kompliment, das es im Showgeschäft gibt: Die „Höhner" brauchten nie ein Comeback. Sie waren immer da! Und das wird auch genau so bleiben!

Bernd Stelter ist genau wie Henning ein Unterstützer der Organisation Run and Ride For Reading und des Kölner Lese-Laufs. Nicht nur aus diesem Grunde besteht hier ein intensiver privater Kontakt.

Ludwig Sebus

Viele lustige Einfälle!

Peter Werner in seiner Westernphase Ende der 1980er-Jahre mit dem langjährigen, der Band wohlgesonnenen Beobachter Ludwig Sebus und Henning Krautmacher.

Schon als Küchelcher bzw. „Junghöhner" habe ich erlebt, dass ihr die ersten (Lied-)Eier gelegt habt. Die KAJUJA in Köln war damals Eure Brutstätte, Euer Höhnerstall.

Der Vater von Peter Werner, Willy Werner, war ein strahlender, gut aussehender Tenor, dem ich in den 1950er- und 1960er-Jahren oftmals in gemeinsamen Programmen begegnet bin. Von ihm erfuhr ich von dem Vorhaben der „Höhner". Schon als sie 1972 im Hühnerkostüm den „Höhnerhoff-Rock" zur Darbietung brachten, setzten sie in der damaligen Musikszene Akzente. Damals war ich bereits 16 Jahre als Krätzchenssänger im Karneval tätig. Uns erwarteten die Sitzungsbesucher im Smoking oder Frack. Für das Publikum, insbesondere für die jüngeren Leute, war diese musikalische Darbietung der „Höhner" eine Auffrischung der Musikszene.

Die großen Erfolge nach 50 Jahren zeichneten sich damals schon ab. Ausschlaggebend war die Fantasie, die sie in den Texten und der Musik ihrer Lieder umsetzten.

Bis heute werde ich ständig überrascht, mit wie viel lustigen Einfällen sie ihr Publikum begeistern. Niemals haben sie sich dabei Klischees bedient. Hierzu fallen mir zwei Lieder spontan ein: „Dicke Mädchen haben schöne Namen" und „Die Karawane zieht weiter". Für mich persönlich sind die etwas gemütvolleren Lieder von besonderer Bedeutung, geben sie doch die kölsche Seele etwas preis. Ich denke da an „Echte Fründe stonn zesamme" oder „Minsche wie mir". Ich bin mir sicher, wenn ich speziell den „alten Höhnern" eine große Wertschätzung und Freundschaft garantiere, dass ich den „jungen Höhnern" nichts vorenthalte. Henning, Janus, Hannes, Jens und Peter gelten meine allerbesten Wünsche, auf dass sie sich noch lange an eine erfolgreiche Zeit der „Höhner" in Gesundheit erinnern werden.

In herzlicher Verbundenheit

Andrea Berg

„Höhner" – das ist für mich Heimat!

Erinnerungen an meine Anfänge als Sängerin im Rheinland, an die vielen Auftritte im Karneval, als ich noch mit meinem Papa unterwegs war. Diese Verrücktheit, das Unbeschwerte, Echte … Reden, wie einem der Schnabel gewachsen ist.

Wir standen sehr oft zusammen auf der Bühne. Ich denke immer wieder gerne an unsere vielen gemeinsamen Momente.

Unvergesslich für mich: Im Juni 2007 sorgten die „Höhner" für Hammer-Stimmung bei unserer Hochzeit.

Drei Monate zuvor habt ihr die Laudatio zu meiner Echo-Verleihung gehalten. Später stellten wir fest, dass RTL uns aus der Sendung rausgeschnitten hat …

Die „Höhner" kamen in die Köln Arena, um bei meinen Tourneen mit mir aufzutreten, auch wenn ihr Terminplan das in der Session eigentlich unmöglich machte. Danach gab es leckere rheinische Muscheln und Kölsch im „Höhnerstall".

Und natürlich haben wir bei meinem Heimspiel in Aspach und auch im TV zusammen gerockt.

Eine große Ehre: Bei eurem 40-jährigen Jubiläum durfte ich mit Euch auf der Bühne stehen, eure Circus Roncalli-Konzerte sind für mich bis heute immer etwas Besonderes.

„Höhner" – ihr seid für mich echte Fründe!

Auch Andrea Berg ist eine „echte Fründin" der „Höhner". Andrea kennt das „harte Geschäft" im Karneval, schließlich ist sie als gebürtige Rheinländerin (aus Krefeld) in ihren ganz frühen Jahren auch auf Sitzungen aufgetreten. Inzwischen konnte Andrea ihr 30-jähriges Bühnenjubiläum feiern und einmal mehr standen die „Höhner" und Andrea Berg zusammen auf der Bühne. Zu ihrem Jubiläum gab es den eigens von Andrea komponierten Song „Su schön is et Lääve"– wohl gemerkt auf Kölsch gesungen von Andrea und Henning!

Maite Kelly

Ja, wir sind Familie.

Ick bin eine Kööölnerin … würde ich sagen. Obwohl ich in Berlin geboren wurde. Dass ich mich eher als Kölnerin fühle, daran sind die „Höhner" schuld! Denn sie tauften mich vor 30.000 Kölnern am Rhein – und schenkten mir da nicht nur ihr Herz, sondern gaben mir auch den Kölschen Pass, den ich ehre und den ich in meiner Schatztruhe aufbewahrt habe.

Was das Kölsche ausmacht ist, dass wir alle Freiheitskämpfer sind, die durch das Leben tanzen und jonglieren und in der Not füreinander einstehen. Als Henning bei einer Tour einmal krank wurde, sprang ich ohne zu zögern ein und wurde für ein paar Konzerte zur „Höhnerin".

Ja, wir sind Familie. Ich bin zwar das erste Mal mit Spreewasser getauft worden, aber mit rheinländischem Herzblut von den „Höhnern" nicht nur das zweite Mal getauft, sondern auch gesegnet worden. Das sind Erinnerungen, die nie vergehen. Sie bleiben für immer.

Das war dem „Express" eine Titelschlagzeile wert: Ganze sechs Konzerte „musste" Maite Kelly den erkrankten Henning im Rahmen einer Weihnachtstour vertreten.

Linus (Michael Büttgen)

Kölsche Dinosaurier

Hallo Henning, du altes Huhn! „Höhner", wie oft stand ich in den letzten Jahren vor, nach oder mit euch auf der Bühne! Wenn mir heute einer sagt: Die „Höhner" „picken" schon seit 50 Jahren erfolgreich auf den Bühnen dieses Planeten herum und brüten einen Hit nach dem anderen aus … dann wird mir bewusst, welchen Anteil ihr an der kölschen Kultur habt und die nächsten Jahre haben werdet. Seid stolz darauf, wenn man euch „kölsche Dinosaurier" nennt!

Ohne die „Höhner" würde Köln nicht untergehen – aber ihr würdet uns sehr fehlen!

Daher bleibt uns noch lange erhalten und schenkt uns eure herrlichen Gassenhauer und Hymnen!

Viva „Höhner"!

Dieses Pressefoto ist entstanden anlässlich eines Konzerts der namhaftesten kölschen Bands im Rhein-Energie-Stadion. Auf Initiative von „Höhner"-Produzent Thomas Brück entstand die Idee zum Auftritt unter dem Namen „Kölsche Beatles". Mit dabei: „Linus" (Michael Büttgen), „Purple Schulz", „Brings" und die „Höhner".

Carmen Thomas

18 Auftritte an einem Tag – beginnend am Vormittag und gegen 3 Uhr endend.

Wie viele präzise Erinnerungen verbinden mich mit euch. Die erste ist über 40 Jahre alt. Das war zur Eröffnung der Tagesklinik in der Kölner Alteburger Straße im Februar 1981. Was für ein Vergnügen, euch zu diesem Ereignis einzuladen. Denn psychisch krank zu sein oder „Verrückte" als Angehörige zu haben, galt damals noch als Schande. Die Krankheiten und alle Themen drumherum wurden deshalb verschämt verborgen und totgeschwiegen.

Nach einer Pressekonferenz mit der ersten erschütternden „Besichtigung" der mit 3600 Betten größten psychiatrischen Klinik von Europa in Bedburg-Hau im Jahr 1971 hatte ich mich voll Entsetzen auf den Weg gemacht, um in anderen Ländern zu lernen, ob es überall so grauenhaft war wie damals dort. Nach 68 Klinik-Recherchen im In- und Ausland, mehrere davon in der UdSSR, nahm ich eine wichtige Anregung mit: Das erste Konzept einer „Tagesklinik", also tags herkommen, als ginge man zur Arbeit, und abends wieder nach Hause gehen, statt – wie in der BRD bis dahin üblich – drei Monate oder länger verheimlicht verschwinden und dann, wie es in der Drehtür-Psychiatrie eben gemacht wurde, zunächst raus- und schon bald auch wieder reinzukommen.

Unter diesen schwierigen Umständen und verkrampften Voraussetzungen hat es alle Beteiligten, die ersten Patientinnen und Patienten, das ganze Team und die Gäste umso mehr gefreut, dass ihr ganz ohne die damals üblichen Berührungsängste zusagtet und euch die Idee sogar richtig gefallen hat, zur Eröffnung bei einer der allererersten Tageskliniken hirzulande den musikalischen Rahmen zu stiften. Wie volksnah habt ihr gerockt und mit euren kölschen Leedern eine lokal verbundene Atmosphäre mitten in der Südstadt hergestellt – damals noch mit Peter Horn als Leadsänger. Absolut mitreißend, wie ihr die Feierlichkeit mit dem NRW-Gesundheitsminister Friedhelm Fahrtmann und vielen anderen auf ungewohnte Weise derart aufgemöbelt habt.

Janus hat zu meinem letzten Geburtstag eine superkluge und herzerwärmende Rede gehalten. Sie beruhte darauf, dass er ab 1987 sechs Jahre im Hintergrund wunderbar kreativ und professionell befruchtend bei

der WDR-Radiosendung „Hallo Ü-Wagen" vor Ort mitarbeitete. Das sei auch an der Band nicht ganz spurlos vorübergegangen, denn in dieser ersten Mitmach-Sendung im Rundfunk lernte das Team von Woche zu Woche Neues über den Umgang mit einzelnen, auch schwierigen Menschen und mit Publikum in jeder Dimension, von wenigen Menschen bis zu großen Massen. In dieser Zusammenarbeit brachte Janus in seiner super-präsenten und interessiert-nachdenklichen Art auch eine neue Dimension in die Beziehung zu euch „Höhnern". Damit wuchs eine eigene Art von Nähe, bei aller Diskretion.

Irgendwann meinte Janus, es sei an der Zeit, dass ich auch mal bei euch mitfahre. Das tat ich, ganz im Hintergrund, unkenntlich verkleidet, als Jeck mit Riesen-Gummi-Ohren, -Nase und Brille, an einem Januartag mitten im Karneval: 18 (in Worten: achtzehn) Auftritte an einem Tag, beginnend am Vormittag und endend gegen 3 Uhr

Hinter der Maske versteckt sich keine Geringere als Carmen Thomas. In den 1990er-Jahren war sie mit ihrer regelmäßigen Live-Sendung „Hallo Ü-Wagen" sehr populär unterwegs und wollte an diesem Tag, als sie „einen ganzen Abend im Karneval" mit den „Höhnern" verbrachte, nicht erkannt und ständig um Autogramme gebeten werden.

Das Lied „Der liebe Gott weiß, dass ich kein Engel bin" wurde – wie so viele Songs der „Höhner" – auch visuell umgesetzt: in der Mitte Peter Bauchwitz, als Teufel verkleidet, und Henning mit Heiligenschein. Was die 10.000 Besucher in der Lachenden Arena von vorne nicht sehen können, ist die Technik, die hinter Hennings Heiligenschein steckt: Kein Geringerer als der damalige „Express"-Fotograf „ZIK" hatte den „Höhnern" im Jahr 1992 die batteriebetriebene Neonröhre nebst Schulterhalterung zur Verfügung gestellt.

oder so etwas in den Kölner Satoribetrieben. Meine Güte. Ich war nicht nur absolut fix und foxi danach, sondern vor allem baff: Was ist da mein Respekt für eure Arbeit gestiegen! Was für eine unglaubliche Anstrengung und Leistung, bei jedem Termin so aufzutreten, als ob es der erste wäre. Und dann immer wieder dasselbe singen. Wie bravourös ihr das gemacht habt – mit echtem und kaum ermattendem Schwung für euer Publikum. Und das war wirklich jedes Mal begeistert!

Ein mir bis dahin unbekannter Schatten: Je betrunkener die Menschen im Saal wurden, umso unangenehmer konnte es werden. Inklusive Anfassen, „Bebützen" und sogar „Me-too-fähigen" Übergriffen, erzähltet ihr mir im Bus auf dem Weg zur nächsten Station.

Jedes Mal, wenn einer von euren „Alten" ging, war ich mit ihm und mit euch traurig darüber.

Andererseits ist es eine Freude, dass bei der Marke „Höhner" in neuer Besetzung eben neue Dinge entstehen können. Vor allem ist daran wunderbar, dass so viele Knaller-Songs, die absolute Ohrwürmer wurden, lebendig bleiben und euch noch lange überleben können.

Ich bin sehr stolz auf euch alle! Dass es die Band aus der Tagesklinik zu so viel nationalem, ja sogar internationalem Ruhm brachte mit ihrem breiten Fächer aus immer neuen musikalischen, gestalterischen und engagierten Einfällen und Realisierungen: Hut ab! Besonders hat mir gefallen, dass ihr als Menschen dabei so down-to earth geblieben seid.

Alles Liebe wünscht den alten und den neuen „Höhnern" herzlich

Annette Frier

Cäsar oder so …

Ein halbes Jahrhundert lauf Ihr jetzt übern Hof?!?

Ich kann zwar nicht glauben, dass es euch länger gibt als mich … Gratuliere aber selbstverständlich von Herzen und mit Schmackes!

Hier zwei Lieblings-„Höhner"-Anekdoten, da ich mich einfach nicht entscheiden kann.

1. Mein Patenkind Carla (bestes, kölsches Elternhaus) war ca. 6 Jahre alt, als wir am Tisch saßen und sie fragte:
„Papa, wie heißt nochmal der Scheff von den ‚Höhnern'?"
„Henning Krautmacher!"
„Nee?"
„Doch!"
„Nee."
„Doch!"
„Sicher?"
„Ganz sicher."
„Ich dachte, der heißt anders. Cäsar oder so."

Soviel zur römisch-kölschen Historie und wie es wirklich war …

(Danke Carla, Henning und Caesar!)

2. Robbie Williams-Konzert auf Schalke, Anfang der 2000er-Jahre.

Robbie lagen die Fans zu Füßen, zwischen „Angel" und „Feel" fragte er uns, ob wir vielleicht auch mal was singen können, was Deutsches.

Das lassen sich die anwesenden Kölner nicht zweimal sagen. Es wird „Viva Colonia" in Endlosschleife ge-schmettert.

Mr. Williams zunächst amused, dann aber irgendwann bisschen zickig:

„Now shut up, I'm the Star!"

Herrlisch!

Annette Frier ist eine „echte Fründin" der „Höhner". Und das beruht auf Gegenseitig-keit. Henning hat schon mit ihr zusammen die FC-Hymne gesungen und in der TV-Serie „Einmal Prinz zu sein" vor der Kamera gestan-den. Das Foto zeigt, wie Annette Henning „die Meinung sagt" – echte Fründe eben!

Carolin Kebekus

Warum wollte er mich anrufen? Was wollte er von mir? DER Henning Krautmacher?

Für mich als kölsches Mädchen gehörten die „Höhner" schon immer zu den großen Musikern, die mich schon als Kind geprägt haben. Für mich immer auf einer Stufe mit Weltstars wie Freddy Mercury, den „Beatles" oder „ABBA". Völlig unverständlich war es mir, wenn Kinder aus anderen Städten, die wir im Urlaub kennenlernten, weder die „Höhner" kannten, noch eines ihrer Lieder mitsingen konnten. Da taten mir diese Kinder immer wahnsinnig leid und ich gab mein Bestes, um ihnen „Echte Fründe" oder „Hey Kölle" am Strand beizubringen.

Im Laufe meines Lebens haben der Karneval und auch die „Höhner" mich immer begleitet und niemand, der es nicht selbst erlebt hat, versteht diese seltsame Mischung aus überschwänglicher, überheblicher Selbstliebe für seine Stadt und ihre Menschen und ganz tiefer Demut für genau diesen Moment mit seinen Freunden in der muffigen Eckkneipe am Karnevalsfreitag, wenn einem die Tränchen runterlaufen und man gar nicht so richtig weiß, warum.

Irgendwann mit 25, ich hatte gerade meine ersten Auftritte hinter mich gebracht, rief mein Freund Chris mich an. Er war damals Autor für „Pastewka" und hatte gerade mit Henning eine Folge gedreht und sagte mir: „Hey Caro, Henning will dich anrufen, darf ich ihm deine Nummer geben?" Ich war total baff. HENNING KRAUTMACHER? Will mich anrufen? Ich war wahnsinnig aufgeregt. Warum wollte er mich anrufen? Was wollte er von mir?

DER Henning Krautmacher? Ich rief sofort meinen Vater an, um ihm zu sagen, dass mich Henning Krautmacher anrufen will! Es konnte doch nur darum gehen, dass ich mit ihnen auf der Bühne stehen sollte?! Vielleicht sogar einen Song singen? Ich bin durchgedreht vor Aufregung.

Irgendwann war es dann soweit. Henning rief an. Er war wahnsinnig nett, wollte aber nur wissen, ob ich mit jemandem von der Barmer Ersatzkasse verwandt bin.

Nee. War ich nicht.

Das wäre mein Klüngeleinstieg gewesen …

Jahre später haben wir uns dann aber alle doch kennengelernt und seither treffen wir uns immer mal wieder auf der einen oder anderen Bühne. Für mich als Künstlerin sind solche Begegnungen wie die mit euch immer besonders wertvoll. Wenn die Helden deiner Kindheit auch im echten Leben einfach nur großartige und so toll engagierte Menschen sind, dann kann man sich da einiges abgucken.

Ich hoffe, ihr behaltet auch die nächsten 50 Jahre euer Herz am richtigen Fleck, denn so habe ich euch alle kennengelernt und so liebt euch die ganze Stadt.

Gemeinsam mit der Band „Die Imis" haben die „Höhner" den Song „Die Gang" aufgenommen. Front-Frau der „Imis" war und ist Carolin Kebekus.

185

Monika Piel und Roger Handt

Wieso lebt der Pitter in der Dachrinne?

1983 lebten mein Mann und ich an der Algarve. Und so schön das Leben dort auch war, als Karneval nahte, wurden wir kribbelig und vermissten die „kölschen Tön". Satellitenradios oder Internetstreaming waren noch nicht geboren, aber Roger hatte ein paar tausend Schallplatten im Umzugsgepäck – natürlich auch alles von den „Höhnern".

Vor Weiberfastnacht beschlossen wir, eine Zwei-Personen-Karnevalsparty zu feiern. Die Vorbereitungen waren aufwändig. Nicht nur die Musik, auch die Karnevalsverpflegung sollten unser Heimweh dämpfen: Kartoffelsalat und Frikadellen waren ja kein Problem, aber wir wollten unbedingt auch Rollmöpse auf unserem kleinen Buffett. Nun ist Portugal zwar eine Seefahrernation, aber keine Nation, die Rollmöpse oder saure Heringe schätzt.

In der Touristenhochburg Albufeira gab es dem Vernehmen nach einen Supermarkt, der Rollmöpse im Angebot hatte. Wir fuhren also 40 Kilometer hin und 40 Kilometer zurück über eine vielbefahrene Landstraße und kehrten nach mehr als drei Stunden siegreich mit einem Glas zurück.

Weiberfastnacht konnte kommen. Wir schminkten und verkleideten uns, legten Platten auf, schunkelten und sangen „Ich ben ne Räuber" mehrmals an diesem Tag und waren im Herzen in Köln.

Rund 30 Jahre später haben wir portugiesische Freunde zum Kölner Karneval eingeladen. Artur und Carla kamen an Weiberfastnacht an und stürzten sich sofort mit uns ins Getümmel der Party in den WDR Arkaden. Als die „Höh-

ner" auftraten und ihr erstes Lied anstimmten, sagte Artur (auf Portugiesisch:) „Das sind die ,Höhner'!" („Öööhner"). Wir waren sprachlos: „Wieso kennst du die ,Höhner'?" Artur, der am Flughafen in Faro in einer Autovermietung arbeitet, erzählte uns, dass ihm ein Stammkunde aus Mönchengladbach eine „Höhner"-CD geschenkt habe. Er höre die CD oft und er fände sie toll, obwohl er kein Wort verstehe. „Ich ben ne Räuber" haben wir für Carla und Artur dann mit Begeisterung übersetzt.

Übersetzt haben wir diesen Song auch für eine bayrische Freundin, die schon sehr lange in der Nähe von Köln lebt und das Lied durchaus gerne mitsingt. Irgendwann kam die Frage: „Wieso lebt der Pitter in der Dachrinne?" – Wie bitte? „Ja, wir singen doch immer: ,läv en dr Daach ren ...'" – Alles klar!

Auf halber Strecke nach Portugal liegt der idyllische Ort Pompignan in Südfrankreich. Hier entstand in einem idyllischen Tonstudio auf einem alten Weingut im Jahr 2015 die CD „Alles op Anfang". Im „Stern" wurde damals über diese außergewöhnliche Produktion berichtet, dabei hat der „Stern"-Fotograf Thomas Rabsch auch das eine oder andere „Spaß-Foto" geschossen. Der Pool, in den die Band hier gerade hüpft, lag im Garten des Studios. Die Idee damals: Das Bild sollte darstellen, wie synchron die „Höhner" sein können. Ist nicht so ganz gelungen.

Bastian Pastewka

Fründe!

Wer wie ich in den 1970er- und 1980er-Jahren im Rheinland aufgewachsen ist und die gute Laune der kölschen Mundart in die Wiege gelegt bekam, der kann sich gar nicht vorstellen, dass „De Höhner" überhaupt altern, geschweige denn einen so runden Geburtstag feiern.

Und erstaunt muss ich feststellen: Die Band ist genau so alt wie ich, weshalb ich mir erlaube, das inzwischen verschwundene „de" vor dem Bandnamen noch dazuzuschreiben, denn so nennen alle „De Höhner" in meiner Heimatstadt Bonn immer noch, do hät sich och nix verändert.

Die frühen Hits wie „Pizza wundaba" oder „Blootwosch, Kölsch un e lecker Mädche" kamen zu einer Zeit, als ich noch ein zorniger junger Mann war; aber ein Text der „Höhner"

Pastewka brachte Ermittler Henning an den Tatort

Was für eine Aufregung um den EXPRESS-Aprilscherz: „Ich habe so viele Anrufe und Mails bekommen. Die Leute haben wirklich geglaubt, dass ich beim Tatort als Kommissar einsteige", so Höhner-Sänger Henning Krautmacher. Tatsächlich handelte es sich auch um Dreharbeiten mit Dietmar Bär am Rheinufer – aber nicht für den Tatort, sondern für die sechste Staffel von Bastian Pastewkas gleichnamiger Sketch-reihe (Start am 14. September auf Sat.1). Und natürlich bleibt auch Klaus J. Behrendt Kommissar in der ARD und nimmt kein Angebot aus Hollywood an ...

B. Pastewka (vorne) spielt eine Leiche: Henning (l.) und Dietmar ermitteln.

sorgte wenige Jahre später entschieden dafür, dass ich mich mit meiner rheinischen Heimat und dieser herrlichen Sprache versöhnte:

Wann jeiht dr Himmel och für mich widder op, wann jeiht dr Himmel widder op?
Wann schingk de Sonn ens widder, simmer denn nit all he Bröder?
Wann jeiht dr Himmel widder op?

Ich kann kaum ausdrücken, wie sehr mich diese Zeilen immer noch aufwühlen.

Oben: Für die Serie „Pastewka" hat Henning gleich mehrfach an der Seite des gleichnamigen Hauptdarstellers geschauspielert. In den Drehpausen war dann immer auch mal Zeit für ein „Spaß-Bild". Hier stellen die beteiligten Schauspieler, sowie Regisseur Erik Hafner und Kameramann Tom Holzhauser, das berühmte Foto vom „Beatles"-Cover „Abbey Road" nach.
Links: In einer der Folgen gab es auch ein Stelldichein mit Dietmar Bär.

Und als ich 2012 zum 40-jährigen Jubiläum im Tanzbrunnen „De Höhner" und ihr „Wann jeiht dr Himmel widder op?" in einer Live-Version mit „L.S.E." und der Jungen Sinfonie Köln erleben durfte, war es um mich geschehen! Künnt direktemang widder kriesche!

Liebe „Höhner"! Herzlichen Glückwunsch zum Jubiläum und danke für den Soundtrack meiner Heimat!

Dr. Jens Singer

Angie und die „Höhner"

Wie fast alle guten Geschichten von Rheinländern in Berlin begann auch die von Angie und den „Höhnern" in der „Ständigen Vertretung". Die Höhner waren 2007 beim zehnjährigen Jubiläum der „rheinischen Botschaft" der große Gig. Henning lief mir über den Weg und wollte wissen: „Was määst Du dann he?" – „Nun, ich arbeite hier in Berlin im Kanzleramt, wenn ich nicht gerade in der StäV Kölsch trinke!" Henning fragte, was ich da anstelle, also habe ich ihn kurzerhand eingeladen, mich da einfach mal zu besuchen. Wie wir Rheinländer halt so quatschen. Ich habe doch nie damit gerechnet, dass der das ernst nimmt.

Allerdings ist Henning ja nicht nur Musiker. Er interessiert sich für alles Kreative und gerade auch für darstellende Kunst. Und davon gibt es im Kanzleramt jede Menge. Helmut Schmidt hat dafür gesorgt, dass an diesem prominenten Ort viele Künstler ausgestellt sind, die von den Nazis verfemt wurden. Eine späte, aber gelungene Wiedergutmachung.

Zu meiner Verwunderung hatte ich deshalb ein paar Wochen später Henning an der Strippe: „Wir sind morgen in Berlin. Wir kriegen die Goldene Henne für ‚Wenn nicht jetzt, wann dann'. Zwischen Stellprobe und Show haben wir noch Luft. Was ist mit dem Kanzleramt und der Kunst? Ich bring auch die Band mit!" Meine Antwort lautete: „Ich rufe dich gleich zurück!", denn das war plötzlich kein kleiner privater Besuch mehr.

Also erstmal die Hierarchie informieren, die Hausleitung. „Ich empfange morgen Nachmittag privaten Besuch einer Kölner Band, falls bekannt, die ‚Höhner'. Würde die Herren gerne durchs Amt führen. Kann ich von Einverständnis ausgehen oder bestehen Bedenken?" Und Beamte haben immer Bedenken.

Die Antwort kam prompt: „Sehr geehrter Herr Dr. Singer, selbstverständlich kennen auch wir die ‚Höhner'. Termin mit AM um 14.00 Uhr in der Skylobby!" Dazu gab es noch eine Reihe von Verfügungspunkten zwecks Terminvorbereitung. Das Kanzleramt ist in erster Linie eben ein Amt.

Ich habe die Band dann auch durchs Haus geführt und kurz vor 14.00 Uhr standen wir oben im siebten Stock.

Die Kanzlerin ließ uns nicht warten und kam für einen netten kleinen Plausch und ein Foto vorbei.

Aber etwas schien sie zu irritieren. Irgendwann stellte sie mir die Frage: „Herr Singer, Sie müssen mir mal erklären, was der BND mit den ‚Höhnern' zu tun hat." Bevor ich antworten konnte, rettete mich Henning: „Wir kennen uns aus dem Rheinland und da hilft man sich!" Darauf die Kanzlerin: „Ah, ja, das hat mir Wolfgang Bosbach erklärt. Das ist dieser Kölsche Klüngel!" Sie nahm es herrlich ironisch mit dem ihr so eigenen Humor.

Am nächsten Tag war die Kanzlerin mit den „Höhnern" auf dem Titelblatt des *Express* („Merkel adelt die Höhner") und ich musste erstmal meinem Referatsleiter detailliert erklären, was ich da im Kanzleramt neben meiner eigentlichen Zuständigkeit noch so alles anstelle. Der kam nicht aus dem Rheinland, leider ... Aber ich hab's überlebt.

Heute sind wir Mitglieder im Stammtisch Kölner Karnevalisten, also die „Höhner" und meine Wenigkeit, nicht Angela Merkel.

Besuch bei der Bundeskanzlerin am 19. September 2007

Wilma Overbeck   Grundschullehrerin a.D.

Familienband

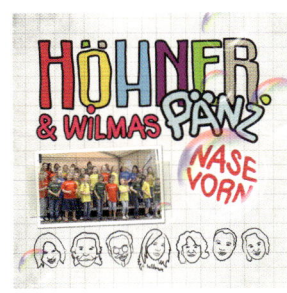

Wilma Overbeck, die Schwester von Hannes Schöner, mit ihrem Schulchor Wilmas Pänz als Gäste bei einem „Höhner Classic"-Konzert in der Kölner Philharmonie. Die Zusammenarbeit war sehr vielfältig. Sogar eine gemeinsame CD ist im Lauf der Jahre entstanden.

Die „Höhner"! Seit 50 Jahren – man kann es kaum glauben – sind die „Höhner" sehr erfolgreich auf Kölner, bundesweiten und sogar internationalen Bühnen unterwegs. Man kennt sie als Band mit vielen Farben aus dem Karneval, von großen Konzerten, von den stimmungsreichen und schönen Weihnachtsshows oder aus den „Höhner Rockin' Roncalli"-Shows. Nicht so sehr im Mittelpunkt stand meist, dass die Höhner sich selber häufig als „Familienband" bezeichnet haben: Eine große Zahl eigener Kinder, eine noch größere Zahl von Enkelkindern und zahlreiche Projekte mit Kindern und für Kinder haben hier eine große Rolle gespielt.

Seit 1990 ist mein Bruder Hannes Schöner bei den „Höhnern", und daher habe ich immer einen engen Kontakt zu den „Höhnern" gehabt. Schon 1993 haben sie an meiner damaligen Schule in Köln-Pesch bei einem Benefizkonzert zu Gunsten der Opfer des Anschlages von Solingen mitgemacht.

Wann immer ich die „Höhner" angerufen und gefragt habe, ob sie bei diesem oder jenem Projekt mit oder zugunsten von Kindern mitmachen würden, lautete die Antwort stets: Klar, gerne – wenn es mit dem vollen Kalender der Band irgendwie vereinbar war. Die Band war immer zur Stelle und hat zur Begeisterung von Kindern, Eltern und sonstigen Zuschauern vieler Veranstaltungen beigetragen. Während meiner Zeit als Grundschullehrerin in Köln-Esch habe ich, unterstützt von tollen Kolleginnen und Kollegen, ganz vielen Eltern und anderen ehrenamtlichen Helfern, in 18 Jahren insgesamt 18 kölsche Musicals einstudiert und aufgeführt. Dabei habe ich viele Lieder der „Höhner" eingebaut, die die Kinder immer mit Begeisterung gesungen haben. Viele Texte der Lieder enthalten „Botschaften fürs Leben".

Danke, liebe „Höhner", für 50 Jahre tolle Musik mit wunderbaren Texten und für die große Unterstützung der Kleinsten in unserer Gesellschaft! Die haben dank euch viel gelernt und vor allem auch viel kölsches Jeföhl mitbekommen.

Lukas Wachten

Ömesöms

Mein erstes Treffen mit den „Höhnern" liegt lange zurück: Bei einem Nachwuchswettbewerb von Radio Erft gewann ich „einen Abend mit den ‚Höhnern' im Karneval", und der war ein unvergessliches Erlebnis. Zum einen, weil es natürlich etwas Besonderes war, den Fastelovend backstage zu erleben; zum Anderen und vor allem aber, weil die Band mich als 16-Jährigen behandelt hat, als wäre ich ein langjähriger Freund, und mir viele Einblicke gewährt hat, die alles andere als selbstverständlich waren.

Später durfte ich als Radio Köln- und WDR-Moderator und auch als KAJUJA-Präsident erleben, wie bodenständig und sympathisch die „Höhner" trotz ihres riesigen Erfolges immer geblieben sind. Dass sie sich als Band an das ungeschriebene Gesetz hielten, einmal im Jahr ömesöns auf einer KAJUJA-Sitzung aufzutreten, fand ich herausragend, und auch die Tatsache, dass man die „Höhner" immer einspannen konnte und kann, wenn Hilfe benötigt wird. Egal in welcher Besetzung, es macht immer Spaß, die Band backstage zu erleben. Auch im größten Stress ist immer Zeit für einen kurzen privaten Verzäll, und schlecht gelaunte „Höhner" gibt's offenbar nicht.

Den Spagat zwischen nationalem Erfolg und kölscher Seele haben die „Höhner" für mich fast immer perfekt hinbekommen und zudem auch abseits der Bühne unheimlich viel in dieser Stadt bewegt und immer wieder auch soziale Verantwortung übernommen. Und das ist vielleicht das Herausragendste an dieser Band: Dass sie neben den großartigen Leistungen auf der Bühne Kontakte und Prominenz nutzt, um ganz viel Gutes zu tun. Manchmal laut, um möglichst viele Menschen mitzureißen, manchmal auch im Stillen, wenn einfach mal schnell Hilfe benötigt wird.

In diesem Sinne freue ich mich auf viele weitere Begegnungen mit einer tollen Band, aber vor allem mit tollen, gradlinigen, sympathischen und begeisterungsfähigen Menschen!

Bei der KAJUJA hat alles angefangen, dort haben die „Höhner" ihre erste Chance im organisierten Karneval bekommen. Über all die Jahrzehnte sind sich KAJUJA und „Höhner" immer treu geblieben. Als besondere Ehre hat die Band es immer empfunden, wenn sie auf einem Sessionsorden verewigt wurde.

Georg Hinz

Kulturreferent im DOMFORUM und Gründer der Initiative „Loss mer singe"

Denn die Trone, die do laachs, musste nit kriesche

So schöne Zeilen und Gedanken, so viele Evergreens, so viele Hits, die fest eingebrannt sind in das jederzeit abrufbare musikalische Liedergedächtnis der Stadt und ihrer Menschen.

Die „Höhner" sind einen beeindruckenden Weg gegangen und haben sich von einer kölschen Karnevalsband in Federviehkostümen in den 1970ern zur heute immer noch erfolgreichen deutschen Volks- und Popmusikgröße aus Köln entwickelt. Das „Kölner Botschafter sein" ist zu ihrer Marke geworden. Ihre Musik hat über Jahrzehnte Maßstäbe gesetzt für niveauvolle Unterhaltungsmusik, gerne auch mit Tiefgang.

Denn bei allem Erfolg und dem Spiel mit der leichten Muse stimmte immer ihr Kompass, das Gefühl dafür, was wichtig ist im Leben, wofür es sich lohnt einzutreten und sich stark zu machen. Das soziale Engagement, das Aufstehen gegen Gewalt, Rassismus, Aus-

grenzung und für ein „Arsch huh" in unserer Gesellschaft, vermitteln sie in Liedern und konkret in vielen Initiativen und Projekten.

Natürlich waren sie Dauergast bei der Auswahl unserer jährlichen Suche nach dem Sessions-Hit für die Kneipen. Wie konnte man damals nur ein Lied wie „Viva Colonia" an Startnummer 4 setzen? Mit der Folge, dass an manchem Abend alle anschließenden Lieder erst einmal ein freudig angestimmtes „Da simmer dabei" ertragen mussten. Neben dem weiteren Siegertitel „Schenk mir dein Herz" bleibt das unterschätzte und sehr geliebte, charmante und nur scheinbar unkölsche Flirtlied „How do you do" als „Loss mer singe"-Hit 2006 ein schönes Phänomen der Geschichte des Formats „Einsingens in den Karneval".

Auch wenn ich besonders ihre Professionalität und die Gabe der Inszenierung bewundere, erinnere ich mich gerne an ihr erstes Mitsingkonzert in „Loss mer singe"-Zusammenhän-

gen: Ende September 2003 stürzte sich eine Abordnung der „Höhner" hinein in das herbstlich heiß temperierte Brauhaus Stüsser, Janus' langjährige Lieblingskneipe an der Agneskirche in Köln. Hier hieß es improvisieren, mit einfachem musikalischem Besteck unterwegs sein, sich Schweißperlen erspielen, sich durchackern durch ein Mammutprogramm in einer engen Kneipe und genießen, dass einem die Strophen entgegengesungen werden. Nicht nur an diesem Abend waren und sind meine Lieblingslieder der Band „Leever en Mösch en d'r Hand", die Einladung, mit kölsch-demütiger Bescheidenheit durchs Leben zu gehen, und „Kumm loss mer fiere" mit dem einzigartiger Carpe Diem-Zuspruch in der zauberhaften Zeile „Denn die Trone, die du laachs, musste nit kriesche".

So ist das in Köln, die lebensbejahenden Weisheiten werden auf den Punkt in Liedern transportiert und das schafft Identität. Ein Hoch auf alle, die uns seit so langer Zeit damit beschenken!

Zu den Adventmitspielkonzerten im Kölner Dom kamen auch immer und gerne musikalische Gäste hinzu. Hier im Bild der Ausnahmetrompeter Michael Kuhl, Begründer der Band „Kuhl un de Gäng", und die Sängerin Nicola Dierkes.

Gisela Böhnke-Grupp

Bloot- wosch, Kölsch un e lecker Mädche

Als echt kölsches Mädchen sag ich: Heimat bleibt Heimat, auch nach Jahrzehnten im schwäbischen Stuttgart. Mit Hilfe vieler „Höhner"-Hits schlägt das Herz noch immer kölsch, und das bleibt so, „e Leeve lang". Unvergesslich, wie spätestens seit dem „großen Doosch" vom Sultan und „Viva Colonia" die kölschen und auch die hochdeutschen Songs der „Höhner" im Radio ganz selbstverständlich zum Tagesprogramm gehörten.

Damit war mir, der rheinischen Frohnatur und SWR-Musikredakteurin, endlich gelungen, die Hörer von „Blootwosch, Kölsch un e lecker Mädche" zu überzeugen. Und die „Höhner" bekamen den verdienten Erfolg, was sich auch im 50. Jahr ihres Bestehens nicht geändert hat!

Das erste weibliche Dreigestirn lernten die „Höhner" im Bergischen Land kennen. Schon damals fragten die Musiker sich: Wird es das irgendwann auch einmal in Köln geben?

Willy Ketzer

Big Band in der LANXESS-Arena

1979 spielte ich als Drummer eine Produktion für die Band „Midnight Special" von Rolf Lammers und Mike Gong in den Dieter Dierks Studios in Stommeln. Dieter war ein weltweit angesehener Studiobetreiber, Toningenieur und Produzent. Bei ihm starteten beispielsweise die „Scorpions" ihre Weltkarriere und nationale und internationale Größen des Showbusiness gingen bei ihm ein und aus: Al Jarreau, Harry Belafonte, „Santana" und Klaus Doldingers Band „Passport", bei der ich von 1977 bis 1981 am Schlagzeug saß; und Mitte der 1990er-Jahre etwa Tina Turner und Michael Jackson. Dieter sagte mir, er produziere eine neue Mundartgruppe namens „Höhner", ob ich bereit wäre, ein paar Titel des neuen Albums einzuspielen. Ich habe spontan zugesagt und gleich im Studio gemerkt, dass die Jungs sehr viel Potenzial haben, sowohl an den Instrumenten als auch beim Texten. Was aus den „Höhnern" auch über die Grenzen Kölns hinaus geworden ist, ist hinlänglich bekannt. Ich freue mich, sie bis heute, alljährlich am 11.11. mit meiner Big Band in der LANXESS-Arena begleiten zu können.

Jungs, macht weiter so, seid kreativ und bleibt vor allem gesund!

Als letzter Akt vor der Pause hatten die „Höhner" jahrelang die Ehre, zum Abschluss ihres Auftritts in der Lachenden Arena Tausende Luftballons von der Decke aufs Publikum regnen zu lassen. Wie die Band es heute noch ausdrückt: jedes Mal ein Gänsehautmoment!

Harald Grunert

Die „Höhner" im rheinischen Ausland

1 1.11.1999, Sessionseröffnung, Kölner Heumarkt. Henning Krautmacher von den „Höhnern" sagt: „Liebe Kölner Jecken, es war wieder schön für euch zu spielen, aber jetzt müssen wir uns beeilen, weil wir nach Berlin fahren, um da mit den Rheinländern, die jetzt in die neue Hauptstadt gezogen sind, die Session zu eröffnen. Tschööö zusammen, bis bald!"

Das war der Anfang vieler Konzerte an unterschiedlichen Orten in Berlin, veranstaltet von mir, Harald Grunert, dem „Karnevalsbeauftragten" der „Ständigen Vertretung" (StäV). Schon zwei Monate nach ihrer Eröffnung im September 1997 feierten unsere Gäste in der „Ständigen Vertretung", und vor den Fenstern standen die Berliner, schüttelten die Köpfe und verstanden nicht, was dort passierte.

Im Laufe der nächsten 20 Jahre gab es fast jedes Jahr ein oder zwei Konzerte mit den „Höhnern", die uns allen beim Einleben in dieser Stadt halfen —und sogar bei den Berlinern konnte man immer mehr Begeisterung erleben. Das Leben in Berlin war für uns Rheinländer so weit weg von unserer Kultur und die „Höhner" waren immer hilfreich, diese Distanz zu überbrücken.

Im September 2007 feierten wir eine große Veranstaltung mit rund 1000 Gästen, darunter viele Politiker, anlässlich des 10-jährigen Bestehens der StäV Berlin. Der große Programmpunkt waren natürlich unsere Freunde, die „Höhner". Da wir 2003 auch in Bremen eine „Ständige Vertretung" mit Kölsch und Karneval eröffnet haben, spielten die „Höhner" 2010 und 2013 auch dort für die Rheinländer und Nordländer.

Und im Juni 2012 organisierte ich eine Reise auf dem Kreuzfahrtschiff „Artania" von Kiel nach Bremerhaven. Das Schiff war damals die erste temporäre „Ständige Vertretung" und natürlich waren die „Höhner" mit von der Partie!

Ob im Tränenpalast oder im Tempodrom in Berlin oder anderswo,, immer wieder war es wunderbar, die „Höhner" als unsere Botschafter des rheinischen Gefühls so weit außerhalb des Rheinlands zu erleben. Schon der Verkauf der Karten war ein Event, alles war immer in kürzester Zeit ausverkauft.

Es ist sehr schön, nach 25 Jahren der Zusammenarbeit auch noch persönliche Kontakte zu den einzelnen Bandmitgliedern zu haben. Ich gratuliere den „Höhnern" zum 50. Jubiläum und hoffe, dass alle die rheinische Entwicklungsarbeit in der Diaspora genauso wie ich in guter Erinnerung behalten werden!

Oben: Henning mit StäV-Chef Harald Gruner beim Kölsch in Berlin.
Unten: Bis zur Schließung des berühmten Tränenpalast gab es über viele Jahre hinweg Konzerte zur Sessionseröffnung am 11.11.

Werner Nolden

Dann ist die Hütte voll

50 Jahre „Höhner" – eine Erfolgsgeschichte, die untrennbar auch mit der des Veranstaltungsbüros Werner Nolden verbunden ist. Zahlreiche Konzerte auf unseren Volksfesten und Bierbörsen und nicht zuletzt eure großartigen Auftritte und kreativen Einflüsse bei den „Kölner Lichtern" haben uns über viele Jahre in enger und vertrauensvoller Zusammenarbeit mit euch verbunden.

„Hol die ‚Höhner', dann ist die Hütte voll und der Laden brummt!" – Ja, das ist so! Für uns als Veranstalter aber ebenso entscheidend ist das „Miteinander" im Vorfeld und hinter der Bühne. Hier seid Ihr genauso Vollprofis im besten Sinne wie auf der Bühne – stets nahbar, unprätentiös und freundlich dem gesamten Team gegenüber. Überzogene Forderungen, komplizierte Verhandlungen und unangemessene Wünsche – bei den „Höhnern" Fehlanzeige! Ihr gebt uns immer das Gefühl, mit uns gemeinsam am Erfolg einer Veranstaltung zu arbeiten, und engagiert euch oft weit über das vereinbarte Maß hinaus.

Neben den Hits, die ihr seit Jahrzehnten konstant abliefert, ist es sicher auch diese Art des Auftretens, die euch so dauerhaft erfolgreich gemacht hat über die letzten fünf Jahrzehnte und aufgrund der es uns als Veranstalter so viel Freude bereitet, mit euch zu arbeiten.

Wir sind sehr froh und dankbar, dass wir ein Teil eurer Geschichte sein dürfen, und hoffen auf viele weitere erfolgreiche gemeinsame Projekte!

Ein Auftritt bei den „Kölner Lichtern" ist immer etwas ganz Besonderes und die „Höhner" haben in den zurückliegenden Jahren eine ganze Reihe davon bestritten. Gerne und oft haben sie dabei jungen Nachwuchsbands die Gelegenheit gegeben, als ihre musikalischen Gäste aufzutreten.

Armin Maiwald

Das „kölsche Versmaß"

Auftritt mit Wilmas Pänz im Kölner Zoo vorm Elefantengehege mit dem UNICEF-Lied: „Nase vorn".

Was ich beitragen kann, ist eine Geschichte aus dem Jahr 2008. Da haben wir für die „Sendung mit der Maus" zusammen mit euch, der alten Truppe, und Wilmas Pänz (für Nicht-Kölner: Wilmas Kinderchor) das Lied „Nase vorn" in einer speziellen „internationalen" Version aufgenommen: Der Refrain, also die Zeilen: „Ich bin so gebor'n, du bist so gebor'n, rechts und links die Ohr'n, alle Leute auf der Welt ham die Nase vorn", wurden auf Englisch, Französisch, Italienisch und Türkisch umgedichtet. Es war ein wenig kompliziert, die Fremdsprachen auf das „kölsche Versmaß" zu bringen, hat aber schließlich geklappt und der Heidenspaß ist erfolgreich in der Sendung gelaufen.

Zusätzlich hatten wir außer dem Gesang noch jede Menge Komparsen mit unterschiedlichsten Nasen eingekauft, die in den Film hineingeschnitten wurden und eindrücklich zeigten, was das Lied eigentlich transportieren will: Per Saldo sind wir uns rund um die Welt – bei allem Streit und aller Unterschiedlichkeit – doch sehr viel ähnlicher, als wir das täglich meinen mögen.

In diesem Sinne, merke: Rechts und links die Ohr'n, alle Menschen auf der Welt ham die Nase vorn!

Hätzliche Jrööß an dr Jroßvatter, de Omma, de Pänz un de Enkelcher

Gregor Meyle

Geschmorte Zwiebeln und verschüttetes Kölsch

Wenn ich Musik von den „Höhnern" höre, bin ich sofort wieder Mitte Zwanzig und warte auf meinen Einsatz als Bühnentechniker in den heiligen Hallen des Gürzenich. Als Schwabe und Wahl-Kölner hatte mich das hiesige routinierte Chaos mit dem Aroma von geschmorten Zwiebeln und verschüttetem Kölsch schon immer fasziniert.

Schroffe Mundart trifft übermotivierten Lokalpatriotismus. Aber mit dem Spruch „Die haupsaach es, ett hätz es jot" bringt man jeden hochmütigen Kölner wieder in Bodennähe.

Ich weiß nicht, wie oft ich den „Jungens" in einer Session die Mikros hingestellt habe und immer, auch in stressigen Zeiten, kam ihnen eine Nettigkeit und ein herzliches Dankeschön über die Lippen.

Viele Jahre später hatte ich die Ehre, mit meiner damaligen TV-Show „Meylensteine" die „Höhner" noch näher kennenzulernen. Wir arbeiteten zusammen an ihren Songs und ich durfte fast eine Woche lang in die herzliche Gemeinschaft und diese 50 Jahre Musikgeschichte eintauchen.

Ohne die „Höhner" wäre diese einzigartige Weltstadt für mich nicht dieselbe. Wer hier mal gelebt hat, weiß, dass kölsche Musik und die Liebe zur Stadt unzertrennlich zusammengehören.

Ein dreifaches Kölle Alaaf auf die „Höhner"!

Gregor Meyle hat seine ersten musikalischen Gehversuche in Köln gemacht. Die „Höhner" kennt der äußerst erfolgreiche Künstler von seiner Tätigkeit als Bühnentechniker im Kölner Gürzenich. Gerne erzählt er immer wieder davon, dass er seinen Freunden, den „Höhnern", dort schon oft die Mikrofone bereitgestellt hat.

Martin Schopps

Mer kumme mit allemann vorbei.

Ein halbes Jahrhundert, oder netter formuliert: Goldene Hochzeit! „Komm, los mer fiere"! Als 1974er-Jahrgang bin ich ja quasi mit euch aufgewachsen, in eure Anfangszeit hineingeboren worden. Als Kind habe ich euch auf Kassette oder Schallplatte erlebt, als Jugendlicher auf CD, später als Jeck im Saal, dann Backstage als „Fahrer" von mingem Bap, und heute als Kollege us dem Fastelovend auf der Bühne. Jedes einzelne Erlebnis war auf seine Art prägend.

Ihr habt uns mit „Levve und Levve losse" und „Nemm mich so wie ich bin" die Kölsche Toleranz erklärt, mit „Wenn nicht jetzt, wann dann", im Hier und Jetzt zu leben, und ihr habt uns spüren lassen, dat Kölle e Jeföhl es. Ihr habt mich also quasi mein ganzes Leben begleitet, nach dem Motto: „Da simmer dabei" … un dat wor prima!

Gefährlich wird es nur, wenn man euch zu sich nach Hause einlädt … Denn dann heißt es bei den „Höhnern": „Mer kumme mit allemann vorbei" und: „Steh auf, mach laut"!

… und da sie nur „sechs bis acht Stunden Schlaf" brauchen, bleiben sie meistens was „länger", essen ding Blootwosch, trinken ding Kölsch und wenn du nicht aufpasst … wor er dat mit dingem lecker Mädche … dann zieht et mit der „Karawane" weiter in die „Sansibar" …

Das ist natürlich Spaß …

Denn die „Höhner" sind „Echte Fründe"!

Und deshalb möchte ich nicht nur Herzlichen Glückwunsch sagen, sondern auch Danke!

Danke, dass ich als Panz „ne Räuber" sein durfte, der in der „Dachrinne lebte"!

Danke, für unzählige Gänsehautmomente beim Erklingen der „FC-Hymne" im Stadion!

Danke für 50 Jahre „Fantastische Außenminister für unsere Stadt sein"!

Danke für euer soziales Engagement, ob für benachteiligte Pänz, für Obdachlose oder für Menschen, die durch eine Leseschwäche nur schwerlich Zugang zu Bildung haben!

Liebe „Höhner", ihr seid sehr, sehr erfolgreich in ganz Deutschland unterwegs, aber ihr habt dabei nie vergessen, wo ihr herkommt, und immer gewusst: „Et Hätz bliev he in Kölle" und die „Schönste Stroß op minger Reis, die führt nohus".

Auf die nächsten 50 Jahre!!!

Frank Reudenbach (Klüngelköpp)

Nie ermüden

Schon als Kind in den 1970er-Jahren konnte ich mir den Karneval bzw. die Kölsche Musikkultur ohne „Höhner" nicht vorstellen. Als Fünfzehnjähriger fing ich an mit der Musik und trat an Wochenenden oft mit meinem Vater auf, unser Repertoire war zu 50 Prozent kölsche Musik und die Lieder von den „Höhnern" waren ein „Muss" bei jedem Auftritt, von „Winke Winke" über „Anna's Ananas", „Pizza Wundarba" und „Aqua di Colonia" bis hin zu „Ich ben ne Räuber" hatten wir das Publikum schnell im Griff. In dieser Zeit hätte ich mir nie vorstellen können, dass mal ein gemeinsamer Auftritt bei

einem Konzert der „Höhner" 2014 in der Langxess Arena in Köln stattfinden würde, der eine sehr schöne Erfahrung war.

Eine Band, die nach fünf Jahrzehnten durchaus einen sehr großen Anteil des kölschen Liedguts beigetragen hat und immer noch vor und hinter der Bühne mega-sympathisch ist, mit einem immer gut gelaunten Henning Krautmacher, der einfach im netten Umgang mit Kollegen und Fans nie zu ermüden scheint – das ist das, was die „Höhner" ausmacht.

Peter Brings

Geburtshelfer

Arno Steffen, Peter Brings und die „Höhner" am Heumarkt bei einer Demonstration gegen den AfD-Parteitag im gegenüberliegenden Hotel.

Die „Höhner" sind unsere Geburtshelfer. Ohne die „Höhner" wären wir sicher nicht so bequem in den Karneval gekommen. Danke nochmals an dieser Stelle. Was soll man noch über diese Bänd erzählen? Wir „Brings" haben nach wie vor großen Respekt vor der Arbeit der „Höhner".

Auf die nächsten 50!

Herbert Reul

Karneval ist für mich mehr als schunkeln, das Leben feiern und den lieben Gott einen guten Mann sein lassen.

Karneval verbindet Menschen. „Viva Colonia" und „Hey Kölle, Du bes e Jeföhl" schaffen eine Gemeinschaft – mindestens für den Moment. Ein paar Takte lang schweißen die „Höhner" die Leute zusammen. Ich glaube, das ist etwas, das die Band besonders macht: Das Menschenverbindende. Wenn die „Höhner" ihre Lieder anstimmen, dann ist nicht nur „Stimmung in der Bude", dann stehen da nicht nur nette, bodenständige Kerle auf der Bühne, sondern dann gibt es auch keine Unterschiede mehr. Dann sind alle Jecken. Das erste Mal, dass ich die „Höhner" gehört habe, ist schon sehr lange her. Ich kann mich noch gut erinnern, wie sie in ihren Hühnerkostümen herumgewackelt sind. „Bekloppt", dachte ich – und, liebe „Höhner", ihr wisst ja, dass „bekloppt" im Karneval ein Riesenkompliment ist. Aber bald habe ich gemerkt, dass die „Höhner" nicht nur verrückt sind, sondern auch ein großes Herz haben – größer als sieben Hühnerherzen zusammen. Als mich Henning Krautmacher bat, seine Initiative für mehr Lesekompetenz von Kindern zu unterstützen, musste ich keine Sekunde nachdenken. Die Band lässt die Leute aufeinander zugehen und einander zuhören: Vor der Bühne und auch dann, wenn das Rampenlicht aus und die fünfte Jahreszeit längst vorbei ist.

Die „Höhner" waren und sind für mich Karneval pur. In ihren Texten verstecken sich in wenigen Worten ewige Weisheiten. Eines meiner Lieblingslieder ist „Echte Fründe". Seit Jahren laufe ich mit zwei Freunden im Karnevalszug in meiner Heimatstadt Leichlingen mit. Jeder von uns hat eine Blechtrommel um den Hals und dann spielen wir „Echte Fründe ston zesamme ...", das Lied ist unsere Identifikationsmelodie. So laufen wir drei jedes Jahr im „Zoch" mit, durch alle Kneipen, bis morgens früh. Immer im Takt der „Höhner", deren Lied uns zusammenhält und uns Session für Session wieder zusammenbringt. Vor allem die echten kölschen Karnevalslieder gehen mir an die Seele: „Hey Kölle, Du bes e Jeföhl", „E Levve lang", „Alles, was ich will". Wenn ich diese Lieder höre, dann bin ich anders, das geht mir ans Herz. Alle Ernsthaftigkeit ist weg und ich fühle mich wohl; leicht, froh und zufrieden.

Wenn ich höre, die „Höhner" werden 50, dann denke ich, so alt sind die doch noch nicht, und merke, dass ich selber schon so alt bin, und

NRW-Innenminister Herbert Reul ist ein langjähriger Weggefährte von Henning.

dann höre ich auf, darüber nachzudenken. Ich hoffe, dass die „Höhner" noch lange Musik machen und noch viele gute Einfälle haben. Dass sie gesund und munter bleiben. Karneval ohne die „Höhner" gibt es nicht. Das gehört zusammen und das schweißt zusammen, jedes Jahr wieder, über Köln und den Karneval hinaus.

Stephan Remmler

Was hat dieser Fischkopp mit Karneval zu tun.

Hallo! Bevor ich nach Bremerhaven übersiedelte, bin ich bis zur vierten Klasse in Bad Godesberg und in Bonn groß geworden. Und beim Karneval habe ich mich jeden Tag „verkleidert". Jeden Tag ein neues Kostüm.

Jens und Axel sind jedes Jahr nach der anstrengenden Karnevalsession nach Lanzarote gekommen, um sich auszuruhen. Und da bin ich ja auch oft, und da haben wir uns jedes Jahr getroffen. Im August 2008 waren dann alle Höhner auf Lanzarote und haben dort TV Aufnahmen gemacht für Fernsehgarten on Tour. Anschließend waren wir alle beim Fischessen und die Höhner haben dort

das chinesische Lied von der Jasminblüte „Moli Chua" gesungen – sie hatten vorher Auftritte in China gehabt. Alle Anwesenden waren schwer beeindruckt und haben applaudiert. Und bei diesem Essen wurde ich gefragt, ob ich beim 35. Jubiläum der Band im Oktober 2008 in der LANXESS-Arena als Gast ein Lied singen würde. Das habe ich gerne gemacht. Das hat Spaß gemacht. Und als Belohnung habe ich den Kölsche Pass bekommen. Sehr gut. Und als ich vor Kurzem 75 geworden bin, haben mir die Höhner per Video ein Geburtstagsständchen geschickt. Auch sehr gut.

Alaaf und keep on rocking.

Als regelmäßige Gäste beim „ZDF-Fernsehgarten" haben die „Höhner" zahlreiche nationale und internationale Künstlerkolleg:innen kennen gelernt, darunter Stephan Remmler.

Chris Geletneki

30 Sekunden eine Polonaise

Die „Höhner" live gesehen habe ich das erste Mal 1997, als ich als Kabelhilfe für Dieter Thomas Hecks grauenhafte Show „Das große Los" arbeitete, um mir das Bier für mein Studium zu finanzieren. Die „Höhner" kamen in knallbunten Zirkuskostümen auf die Bühne, rannten direkt ins Publikum und provozierten nach 30 Sekunden eine Polonaise, die sich Sekunden später durch das große Studio 2 der ehrwürdigen Berliner UfA-Studios walzte, während 500 Studiogäste willenlos „Die Karawaaaaane zieht weiter" grölten. Ich war gelinde gesagt befremdet.

Das nächste Mal in persona gesehen habe ich Henning dann 2004. Ich wohnte und arbeitete jetzt in Köln und Carolin und ich haben Henning auf der Warmup-Party des Filmes „Vollidiot" getroffen, in dem er erschreckend authentisch einen Kölner Taxifahrer spielte. Caro war damals noch nicht so prominent wie heute und ich noch nicht so fett. Da wir beide jeweils ebenfalls eine kleine Rolle in dem Film spielten (Saunabesucherin und „Wachtturm"-Verkäufer), waren auch wir eingeladen, und wir nutzten schamlos die Chance, Henning anzuquatschen und ihm eine CD unserer Rumpel-Band „De Imis" aufzunötigen. Henning war unfassbar höflich und versprach, uns beim „Bergfest" des Filmes (das feiert man nach der Hälfte der Drehtage) ein Feedback zu geben. Eine klassische, aber sehr souverän vorgetragene Notlüge, dachten wir damals. Macht er offensichtlich nicht das erste Mal. Profi halt. Aber zu unserer großen Überraschung hielt er auf dem Bergfest Wort! Henning sprach sogar uns an – und kannte jeden einzelnen Song! Unsere Musik

fand er größtenteils toll, die Aussprache unserer quasi-kölschen Texte eher nicht: „Also, dat mit Eurem Imis-Kölsch ... schwierig!", war sein Kommentar. Wir beschlossen, uns nur auf den ersten Teil seines Feedbacks zu konzentrieren.

Da ich von Hennings Schauspielleistung als Taxifahrer ziemlich angetan war, schlug ich Henning für einen Gastauftritt in der Serie „Pastewka" vor, deren Headwriter ich damals war. Aus dem einen Gastauftritt wurde eine regelmäßig wiederkehrende Rolle und unsere Wege kreuzten sich auch abseits von „Pastewka" immer wieder: Bei Stefan Knittlers „P(op) Kölsch", auf Filmsets und schließlich als wir die Ehre hatten, mit den „Höhnern" einen gemeinsamen Song mit unseren „Imis" zu veröffentlichen: „Allet, wat zällt". Für uns der Wahnsinn!

Absoluter Höhepunkt unserer Zusammenarbeit war dann aber der Gastauftritt von „Wolfgang & Anneliese" beim 40-jährigen „Höhner"-Jubiläum im Tanzbrunnen, als Anke und Bastian mit der Band gemeinsam den Wolfgang & Anneliese-Hit „Heimat" spielten. Für mich bedeutete das durch die WDR-Übertragung die höchste GEMA-Zahlung für einen meiner Songs, die ich je bekommen habe, für alle auf der Bühne (und auch die Zuschauer) in erster Linie einen sehr großen Spaß. Wer bei YouTube „Höhner" und „Heimat" eingibt, kann auch heute noch bewundern, wie die gesamte Band sich zur Buchstabierung des Wortes „Auslandskrankenversicherungsnachweis" mit einem dicken Grinsen im Gesicht einen mittelschweren Meniskusschaden zusammenhüpft. Wie cool, dachte ich damals, dass diese

komplette Band so durchgeknallt ist, einen so albernen Scheiß mitzumachen. Da hatte ich sie alle endgültig ins Herz geschlossen und die Polonaise vom „Großen Los" war verziehen. Und dass das jetzt auch schon wieder 10 Jahre her ist, macht mich fassungslos.

Wenn Henning anruft, erscheint in meinem Display ein Bild vom „Lorax", meine Mails an ihn beginne ich traditionell mit der ehrfürchtigen Anrede „Sehr verehrter großer Schnauz", und wenn Henning mal auf meine Mailbox spricht, beendet er seine Nachricht meistens mit dem Satz „So, Jung, lass quatschen. Wer zuerst anruft, jewinnt!" So sehen die Fundamente einer interkulturellen Freundschaft zwischen einem Leverkusener Kölner und einem Bad Pyrmonter Imi aus.

Und ich bin stolz wie Bolle, hier im erlauchten Kreis der Gratulanten für diese Truppe von unfassbar netten, immer höflichen und wahnsinnig lustigen Typen sein zu dürfen, die auf so vielen Ebenen ein Vorbild für mich sind. Auf die nächsten 50 Jahre, Jungs!

Seak

Mir sin en jeder Hinsicht aktuell – auch sexuell!

Das Cover des Songs „Viva Colonia" sollte von mir gestaltet werden. Roland Böndel, der Grafiker der „Höhner", stellte den Kontakt her mit einer Idee zu dem Motiv „Höhner"-Huhn und Colonia. Natürlich kannte ich die Werke der „Höhner". Umso gespannter war ich auf die Zusammenarbeit und das Kennenlernen. Meine Begegnung mit Henning kann ich so beschreiben: Da treffen sich zwei mit dem gleichen Grundgefühl.

Der Ausdruck von Energie in der „Höhner"-Musik, die Offenheit und Klarheit von Henning waren auf jeden Fall eine Motivation, auf der Wand das Coverbild zu gestalten. An die Situation vor 20 Jahren kann ich mich gut erinnern. Die „Höhner" waren vor Ort in Ehrenfeld, es lief „Viva Colonia". Die Wortspiele und Mehrdeutigkeiten im Text haben mich inspiriert.

Wir nehmen das Leben, wie es kommt, die Philosophie ist Teil meiner Auffassung. „Mir sin en jeder Hinsicht aktuell – auch sexuell! L.M.A.A. ihr Sorje mir lävve der Aureblick." Die Ästhetik der Buchstaben spiegelt meine Gefühle, die Buchstaben sind meine Texte in Schriftzeichen wie Noten in der Musik. Ich höre immer beim Malen. Mit meinen Buchstaben übersetze ich die Musik, damit die Menschen mein Werk verstehen. Meine Kunst ist ein Destillat aus dem tiefen Blick in den Menschen mit all seinen geistigen und körperlich-sexuellen Kräften, aus feinster Präzision.

Das ist es, was mich an den Texten und der Musik der „Höhner" fasziniert und was die „Höhner" mit ihrer Musik aufgreifen. Ich kann sagen, das sind meine Synergien mit den „Höhnern".

Das Cover zur Single „Viva Colonia" ist im Original ein Graffiti von dem bekannten Kölner Grafitti-Künstler Seak (mit bürgerlichem Namen Claus Winkler), der das Motiv – nach einer Vorlage des „Höhner"-Grafikers Roland Böndel – auf der Giebelwand eines Hauses auf dem Gelände der „Halle Tor 2" verewigt hat. Das Bild ist ca. 3 Meter mal 3 Meter groß.

Hans Heiliger

Sie waren nahbar und völlig unkompliziert.

Um es vorweg zu nehmen: Ich habe die „Höhner" gewonnen! Aber gleich danach haben die „Höhner" auch mich gewonnen. Mein Name ist Hans Heiliger und ich betreibe seit mehr als 30 Jahren ein Küchenstudio in Köln-Blumenberg. Ich bin mir nicht mehr ganz sicher, ob es 1994 oder 1995 war – jedenfalls habe ich tatsächlich einen Schiffsausflug mit den „Höhnern" bei einem Preisausschreiben gewonnen.

Da gab es tatsächlich „‚Höhner' zum Anfassen!". Neben dem Konzert, das an Bord stattgefunden hat, hatten die Gewinner allesamt Gelegenheit, sich mit den Musikern auszutauschen und sie persönlich kennenzulernen.

Wie soll ich es formulieren? Es ist eigentlich ganz einfach! Die Jungs waren mir von der ersten Sekunde an sympathisch. Sie waren nahbar und völlig unkompliziert. Kannte ich zuvor nur die bekanntesten Hits der Band, so hatte sich das jetzt in Sekundenschnelle zu einer Freundschaft entwickelt. Insbesondere zu Henning Krautmacher.

Möglicherweise wurde damals der Grundstein dafür gelegt, dass ich beschloss, ebenfalls kölsche Mundart-Lieder in einer Band zu singen. Was ja dann auch bald geschah. Im Jahre 1998 – fast hätten sie sich als Mundart-Band aufgelöst – bin ich zu den „Kläävbotze" gelangt (für Nicht-Kölner: Das bedeutet „Klebehosen" und beschreibt solche Menschen, die bei Feierlichkeiten immer als Letzte nach Hause gehen). Wir haben uns aber nie als Konkurrenz zu den „Höhnern" verstanden! Vielmehr haben wir oft und gerne gemeinsame Sache gemacht. Wir haben uns musikalisch ausgetauscht, uns gegenseitig beraten und vor allen Dingen immer jede Menge Spaß gehabt.

Insbesondere nach zahlreichen Karnevalssessionen. Dann nämlich bin ich gemeinsam mit Henning und unserem Freund Walter Ginster, gerne auf „Rekonvaleszenz- Tour" gegangen. Ganze zehn Jahre lang sind wir spätestens am Aschermittwoch in die Welt hinaus gezogen und haben uns die Musikkultur Musik- sowie und auch Ess- und Küchenkultur, in fernen Ländern angeschaut.

Wir waren in Spanien, in Irland, in den USA, auf Sardinien, in Frankreich und – last but not least – in China (sozusagen als Vorhut für eine spätere Reise der „Höhner").

Und dabei habe ich mich mit Henning natürlich über die Erlebnisse der jeweils zurückliegenden Session, sowohl der „Höhner" als auch der „Kläävbotze" ausgetauscht.

Meistens hatten wir auf unseren Reisen traumhaftes Wetter, blauen Himmel und Sonnenschein! Immer dann, wenn wir uns telefonisch bei unseren Lieben, zu Hause gemeldet haben – und die dann nach den äußeren Umständen gefragt haben (weil sie selber im immer noch „Wintergrauen" Köln" zurückgeblieben waren), schlug uns der pure Neid entgegen. Einmal mussten wir uns sogar die Bezeichnung (die aber sicherlich nett gemeint war) „Ihr Drecksäck" gefallen lassen.

Seitdem haben wir uns selber gerne auch als solche bezeichnet. Henning meinte damals auch süffisant: „Das wäre auch ein schöner Bandname." Dazu ist es aber nie gekommen. Wohl aber zu einem runden Jubiläum der geschätzten Kollegen! 50 Jahre „Höhner"!

Ich jrateleer vun Hätze – och em Nome vun dä „Kläävbotze". Et wör schön, wenn de „Höhner" unserem Band-Nome de lehr maache dääte – un noch janz lang blieve dääte.

Ganze zehn Jahre lang, jeweils nach einer Karnevalssession, ging Henning mit seinen beiden Freunden Walter Ginster und Hans Heiliger auf Tour in ferne Länder, um deren Musik-Kultur zu entdecken. Hier sind sie in den Rocky Mountains auf dem Weg nach Arizona, New Mexico und Nevada.

Roland Böndel

„Höhner", Huhn, „Höhner"-Huhn? Die brauchen ein Maskottchen!

Unsere erste Witterung nahmen wir bei einer „Prisma"-Fete auf – es muss so um 1986/87 gewesen sein. Henning war gerade bei den „Höhnern" eingestiegen und ich frischgebackener Selbstständiger! 1995 kam es zu einer weiteren Zufallsbegegnung, bei unserem gemeinsamen Kumpel, dem damaligen „Höhner"-Merchandiser. Es fing an, in meinem Grafikherz zu brodeln; „Höhner", Huhn, „Höhner"-Huhn!?! Die brauchen ein Maskottchen!!

2000 – Millennium – war es endlich soweit: DAS „HÖHNER"-HOHN wurde geboren! Janus hatte auch gleich farbliche Ideen; das Hohn sollte in Cyan, Orange und Grün auftreten! Meine große Stunde war gekommen! Ich habe mir all die sehr „plakativen" „Höhner"-Titel vorgenommen und passende Motive dazu gezeichnet! Henning und ich trafen uns damals sehr oft, quatschten, philosophierten und stellten fest, dass wir vieles gemeinsam haben: Baujahr, gelernter Schmücker (Schauwerbegestalter), berufliche Veränderung in 1986 und die Liebe zum Kochen! Das war der Beginn einer herzlichen Freundschaft!

Im Verlauf der folgenden Jahre kreierte und zeichnete ich viele Motive für CD-Cover, T-Shirts, Bierdeckel, Sticker, Pins, Skat- und Weihnachtskarten – das komplette Programm halt! Auch eine Plüschfigur mit Namen „Chantal" wurde produziert! In 2006 kam dann das grafisch-kreative Highlight auf mich zu: Henning fragte, ob ich ein „Höhner"-Ambigramm entwickeln möchte! Ja nee, is klar!? Ich hab's geschafft – das Wort „Höhner" ist eigentlich nicht dafür geeignet!

2012 hatte ich das Vergnügen, die „Höhnoglyphen" zu gestalten – Piktogramme zu den „Höhner"-Titeln. Ich liebe es, mit und für die „Höhner" zu arbeiten, zu zeichnen, kreativ zu sein, Schönes zu entwickeln!

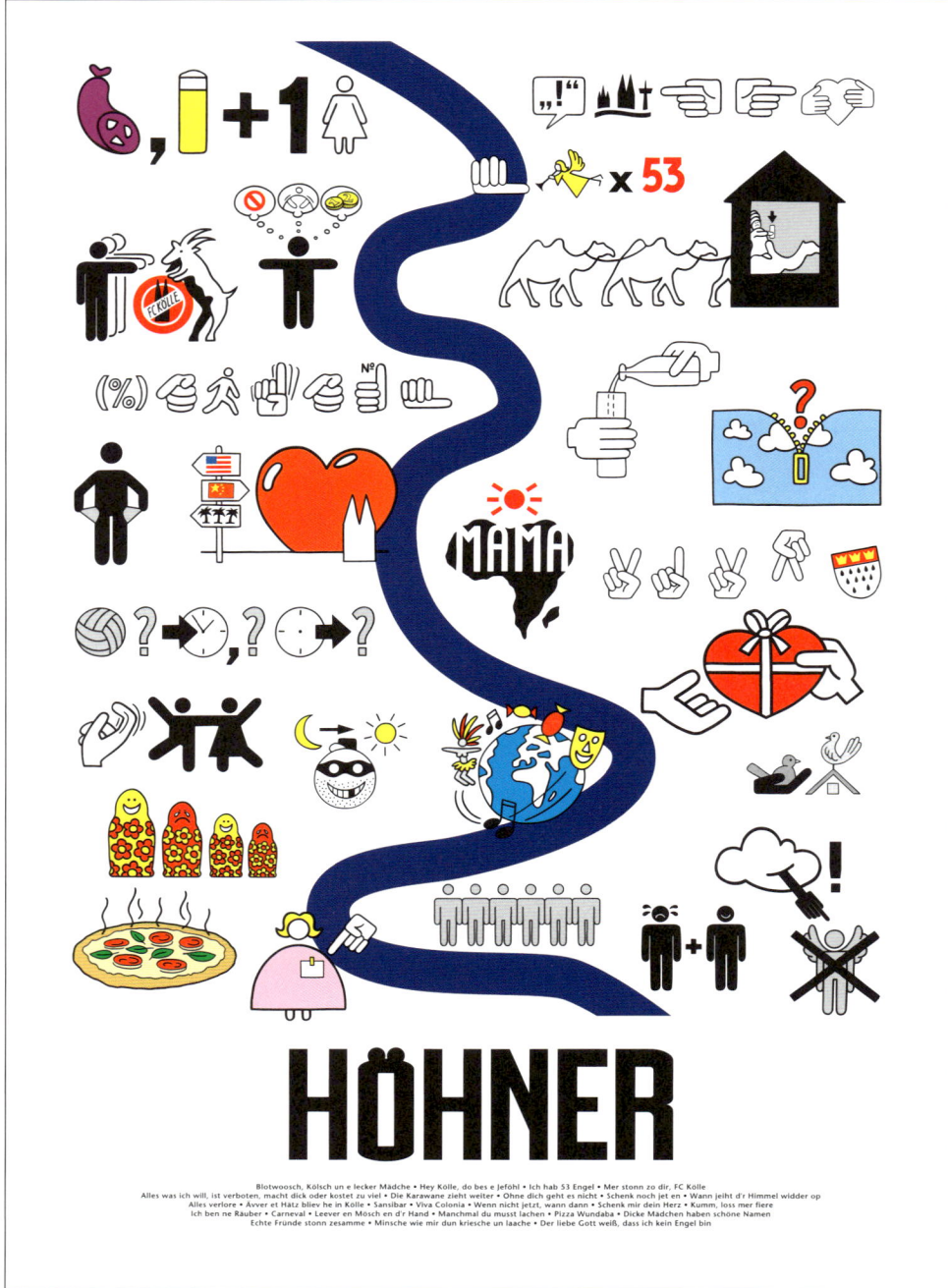

Die Cartoons und Karikaturen des „Höhner-Hohns", die der Grafiker Roland Böndel für die Band ersonnen und gezeichnet hat, haben zahlreiche Plakate, Schallplatten-Cover, T-Shirts und sogar Bierdeckel geziert.

Wolfgang Löhr

Hallo Taxi

Nach einer wahren Begebenheit.

Nina und Claudia sind „Höhner"-Fans. Richtige „Höhner"-Fans, quasi „Ultras". Neben den Merchandising-Artikel-Ständen und den Getränke-Ausschank-Buden profitiert ein Berufsstand ganz besonders von ihrer Passion: Taxifahrer!

Los geht's meist bei Claudi in Düsseldorf: mit dem Taxi zum Bahnhof, dann mit dem Zug zum Zielbahnhof und von dort weiter mit dem Taxi zum Venue. Und nach dem Konzert das Gleiche wieder retour. Also vier Mal Taxi für eine „Höhner"-Show! Das Beste, was sich die beiden in dieser Hinsicht bisher geleistet haben, passierte 2018 beim „Höhner"-Auftritt in Grevenbroich.

Hin: Taxi, Zug, Taxi.

Vor Ort: Sekt, „Höhner"-Shirt, Sekt, Konzert.

Zurück: Taxi zum Bahnhof … Da meinte Claudia plötzlich: „Mein Handy ist weg!" Also wieder ins Taxi gesprungen, zum Festzelt zurück und mit Ninas Handy den kompletten Boden abgeleuchtet. Nichts. Ohne Handy mit dem gleichen Taxi wieder zurück zum Bahnhof.

Der letzte Zug nach Hause stand schon auf Gleis 2. Jetzt aber schnell! Im Großraumabteil wurde erstmal weiter gefeixt von wegen „tolle ‚Höhner'-Show, zu viel Sekt, Handy weg". Sie kriegten sich nicht mehr ein vor Lachen. Bis Claudis Blick zufällig auf die digitale Anzeige im Waggon fiel und sie hektisch aufsprang: „Nina, da steht Düsseldorf, wir müssen raus!" Schnell wie der Blitz sausten die beiden zum Taxistand und guckten wie ein Auto, als der Taxifahrer sie begrüßte: „Ihr schon wieder?"

Total perplex drehten sie sich um und sahen, dass sie immer noch in Grevenbroich waren und dass „ihr" Zug sich gerade Richtung Düsseldorf bewegte. Also ehrlich! Sie hatten vor Aufregung nicht bemerkt, dass sie noch gar nicht losgefahren waren.

Auf der Anzeige im Zug hatte der Zielbahnhof gestanden und nicht die aktuelle Station.

Das war es dann wohl. Letzte Bahn verpasst.

Wer kein Taxi fährt, fährt KVB. Inspiration für die Namen der drei gigantischen Bohrmaschinen mit einem Durchmesser von mehreren Metern, die zum U-Bahn-Tunnel-Ausbau nach Köln geliefert wurden, war das „Höhner"-Lied „Dicke Mädchen haben schöne Namen": Sie hießen Tosca, Rosa und Carmen.

Der nette Grevenbroicher Taxifahrer hat seine „Stammkundinnen" dann freundlicherweise bis nach Düsseldorf kutschiert und danach Feierabend gemacht: Er hatte an dem Abend genug verdient und außerdem keine Lust mehr auf „volle Höhner".

Stephan Knitter

Maach dr Freud sulang et jeit, denn et Levve durt kein Iwigkeit ... Ein bisschen Spaß muss sein!

2009 hatte ich das Glück, erstmals mit den „Höhnern" auf der Bühne zu stehen. Ich war als Teil der „Jungen Wilden" an der Produktion des Songs „Kölle es" beteiligt und wir wurden als Live-Gäste in die LANXESS-Arena eingeladen und haben die Nummer dort live gesungen, mit den „Höhnern" als „Begleitband" ...! Das war wirklich beeindruckend!

2011 habe ich dann zum ersten Mal „P/op KÖLSCH" im Gloria Theater veranstaltet und zu den „besten Gästen der Welt" gehörten schon bei der Premiere Henning, Jens und Hannes. Im Verlauf der Jahre sind in diesem Rahmen dann wirklich einzigartige Performances, z.B. auch mit Carolin Kebekus und Anke Engelke entstanden. Ein Song, der für „P/op KÖLSCH" von Henning übersetzt wurde, hat es dann sogar auf ein Album der „Höhner" geschafft, nämlich „Echte kölsche Band"! Eine wirklich perfekte Übersetzung des Originals „The Free Electric Band" von Albert Hammond!

Wenn ich die mittlerweile echt vielen gemeinsamen Auftritte charakterisieren müsste, dann würde ich sagen: Ideenreich, zuverlässig, professionell, aber verspielt und einfach immer sehr, sehr entspannt!

Was soll ich sagen: Ich hatte und habe die Ehre ...!

Die Rollenspiele der „Höhner" kannten keine Grenzen. – Als Teufel und Engel im Sendesaal des WDR. – Anspielung auf das berühmte Foto von der Entstehung des New Yorker Rockefeller-Center mit Köln-Bezug. – Janus als Volksmusikstar. – Hasenzahn–„Höhner". – Als Heino-Imitatoren.

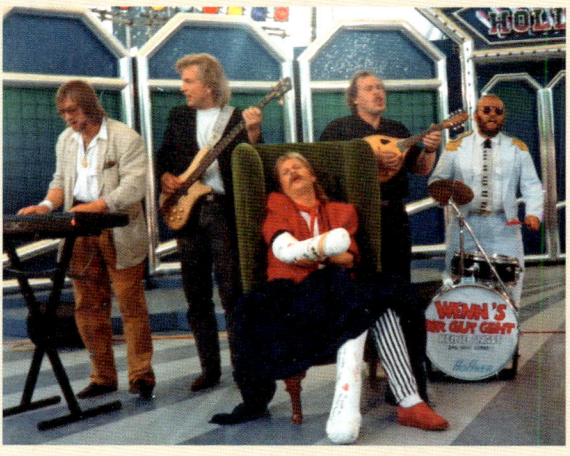

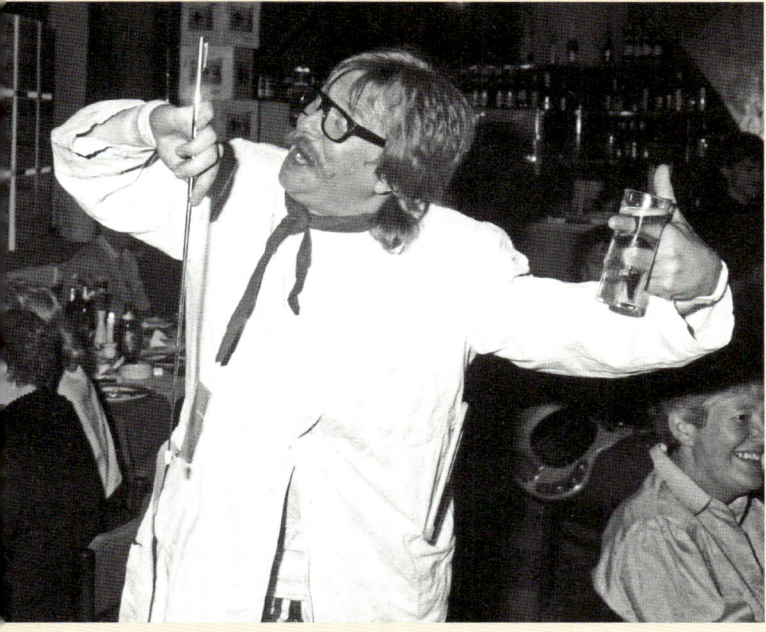

Der immer durstige Sultan
auf einem echten fliegenden
Teppich. – Im WWF-Club mit
Gipsarm und Gipsbein. – Als
erfinderischer Professor mit
genialem Party-Kölsch-Glas. –
Als Pizzabäcker. – Familie
Fürchterlich. – Als Popstars. –
Als Volksmusik-Interpreten.

Thomas Brück

The Making Of: Ein Rückblick auf die letzten 30 Jahre

DIE ANFÄNGE

Mai 1992. Das Telefon klingelt und am anderen Ende der Leitung fragt Hannes Schöner, ob ich mir vorstellen kann, ein geplantes Album für die „Höhner" zu produzieren. Hintergrund für diese Anfrage ist ein erstes Aufeinandertreffen im Jahr 1989 im „Studio N" (Nedeltschev) in Köln-Bickendorf, wo ich zu der Zeit als freier Toningenieur und Sounddesigner arbeitete und vom damaligen Produzenten der „Höhner", Eugen Römer, für die Aufnahmen und Mischungen einiger

„Höhner"-Titel engagiert wurde, sowie meine Produzenten-Tätigkeit bei Trude Herrs Abschiedsalbum „Ich sage, was ich meine". Ein erstes Treffen zwischen der Band und mir signalisiert beiderseits: Das passt!

Und so beginnen die Arbeiten zum Album „Aktuell", welches überwiegend in einem Studio der Band im malerischen Königswinter entsteht und im erwähnten Studio gemischt wird. Herausragende und bis heute im Live-Repertoire der „Höhner" verbliebene Titel sind etwa „Hey Kölle" und „Nemm' mich su wie ich bin".

Band und Produzent sind mit dem Gesamtergebnis ihrer Zusammenarbeit zufrieden und planen ein weiteres Album für das Jahr 1993. Dazu rege ich eine Zusammenarbeit mit meinem langjährigen Kollegen und Freund Jürgen Fritz an, Komponist, Pianist und Arrangeur. So entsteht 1993 in den damals schon legendären Dierks Studios in Stommeln das Album „Wartesaal der Träume".

Neben der Studioarbeit beginnt meine zweite Tätigkeit als Front of House-(FoH-)Engineer bei der Band. Eine neue Herausforderung

Thomas Brück, Erfolgs-
produzent der Band,
konnte im August 2022
sein 30-jähriges Jubilä-
um bei den „Höhnern"
feiern.

hinsichtlich der Live-Performance für uns alle
ist das neue Segment „Höhner Classic", die
Zusammenarbeit mit dem Orchester Junge
Sinfonie Köln unter der Leitung von Günther
Hässy. Mit jährlich drei ausverkauften Philhar-
monie-Konzerten entpuppt sich diese Reihe
als sehr erfolgreich und spricht teilweise auch
ein anderes, nicht unbedingt „Höhner"-typi-
sches Publikum an.

DIE „HÖHNER" TREFFEN TRUDE HERR

Im Juli 1995 veranstalten Jürgen Fritz und ich
die lange vorbereitete, legendäre Trude Herr-
Revue-Show „Niemals geht man so ganz"
auf dem Roncalli-Platz in Köln. Die „Höhner"
fragen wir für ihre Mitwirkung bei insgesamt
fünf Titeln an.

Waren sie bei der „Arsch huh"-Veranstaltung
im November 1992 auf dem Chlodwigplatz
noch mehr als „Quotenband" aus dem Kölner
Karneval dabei, sind sie nun mehr außer den
„Bläck Fööss" die einzigen Protagonisten aus
dem Karneval und beweisen einmal mehr,
dass sie alles andere als eine reine Karnevals-
truppe sind.

Die Akzeptanz der „Höhner" in der Kölner
Musikszene wird noch deutlicher, als wir 1995
im Spätherbst das Album „Made in Kölle"
produzieren und dabei die gesamte Kölner
Musikszene einladen, Texte und Musik bei-
zusteuern. Und auch in anderen kulturellen
Bereichen wird man auf die „Höhner" aufmerksam, und so dürfen sie im September 1996 zur
600-Jahr-Feier der Kölner Stadtfreiheit (Ver-
bundbrief) den Eventsong „Met Breef un Siejel"
beisteuern, den wir natürlich auch als Tonträger produzieren. Zum guten Schluss pressen
wir im WKI-Studio von Hannes Schöner in Bad
Münstereifel auch noch „schnell" ein erstes
Weihnachtsalbum, „Doheim un övverall".

EIN ERSTES JUBILÄUM

Trotz aller guten Ergebnisse in der Zusammenarbeit zwischen Band und Produzent erwischt
ein kühler Wind dieses Verhältnis, als ich
im Frühjahr 1998 von der „Kelly Family" als
Soundengineer gebucht wurde. Aus ursprünglich veranschlagten drei Wochen werden drei
Monate – das allerdings passt nicht in die Pro-

duktionsplanung der „Höhner". Und so zieht
die Karawane bei der Albumprocuktion „Hier
spielt die Musik" ohne mich weiter. Aber …

OLD LOVES DIE HARD …

… und so finden wir bei der Produktion des
Albums „Höhner Classic Gold" im Jahr 1999
wieder zusammen. Nach dieser Produktion
gibt es bandinterne Differenzen hinsichtlich
der künftigen musikalischen Marschrichtung,
die im Endeffekt dazu führen, dass F.M. Willizil
die Band zum Millennium 2000 verlässt. Am
4. Januar 2000 steht aus diversen Studioproduktionen bekannten Ausnahmegitarristen
Ralle Rudnik erstmals mit den „Höhnern" auf
einer Karnevalsbühne.

Seit einiger Zeit gibt es Gespräche zwischen
Bernhard Paul, dem Direktor des Zirkus
Roncalli, und den „Höhnern" hinsichtlich einer
möglichen Kooperation und eines neuen Show-
Formats. Geplant ist eine Synergie von zirzensi-
schen Darbietungen und entsprechend passen-
der musikalischer und textlicher Untermalung
mit „Höhner"-Songs und einer Performance der
„Höhner" als „Zirkusband". Im Frühjahr 2000
beginnen die Vorbereitungen zu diesem Aben-
teuer, die Premiere ist vielumjubelt.

Diese erste „Höhner Rockin' Roncalli"-Show
mit dem Titel „Rheinland des Lächelns" wird
drei Wochen lang in Köln gespielt und erfreut sich durch Pressekritiken und Mund-
zu-Mund-Propaganda von Tag zu Tag immer
größeren Zuspruchs.

Im Vorfeld sowie parallel arbeiten wir am
neuen Album „2,3,4". Dabei haben wir bei der
Song- und Themenwahl das neue Showformat
im Auge.

Im Herbst 2001 sprechen wir erstmalig über
das in 2002 anstehende 30-jährige Band- und
Bühnenjubiläum zu. Auch über eine mögliche
Location für dieses große Event wird diskutiert: die Köln Arena. Einige Wochen später –
Bernd Assenmacher, der damalige Manager
der Arena, hat seine 100-prozentige Unterstützung zugesagt – gibt's ein Treffen mit
Herbert Schäfer, ein Künstler, Maler, Bühnen-
architekt und Visionär, den ich aus jahrelanger
Zusammenarbeit während meiner Ausbildung
und Tätigkeit als Toningenieur kenne. Die Band

ist von seinen Ideen für die Jubiläumsshow begeistert.

Im Frühsommer 2002 spielen wir eine Reihe Open-Air-Konzerte und nehmen einige davon auf, weil wir zum 30-jährigen Bühnenjubiläum natürlich auch ein Tondokument präsentieren möchten. Durch die Fülle des Live-Repertoires fällt uns die Titelauswahl für das Album schwer und wir beschließen, ein Doppelalbum zu veröffentlichen. Dabei teilen wir die Songs in „The Bright Side" und „The Dark Side" auf. Dieses Live-Album mit dem Titel „Höhner. Die ersten 30 Jahre" soll im Verlauf der „Höhner"-Geschichte eines der beliebtesten und erfolgreichsten werden.

Am 27.9.2002 bestreiten Die „Höhner" ihr erstes eigenes Konzert in der ausverkauften Köln Arena vor 15.000 Zuschauern! Ein großartiges Spektakel mit zahlreichen Gastauftritten, von Peter Horn und Walter Pelzer über Gert Köster, die „Bläck Fööss" „Paveier", „L.S.E." bis zu Tommy Engel, Jürgen Fritz und vielen mehr.

Das ist der nun „angefixten" Band aber noch nicht genug. Seit einiger Zeit schwirrt eine Textzeile von Henning in den Köpfen herum: „Da simmer dabei, dat is prima, wo is die Party?" Dazu gibt's ein Melodiefragment, welches an die Volksweise „Im Wald da sind die Räuber" erinnert. Janus teasert in seiner unnachahmlichen Art bei Konzerten diese Zeile einfach immer wieder a cappella an, und schnell wird klar: Es macht was mit dem Publikum. Das ist für uns das Signal und wir beginnen gleich nach der Arena-Show, intensiv an diesem Titel zu arbeiten. Es gibt gefühlt 20 Versionen, die wir auch immer wieder bei Konzerten mit dem Publikum versuchen. Am Ende wird es mehr oder weniger die Ursprungsversion, nämlich ein Rock-Shuffle.

Ich besinne mich auf einen anderen langjährigen, hochkarätigen musikalischen Mitstreiter, Johan Daansen, der nunmehr die Arrangement- und Programming-Arbeiten übernimmt. Peter Werner hat zudem noch die geniale Idee, den Song mit einem Choral zu beginnen: „Met ner Pappnas jebore …" Dann ist die Produktion eingespielt, alle Aufnahmen im „Studio N" sind gemacht, doch am Ende gibt's immer noch Zweifel an der Refrain-Zeile. Und so sitzen wir noch einmal zusam-

men und gehen in uns. Heute weiß ich nicht mehr, wer denn nun die zündende Idee hatte, aber sie ist plötzlich da: „Da simmer dabei, dat is prima, VIVA COLONIA!" Das ist es!

Es wird Frühsommer 2003, „Viva Colonia", im Januar veröffentlicht, ist ein Hit, erreicht Platz 20 der deutschen Hitparade und hält sich dort 53 Wochen. Insgesamt verkaufen sich 150.000 Exemplare, womit der Song einer der meistverkauften Schlager seit 1975 ist. Das Stück bringt der Band eine weitere Goldene Schallplatte ein.

Die Band und ich haben in diesen Tagen ein Treffen auf meiner Terrasse in Bensberg zur „Lage der Nation". Es wird über die Personalie Pete Bauchwitz diskutiert, denn wachsende musikalische Differenzen machen eine personelle Veränderung unabdingbar. Irgendwann im Verlauf der Diskussion fällt der Name Jens Streifling, der aktuell bei „BAP" als Multiinstrumentalist spielt. Das entscheidende Telefonat erfolgt am nächsten Morgen. Parallel zu diesen personellen Veränderungen arbeiten wir am dritten „Höhner Classic"- Album, „Andante", das am 19. September 2003 veröffentlicht wird. Fehlt noch das Album zum Smash-Hit „Viva Colonia" – es wird Ende 2003 fertig und erscheint im Januar 2004. Der Einfluss von Neuzugang Jens macht sich darin bemerkbar, aber auch der des neuen Texters Heinz Arndt.

Am 7. Januar 2005 bringt unsere Plattenfirma EMI das Best-of-Album „Da simmer dabei" heraus. Das Album erreicht am Ende Goldstatus und die Band beginnt, mit Klaus Bönisch von der KBK Konzert- und Künstleragentur zusammenzuarbeiten.

Im Frühsommer 2005 produzieren wir das Album „6:0" im Studio 301. Der Titel „Wenn nicht jetzt, wann dann" ist auch schon mit auf diesem Album und von Hannes und mir als hitverdächtig nominiert. Aber das bewahrheitet sich zunächst noch nicht.

ROCKIN' ALL OVER THE COUNTRY, VON KIEL BIS MÜNCHEN

Im Oktober 2005 gehen die „Höhner", inszeniert vom Konzert-Impresario Klaus Bönisch, erstmals auf große Deutschlandtour und

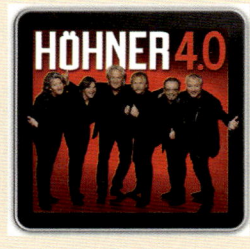

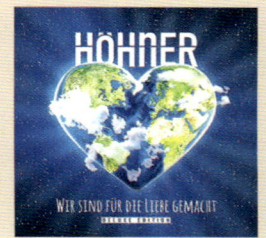

tauchen damit in eine ganz neue Welt ein: „Ostseehalle" in Kiel, „Große Freiheit 21" in Hamburg, „Tempodrom" in Berlin, „Gewandhaus" in Leipzig, „Liederhalle" in Stuttgart, „Circus Krone" und „Deutsches Theater" in München. Abgerundet wird das Jahr 2005 mit der Verleihung der „Goldenen Stimmgabel" in der Friedrich-Ebert-Halle in Ludwigshafen.

Nach der erfolgreichen Tour in 2005 geht's im Frühjahr und Herbst 2006 direkt so weiter, rauf und runter, kreuz und quer durch die Republik. Dabei zeichnen wir mehrere Konzerte auf, zum Beispiel in Magdeburg, Berlin und Leipzig, und produzieren daraus ein Live-Album mit 20 Songs: „Live – on Tour" wird am 4. Januar 2007 veröffentlicht.

Doch das war noch nicht das Highlight zu Beginn des Jahres 2007! Janus hat im Vorfeld der in Deutschland stattfindenden Handball-WM im Januar 2007 die Idee, den schon auf dem Album „6:0" erschienenen Titel „Wenn nicht jetzt, wann dann" mit einem abgeänderten und auf das WM-Event zugeschnittenen Text seinem Freund und Trainer der Handball-Nationalmannschaft Heiner Brand als offiziellen WM-Song anzubieten. Eine geniale Idee mit genialen Folgen! Heiner spielt den Titel seinem Team vor und das ist begeistert. Im Januar starten die ersten Spiele der Mannschaft, die in beeindruckender Form auftritt. Und bei jedem Spiel der deutschen Mannschaft in der Vorrunde ertönt nun „Wenn nicht jetzt, wann dann". Die Mannschaft erreicht das Achtelfinale, dann das Viertelfinale. Und „Wenn nicht jetzt, wann dann" gräbt sich unaufhaltsam in die Ohrwindungen der vielen tausend Fans. Im Februar 2007 wird Deutschland im Finale gegen Polen durch einen 29:24-Sieg Handballweltmeister und die „Höhner" stehen mit „Wenn nicht jetzt, wann dann" auf Platz 1 der bundesdeutschen Verkaufshitparade, wo sich der Titel unglaubliche 58 Wochen lang hält. Ein weiteres Best-of-Album im März 2007 steigt auf Platz 50 der bundesdeutschen Verkaufscharts ein, verweilt dort für 10 Wochen und erreicht ebenfalls Goldstatus.

Mittlerweile finden wir durch das dauernde Touren kaum mehr Zeit für Kreativ-Meetings, darum verlegen wir diese kurzentschlossen in den Touralltag: In den jeweiligen Hotels mieten wir Konferenzsäle oder dergleichen an

und treffen uns oftmals nach dem Frühstück zum kreativen Arbeiten: Wir schreiben Texte und skizzieren mit einfachen Aufnahmetools neue Musiktitel, ehe wir dann in die nächste Stadt weiterreisen. Das funktioniert wider Erwarten sehr gut und so haben wir im Sommer 2007 genügend gutes Material, um ein neues Album zu produzieren, welches „Jetzt und Hier" heißen wird. Anfang Oktober bin ich mit der Mischung des Albums so gut wie fertig, als Ralle mir einen Besuch im Studio abstattet und mir dabei eröffnet, dass er die Band verlässt. Diese Nachricht schlägt bei der Band ein wie eine Bombe. Dennoch erhält die Band die zweite „Goldene Stimmgabel" und eine Einladung in den TV-Olymp „Wetten, dass ...?" Die anstehende Deutschlandtour im November spielt Ralle noch mit, dann endet leider die erfolgreiche Ära „Höhner" mit Ralle Rudnik nach knapp acht Jahren mit einem letzten Konzert am 9. Dezember 2007 in Duisburg.

Zweifelsohne ist Ralle ein Ausnahmegitarrist und die Band treibt die Sorge um, wer nun an seine Stelle rücken kann. Mir fällt da der Waliser John Parsons ein, mit dem ich lange vor den „Höhnern" oftmals im Studio gearbeitet habe, ein fantastischer Gitarrist sowie großartiger Mensch und Kollege, der beim Album „Wartesaal der Träume" auch schon als Gastmusiker bei den „Höhnern" mitgewirkt hat. John, der lange in Köln lebte, ist mittlerweile der Liebe wegen seit vielen Jahren in Madrid zuhause und somit wird mein Vorschlag mit einiger Skepsis aufgenommen. Dennoch nehme ich Kontakt mit ihm auf. Als uns die Tour nach München führt, nutzen wir die Gelegenheit, John die Band vor ausverkaufter Kulisse zu präsentieren – eine gute Entscheidung, denn John erlebt ein frenetisch gefeiertes Konzert mit einer bestens aufgelegten Band und ist sehr beeindruckt. Noch im Dezember finden in Köln abschließende Vertragsgespräche mit ihm statt.

Im März 2008 hat John seine erste Session gut überstanden und seine Family ist mittlerweile von Madrid nach Köln umgezogen. Mit großen Schritten geht es auf ein weiteres Event zu: Die Band feiert ihr 35-jähriges Bühnenjubiläum in der LANXESS-Arena. Am 24. Oktober 2008 geht das Spektakel in Form einer dreistündigen Show über die Bühne, mit einem Indoor-Feuerwerk, einer Laser-Show und insgesamt 200 aktiven Künstlern dank

Gastauftritten vieler befreundeter Kollegen wie DJ Ötzi oder Stephan Remmler. Als „icing on the cake" gibt's an diesem Abend zudem eine Platin-Auszeichnung für 300.000 verkaufte Tonträger von „Wenn nicht jetzt, wann dann". Aus der Show entsteht eine Live-CD, die am 2. Januar 2009 veröffentlicht wird.

Im Frühsommer und Sommer 2009 arbeiten wir an einem neuen Studioalbum, hauptsächlich in Hannes WKI-Studio. Seit Langem gibt es einen Song mit dem Arbeitstitel „Dat deiht jot", dem aber noch das entscheidende Etwas fehlt. Bei unseren Vorarbeiten kommt auch dieser Song mal wieder auf den Tisch und diesmal pickt John sich ihn. Und siehe da, beim nächsten Meeting kommt er mit einem musikalischen Vorschlag, der überwiegend großen Anklang in der Band findet. Gleichzeitig hat Henning die Zeile „Schenk mir dein Herz" im Kopf, und Peter hat von den Vorhängeschlössern auf der Kölner Hohenzollernbrücke gehört. All diese Zutaten werden nun zu einem neuen „Gericht" zusammengemischt und am Ende entsteht daraus der nächste bundesweite „Höhner"-Hit: „Schenk mir dein Herz". Auch eine neue Version von „Alles verlore" findet den Weg auf dieses Album, unter dem Titel „Himmelhoch high", denn in diesem Jahr haben die „Höhner" einen Gastauftritt im „Tatort: Platt gemacht", der im Kölner Obdachlosenmilieu spielt.

Die Band hat seit 1996 die Schirmherrschaft über das dortige Restaurant LORE inne, das Obdachlose unterstützt, und seitdem gehen die Einnahmen von „Alles verlore" auf das Konto des LORE.

Schlag auf Schlag geht es weiter. Im Jahr 2010 tourt die Band, die Shows „Höhner Rockin' Roncalli" und „Höhner Classic" haben sich etabliert und sind fester Bestandteil des Jahresgeschäfts. Außerdem findet eine Weihnachtsshow in Köln statt, und so produzieren wir im Herbst ein neues Weihnachtsalbum: „Höhner Weihnacht – die Zweite" wird am 26. November 2010 veröffentlicht.

Am 25. Juni 2011 findet ein spektakuläres Konzert auf dem Königsplatz in München vor ca. 10.000 begeisterten Zuschauern statt. Das Line-up: „Spider Murphy Gang", „Status Quo" und „Höhner"! Im Herbst beginnen wir mit den Arbeiten zum 40-jährigen Jubiläumsalbum „Höhner 4.0" zusammen mit unserem neuen Texter Frank Ramond, den wir durch die Zusammenarbeit mit Annett Louisan kennengelernt haben. Inhaltlich spannt dieses Album einen breiten Bogen, von internationalen Pop-Arrangements wie bei „Quo Vadis" über russische Folklore-Anklänge bei „Manchmal du musst lachen.." und satireartige Beiträge zur Weltfinanzlage bei „Istampool" bis hin zu sehr nachdenklichen Tönen wie „In der tiefsten Nacht".

40 JAHRE „HÖHNER" – DAS FEST

Nach der Karnevalssession bereiten wir zunächst ein weiteres Konzert mit Gästen wie Andrea Berg in der LANXESS-Arena vor, welches am 30. April 2012 vor ausverkauftem Haus stattfindet. Das Konzert wird aufgezeichnet und erscheint am 16. November 2012 mit 34 Tracks als Jubiläumsbox „Höhner Live & in Farbe". Für das 40-jährige Band-Jubiläum soll aber noch etwas Größeres her. Also arbeiten Thomas Bruchhäuser, Hans-Leo Linden, Jürgen Hoppe und später auch meine Wenigkeit an der Konzeption und den musikalischen Inhalten für „Das Fest", das dann am 8. September 2012 auf dem Tanzbrunnen-Gelände steigt.

Das große dreistündige Finale auf einer gigantischen Bühne bietet das „Who is Who" der internationalen Klasse auf: „Querbeat", die Artisten der „Höhner Rockin' Roncalli"-Show, verschiedene Tanzgruppen, „Mama Afrika", Maite Kelly, „Galleon", Junge Sinfonie Köln, „L.S.E.", Anke Engelke und Bastian Pastewka, Thomas Gottschalk, Stefan Raab, Jürgen Fritz, Tommy Engel, Chris de Burgh. Den Höhepunkt findet dieser Gänsehaut-Abend in „Hey Kölle, Du bes a Jeföhl".

DIE WM 2014 UND DIE FAN-MEILE IN BERLIN

Die deutsche Fußball-Nationalmannschaft unter Trainer Jogi Löw legt ein fulminantes Turnier in Brasilien hin und in Berlin entsteht eine legendäre Fan-Meile. Die „Höhner" schlagen zum denkwürdigen und historischen Halbfinale Deutschland-Brasilien am 8. Juli 2014 erstmals am Brandenburger Tor auf und spielen vor ca. 500.000 begeisterten Fußball-Fans ihre Party-Hits. Anschließend verfolgen

wir alle mit ungläubigem Staunen den Untergang der brasilianischen Mannschaft. Mit der Siegchance wird natürlich auch die Party für das Finale Deutschland-Argentinien am 13. Juli 2014 vorbereitet, und wieder sind die „Höhner" mit von der Partie.

Und weil es so schön ist, bleiben wir gleich da, um die deutsche Mannschaft nach ihrer Rückkehr zusammen mit Helene Fischer am Brandenburger Tor zu empfangen. Das sind für uns alle ganz große, emotionale Momente.

Im Herbst 2014 wollen wir wieder kreativ arbeiten und treffen uns dafür auf Mallorca. Alles wie in alten Zeiten – und doch ist etwas anders: Die Gesellschafter Henning, Hannes, Peter und Janus sind einen Tag vor dem Rest der Band und mir angereist, um in aller Ruhe unter sich über die Zukunft der Band zu sprechen. Dabei reift wohl ein unaufhaltsamer Prozess, der sich um den mittelfristigen Ausstieg der beiden Gründer Peter und Janus dreht. Zu dieser Zeit eher noch vage, wird er für das Jahr 2015 avisiert, und wirklich: Am 24. März 2015 erklären die beiden auf einer Pressekonferenz in Köln ihren „schleichenden" Ausstieg aus der Band, nach 43 Jahren.

Aus der ganzen Republik erhält die Band Angebote und Anfragen von Musikern, die ihnen gerne nachfolgen würden. Was die Position von Janus anbelangt, gibt's aus Sicht der Band schon einen Kandidaten, der in 2011 bei einer „Höhner Rockin' Roncalli"-Show eingesprungen war: Wolf Simon. Und für Peter gibt es verschiedene Bewerber, von denen Micki Schläger durch eine besonders „forsche" Mail aufgefallen ist: Im Betreff stand: „Keyboarder gefunden!" Na dann, schau'n mer mal ... Er behält Recht.

„ALLES OP ANFANG" ...

... ist bezeichnenderweise der Titel des nächsten Albums, das am 8. Januar 2016 mit einer Präsentation im Kölner Kultlokal „Höhnerstall" veröffentlicht wird. Der Song „Kumm loss mer danze", die Antwort der „Höhner" auf die Flüchtlingswelle 2015, soll die Trailer-Single dazu werden. Dabei haben wir nicht mit den Ereignissen auf der Kölner Domplatte in der Silvesternacht 2015/2016 gerechnet. Und so spüren wir nach der Veröffentlichung des

Höhner Best of

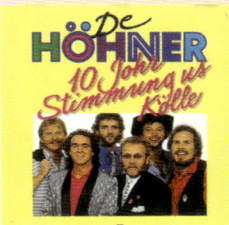

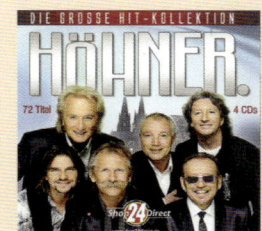

Höhner Live

Höhner Weinachten

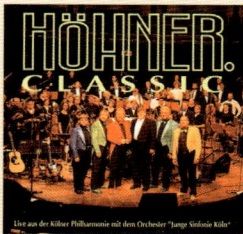

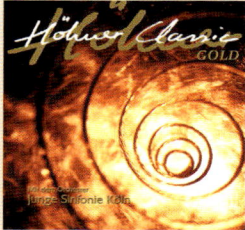
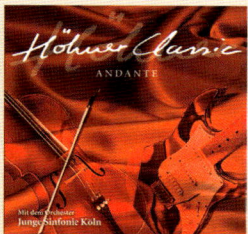

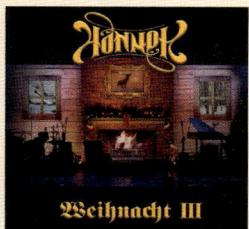

Albums trotz überschwänglich guter Kritiken in den Medien eine gewisse Zurückhaltung bei unseren Fans, die mit dem Song zur Karnevalssession 2016 konfrontiert werden.

Im Herbst 2016 geht die Band mit einem für die „Höhner" ungewöhnlichen neuen Format auf bundesweite Tour: „Janz höösch" steht auf den Plakaten und vermittelt den eher „leisen" und akustischen Konzertcharakter. Wir haben bekannte Songs komplett neu arrangiert und spielen nur mit akustischen Instrumenten; die Konzerte werden mitgeschnitten für ein neues Live-Album, das am 24. März 2017 erscheint.

Der Ausflug in die „akustische Welt" bedeutet aber natürlich nicht, dass die „Höhner" auf alles bislang Erprobte und Bewährte verzichten. So arbeiten wir im Herbst 2017 im neuen Proberaum der Band am Girlitzweg in Köln an neuen Songs. Dort ist nun auch eine Technik installiert, die es erlaubt, die Stücke professionell aufzunehmen. Insgesamt entstehen 14 Songs, deren Charakteristik „höhnertypisch"

breit gefächert ist, vom poppigen „Wir halten die Welt an" über karnevalstaugliche Songs wie „Mädche us Kölle am Rhing" oder „Lääv, lääv, lääv" bis hin zur Duett-Ballade „Bist du dann bei mir?", die Henning mit Helene Fischer performt. Das ist auch die Besonderheit dieser Produktion: Alle singen. Micki präsentiert mit seiner markanten, rauchigen Stimme „Was wäre, wenn …?", Jens den rockigen Titel „Du und ich", und Hannes und Henning drücken mit ihrer Performance von Titeln wie „Freunde fürs Leben" oder „Dat kütt mer spanisch vür" dem Album den unverwechselbaren „Höhner"-Stempel auf. Am 16. März 2018 erblickt das Album „Wir sind für die Liebe gemacht" das Licht der Welt.

TEN YEARS AFTER

Zehn Jahre nach seinem Einstieg in die Band, im April 2018, verkündet Gitarrist John Parsons seinen Ausstieg bei den „Höhnern". Er spielt noch bis Juni 2018 weiter und kehrt dann mit seiner Familie nach Madrid zurück. Wieder werden Auditions mit verschiedenen Anwärtern für die Nachfolge abgehalten, der Holländer Joost Vergoossen macht schließlich das Rennen um die Gitarren-Position.

Gerade scheint das „Höhner"-Leben wieder seinen gewohnten Weg zu gehen, da zieht die nächste Wolke am Horizont auf. Wolf Simon kündigt an, die Band zum Jahresende 2018 zu verlassen, da seine persönliche Lebensplanung künftig nicht mehr mit dem Engagement vereinbar ist.

Ein weiteres Format hat im Laufe der Zeit immer mehr Anklang bei den Fans gefunden: die „Höhner Weihnacht"! Aus den anfänglichen Dinner-Shows im Kölner Maritim Hotel sind immer ausverkaufte Weihnachtstouren in Nordrhein-Westfalen, Rheinland-Pfalz, Hessen und dem Saarland geworden. So erscheint es uns sinnvoll, ein weiteres Weihnachtsalbum zu produzieren: „Höhner Weihnacht III" erscheint am 16. November 2018.

Für den scheidenden Wolf Simon sitzt seit 2019 der erstklassige Drummer Heiko Braun hinter dem „Höhner"-Schlagzeug, der ein paar Jahre zuvor eine „Höhner Rockin' Roncalli"-Show als Besucher erlebt hatte und total begeistert war.

VOLLBREMSUNG

Im Frühjahr 2020 legt die gesamte Showbranche durch die Corona-Pandemie bedingt eine komplette Vollbremsung hin: Konzerte sind ab sofort untersagt. Allgemeine Schockstarre macht sich breit. Erste Lockerungen in Form von Autokino-Konzerten sind im Sommer 2020 möglich, doch das ist kein wirklicher Spaß und hat mit normaler Konzertatmosphäre nichts zu tun. Hannes sagt denn auch: „Ich habe entschieden, dass ich nicht mehr mit der Band auf die Bühne gehe ab dem 1. Januar 2021. Das ganze Showgeschäft hat wegen Corona eine Vollbremsung hingelegt, auch unser ,Höhner-ICE'. Und wenn ein Zug anhält, dann denkt man ans Aussteigen." Hannes denkt aber nicht nur dran, er setzt es in die Tat um. Im weiteren Verlauf der Pandemie zeigt sich dann auch das wahre Gesicht des Joost Vergoosen, der sich Verschwörungstheorien hingibt und von dem man sich trennt. Für Hannes kommt Freddy Lubitz, auf Joost folgt Edin Colic, und bald darauf wird als designierter Nachfolger von Henning der Name Patrick Lück ins Spiel gebracht.

Man kann die Hochphase der „Höhner" zwischen 1992 und 2015 aus meiner Warte bis auf Weiteres so zusammenfassen: Zur richtigen Zeit haben die richtigen Menschen am richtigen Ort mit den richtigen Kompetenzen die richtigen Songs und Texte geschrieben und produziert, haben mit den richtigen Partnern die richtigen Projekte angepackt und durchgeführt, haben insgesamt eine einzigartige Chemie und einen echten Spirit kreiert und mit dem nötigen Quäntchen Glück eine gemeinsame Vision geschaffen – sowie 18 Studioalben, sechs Live-Alben und drei Best-of-Alben, davon vier Mal Gold und ein Mal Platin!

Die komplette Metamorphose der „Höhner" wird mit dem Ausstieg von Henning Ende 2022 vollzogen sein. Der neuen „Höhner"-Generation wünsche ich von ganzem Herzen weiterhin eine glückliche Hand und ganz viel Erfolg! Mit allen „Ups and Downs" war und ist es eine unvergessliche, unglaubliche Zeit.

Thanks, that I can be a part of it, thanks for your trust! – Take care!

Sabrina Peter

„Sie ist quasi ein weiteres Huhn. Sie konnte schon mitsingen, da hat sie noch nicht einmal Mama gesagt"– so
beschreiben meine Eltern die Bindung von mir zu den
„Höhnern". Mit 5 Jahren habe ich mein erstes Konzert besucht und durfte die Band zum ersten Mal kennenlernen.
Seit diesem Tag bin ich der wohl größte „Höhner"-Fan,
den es gibt.

Ich durfte mit den „Höhnern" meine Kindheit verbringen.
Egal, ob es die kleinen Treffen vor oder hinter den Shows,
zwischendurch bei einem Auftritt oder ganz zufällig
waren, egal ob von der Bühne zu mir geredet wurde,
jeder Zwinker und jedes Winken – all diese Details haben
mich immer durchweg glücklich gemacht und mir ein
Lächeln ins Gesicht gezaubert. Durch sie habe ich meine
Heimatverbundenheit zu Köln auch im Schwarzwald nie
verloren, habe den kölschen Dialekt sprechen und lieben
gelernt – hatte und habe eine ständige konstante Lieb-
lingsmusik und konnte immer wieder bei jedem Konzert
oder Auftritt neue Erinnerungen sammeln, die mich bis
heute begleiten.

Danke an jeden, der Teil der Band war, ist und sein wird.

Dennis Heidenreich

Seit 22 Jahren bin ich eingefleischter und treuer
„Höhner"-Fan. Als ich 18 Jahre alt war und das erste
eigene Auto kommen sollte, wurde ich oft gefragt, was
es denn sein wird. Darauf war mein Kommentar: Klein

und rot. Achso und vorne auf der Motorhaube soll ganz
groß HÖHNER stehen. Was ich nicht wusste, dass meine
Eltern bereits einen Wagen organisiert hatten und ein
Bekannter das Logo der „Höhner" auf die Motorhaube
geairbrusht hat.

Und man glaubt nicht, wieviele Leute am Zebrastreifen
oder an der roten Ampel fragend vor dem Auto standen
und versuchten, es zu lesen.

Anna Planken

Ohne die „Höhner" wäre ming Hätz nicht so
kölsch. Mit ihnen hab ich, die als „Immi" aus
dem Ruhrpott no Kölle kam, die Sproch gelernt.
Schmerzlich und peinlich, weil ich immer „Die
Karawane zieht weiter, der Sultan hält durch"
verstanden und gesungen habe. Aber danach
wurden kölsch und die „Höhner" echte Fründe für
mich:

Ein unbeschreibliches Jeföhl, wenn wir in der Ad-
ventszeit zusammen in der Agneskirche musiziert
haben, mit Tausenden anderen bei den Mitspiel-
konzerten!

Und wie mer fiere könne, haben wir zusammen am
Tanzbrunnen zur 40-Jahr-Party bewiesen. Viva
Colonia auch immer wieder gerne bei den Kölner
Lichtern!

Und auf eine Sache bin ich wirklich neidisch: Das
schön- ste Fußball-Lied Deutschlands habt ihr für
den FC ge-schrieben: „Mir stonn zo dir, FC Kölle"
treibt sogar mir als BVB-Fan Tränen in die Augen.

Wilfried Kaets

Regionalkantor in Köln und Leiter des Jugendchors   St. Rochus
Köln-Bickendorf

Im Rahmen des Eröffnungsprogramms zum Weltjugendtag 2005 haben wir mit unserem Jugendchor St. Rochus
und den „Höhnern" vor mehreren 10.000 Jugendlichen
aus aller Welt in der Düsseldorfer LTU-Arena musiziert.

Das Programm wurde Monate zuvor gemeinsam unter
der Ägide von Janus Fröhlich im legendären Tonstudio
„301" in Bickendorf vorproduziert und sollte in der Arena
dann als Halb-Playback laufen. Gleichzeitig fanden an
dem Tag entsprechende „Welcome!"-Abende in Bonn und
im Kölner Stadion statt.

Volles Haus! Ein Bild,
das man auf Seiten der
Veranstalter der Advent-
mitspielkonzerte, am
jeweils zweiten Advent,
sehr gerne sieht.

Die Veranstaltungen wollte Kardinal Meisner persönlich besuchen, der dann auch spät noch nach Düsseldorf kam. Er stellte sich mit den „Höhnern" und uns auf die Bühne, schunkelte hier und da mit und war von den ganzen Ereignissen des Tages dermaßen „enthusiasmiert", dass er am Ende des Programms, neben Henning Krautmacher stehend, spontan eine Zugabe von ihm forderte und diese auch quasi schon anstimmte.

Allein: Weder Band noch Jugendchor waren in dem Riesenrund zu vernehmen, weil es ja überhaupt kein Playback dazu gab. Das schien der Kardinal überhaupt nicht zu merken, während Band und Chor unentwegt fröhlich lachend und Bänder schwenkend schon einigermaßen der Peinlichkeitsschweiß herunterlief ...

Karin Krämer

In Leverkusen/Lützenkirchen gibt es die Hamberger Straße und die Straße Lippe. Aus einer Laune vom Karneval heraus haben wir eine Wette verloren, für die nächste Session sollten wir einen Tanz aufführen. Wir waren zehn Frauen. Bei einem Treffen haben wir für unsere Gruppe den Namen „Hamberger Lippchen" gefunden. Unter anderem gehörte auch Monika Krautmacher zu unserer Gruppe, die Schwägerin von Henning Krautmacher. Durch Monika bzw. durch ihren Mann Uwe Krautmacher konnten wir unser Können schließlich zu Altweiber in der Sparkasse Leverkusen/Opladen vorführen. Wir spielten fast ausschließlich „Höhner"-Lieder.

Sandra Henkes (St. Vith, Belgien)

Meinen 43. Geburtstag durfte ich am 23. April 2016 beim Konzert der „Höhner" in der LANXESS-Arena feiern, mit Loge und anschließendem Überraschungs-Geburtstags-Backstage-Besuch. Es war ein toller Abend, der beste Geburtstag überhaupt. Seitdem war das dort aufgenommene Foto mein Profilbild auf WhatsApp.

Ich bin Kindergärtnerin und lebe im deutschsprachigen Gebiet Belgiens. In unserer Gegend hat der rheinische Karneval einen großen Wert und unser Dialekt ähnelt dem Kölschen Dialekt. Daher schauen sich viele die karnevalistischen Aufzeichnungen der Kölner Sitzungen im Fernsehen an – auch meine vierjährige Schülerin Lina: Voller Begeisterung sitzt sie vor dem Fernseher und ruft: „Mama, Mama, komm flott, Frl. Sandra senge Mann os om Fernseh un söngt e leed" („Frl. Sandras Mann ist im Fernseher und singt ein Lied")! Die Mutter stutzt, als

sie Henning im Fernseher sieht, und fragt verwundert, weshalb Lina denkt, dass das mein Mann ist. Daraufhin meint Lina: „Kuck op WhatsApp, do sen die zwei. Dat os Frl. senge Mann. Dä ka wal noch besser songe wir Frl. Sandra."

Seitdem ist Henning mein „Mann Nr. 2" und sorgt stets für viel Gelächter, wenn Linas Anekdote erzählt wird.

Maria Sarafidou

Gerne denke ich an das exklusive Radiokonzert der „Höhner" für ein ausgewähltes Publikum, im WDR-Funkhaus am 6. Januar 2016. Das Besondere daran war, dass man die Karten hierfür nicht kaufen konnte, da es sich um ein Gewinnspiel des WDR4 gehandelt hat. Ich gehörte zu den glücklichen Gewinnern. Die „Höhner" haben damals ihr Album „Alles op Anfang" präsentiert. Der Titel hat seinerzeit exakt zu meiner Lebenssituation gepasst, hatte ich doch im April 2015 eine Krebsdiagnose erhalten, die mein Leben völlig auf den Kopf stellen sollte. Nach überstandener Chemo- und Bestrahlungstherapie war dieses Konzert der erste Termin, an dem ich mich ohne Perücke wieder in der Öffentlichkeit gewagt habe. So entstand auch dieses schöne Erinnerungsfoto mit Henning Krautmacher.

Den Krebs habe ich mittlerweile besiegt und ich verbinde mit der Musik dieser fantastischen Band für immer und ewig meinen persönlichen Neuanfang!

Rolf Linden

Ich kenne Henning bereits seit den 1970er-/1980er-Jahren persönlich sehr gut. Er war vor seiner „Höhner"-Zeit bei der Leverkusener „Plüsch Prüm"-Gruppe und wohnte in Leverkusen Schlebusch. Er spielte auch bei mir privat mit den Leverkusener Fußballern Helmut Winklhofer und Jürgen Gelsdorf in lockerer Gesellschaft auf.

Im Jahr 1992 stellte ich der Gruppe passend zum „Pizza"-Lied eine Mikrowelle zur Verfügung! Damit zogen sie dann durch die Säle, machten hier und da eine Pizza warm und verteilten diese an die Leute im Saal.

Meinen 70. Geburtstag feierte ich in Rosas, Spanien. Er schickte mir aber gemeinsam mit Carsten Ramelow eine Video-Grußbotschaft mit persönlichen Glückwünschen.

Martin Roblitschka

Als der Landschaftsverband Rheinland (LVR) sein 50-jähriges Standortjubiläum am 18.09.2009 in Köln-Deutz öffentlich feierte, kamen die „Höhner" zu einem Ständchen auf die Bühne. Anlässlich der Veranstaltung hatte ich Porträts der Bandmitglieder angefertigt und diese nach dem Konzert signieren lassen. Alle „Höhner" waren angetan von meinen kleinen Leinwänden und haben bereitwillig darauf unterschrieben (siehe rechts).

Die „Höhner" auf der Fanmeile in Berlin, 2014

Carmen & Rainer Renken

Im Jahr 2010 war ich noch in Köln ansässig und flog mit meiner Freundin für einige Tage nach Berlin. Dort habe ich auf der Fanmeile beim WM-Spiel Deutschland – Ghana meinen Ehemann Rainer kennengelernt.

Rainer ist am Jadebusen geboren und aufgewachsen, im Herzen aber ein Rheinländer durch und durch! Rainer war schon „Höhner"-Fan, bevor wir uns kennenlernten. Zu jeder Lebenssituation findet er das passende Lied von den „Höhnern".

Als wir 2012 beschlossen zu heiraten, hatte Rainer bereits „unser Lied" gefunden: „Schenk mir heut Nacht dein ganzes Herz" … Dies wurde dann auch unserer Hochzeitstanz. Und um es mit Rainers Worten (bekennender Nichttänzer) auszudrücken: Junge, das Lied ist doch ganz schön lang!

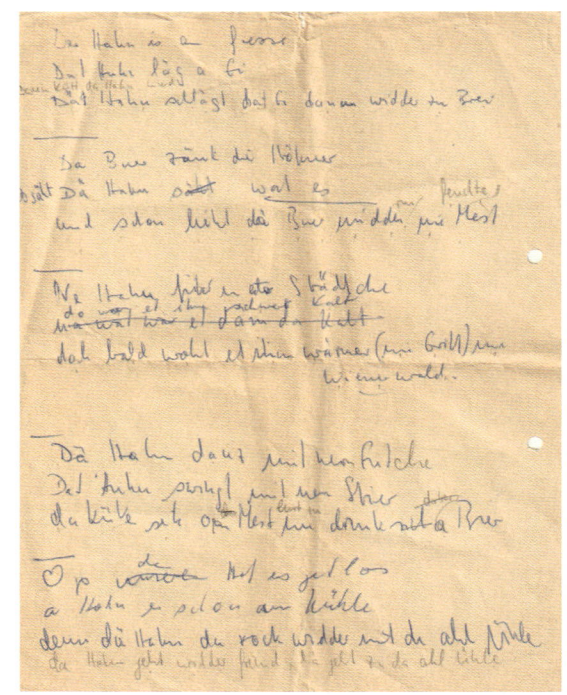

Leseabschrift

Der Hahn is am fresse
Dat Huhn läg a Ei
Dann kütt der Hahn und schlägt dat Ei dann widder zu Brei.

Dä Buer zänk die Höhner
Do säht dä Hahn wat es
Und schon lieht dä Buer middem em feuchte Mist.

Ne Hahn fuhr en et Städtche,
do wor et ihm schwer kalt,
doch bald woht ihm wärmer (em Grill) em Wienerwald.

Dä Hahn danz mit nem Entche,
dat Huhn swingt mit nem Stier,
dat Küken setz om Mest, luurt zo und drink a Bier.

Op däm Hof do es jet los,
a Hohn es schon am Hühle,
denn dä Hahn rock widder met dä ahl Ühle.
(da Hahn jeht widder fremd, hä jeht zo dä ahl Ühle)

Helmut Ritter

Anfang der 1970er-Jahre war ich mit Wilfried Werner, dem älteren Bruder von Peter Werner, zusammen im Kegelclub und kannte natürlich auch Peter. Als die gerade neu als „Höhnerhoff" gegründete Band Lieder für die bereits geplanten Auftritte suchten, habe ich zusammen mit den Jungs den „Höhnerhoff-Rock" verfasst.

Bei Aufräumarbeiten habe ich nun ein Blatt – leider nicht mehr – von den damaligen Textentwürfen gefunden: Da ich damals Jura studierte, hatte ich diese auf nicht mehr benötigten Unterlagen aus den Seminaren angefertigt. In welchem Zustand die Texte verfasst worden sind, ist mir nicht mehr erinnerlich. Der Schrift nach dürften sicher einige Kölsch dabei eine Rolle gespielt haben.

Henning Krautmacher, Janus Fröhlich und Peter Werner porträtiert von Martin Roblitschka.

Der Entwurf für einen Mottowagen im Rosenmontagszug.

Imke Cordsen-Majohr mit Bernd Cordsen

Eigentlich hatte ich gar keine Zeit, da ich mitten im Zweiten Staatsexamen und vor meiner letzten Prüfung stand. Allen hatte ich deshalb für das Ringfest 20.08.2000 abgesagt, aber meine gute Freundin Annette (unsere spätere Trauzeugin) hatte ich wohl nicht informiert. Sie meldete sich also Sonntagnachmittag, ob ich wohl Lust und Zeit für das Ringfest hätte?! Und ich fühlte mich fertig, fix und fertig: Es passte also hervorragend!

Auf ging's. Der Nachmittag war schon angefangen, so dass wir stimmungstechnisch an der Radio-Köln-Bühne stehen blieben. Wir schunkelten und sangen mit. Und dann kamen die „Höhner" mit „Die Karawane zieht weiter". Ich ließ mich von der Karawane mitziehen. Und meinen jetzigen Mann – wir hatten vorher kurz Blickkontakt – zog ich einfach in die Karawane mit hinein. Später sagte er mir, dass er kurz überlegt hätte, sich aber dann fürs Mitkommen entschieden hätte wegen seiner Lederjacke: Ich hätte so daran gezogen, dass er dachte, sie ginge kaputt, sollte er nicht mitkommen.

Nach der Karawane standen wir gemeinsam vorne an der Bühne. Am Tisch tauschten wir mit den Leuten, die wir kennengelernt hatten, E-Mail-Adressen aus.

Ich war mir sicher, nichts mehr von all den Leuten zu hören, mit denen wir den Abend verbracht hatten.

Umso überraschter war ich, als am nächsten Tag das Telefon klingelte. „Hallo hier ist Bernd, der von gestern Abend." „Ah, hallo?!" Dem hatte ich meine E-Mail-Adresse gar nicht gegeben. Und überhaupt, woher hat der meine Telefonnummer? „Erinnerst du dich?" „Ja, klar, aber woher hast du meine Telefonnummer?!" „Och, die hab ich mit deiner E-Mail-Adresse herausgefunden." „Ah, und jetzt rufst du aus dem Büro an." „Nee, aus Istanbul, ich sitze gerade am Flughafen." „Äh, wie jetzt?" „Na, ich bin halt heute morgen nach Istanbul geflogen. Ich arbeite

und wohne da. Nur am Wochenende bin ich manchmal in Köln. Übernächstes Wochenende zum Beispiel wieder. Hast du da Lust auf ein Kölsch?."

Wir trafen uns in Sülz und da ist es passiert: Wir haben geredet, gelacht und ... Es fühlte sich einfach genau richtig an. Zwischendurch fragte ich ihn, ob er Karneval feiern würde, denn ich könnte nicht ohne. Das bejahte er.

Zwei Jahre später zogen wir zusammen und ich brachte ihn, wieder über meine Freundin, in seinen jetzigen Karnevalsverein – Die Grosse von 1823 e.V. –, in dem er mittlerweile sehr engagiert und im Vorstand ist. Und seit sein Verein im September 2021 auf der Jahreshauptversammlung beschlossen hat, auch Damen aufzunehmen (eine kleine Sensation!), bin ich nun auch Senatorin geworden.

Mittlerweile sind wir 17 Jahre verheiratet und haben zwei Kinder. Und alles wegen der „Höhner"! ;-)

Svenja und Ralf Pühler

Am 13.02.2001 hatten wir eine Sitzung mit unserem Karnevalsverein KKV Unger uns im Theater am Tanzbrunnen. Nach der ersten Halbzeit der Schock im Backstage-Bereich: Unser Rucksack war weg. Gestohlen! Ich wollte nach Hause, aber mein Mann überzeugte mich zu bleiben. Seine Aussage „Ausgerechnet heute!" habe ich zu dem Zeitpunkt überhaupt nicht verstanden. Zum Schluss der zweiten Halbzeit traten die „Höhner" auf.

Nach vielen Liedern und super Stimmung im Saal wollte sich die Band verabschieden, aber der Saal schrie: „Zugabe!" Henning beruhigte das Publikum: „Ihr bekommt eine besondere Zugabe, aber die machen nicht wir sondern Ralf." Er drehte sich um zum Elferrat und schaute meinen Mann an. Der stand auf und ging auf die Bühre. Was er genau gesagt hat, kann ich nicht mehr sagen, aber er holte mich zu sich. In der Zwischenzeit wurde ihm ein Strauß gereicht, er ging vor mir auf die Knie und fragte, ob ich seine Frau werden wolle. JAAA! – Natürlich wollte ich! Zum Schluss gab es dann noch die Zugabe – gemeinsam mit den „Höhnern" sangen wir „Ich ben ne Räuber" – der schönste Programmpunkt in unserem Leben, und jetzt ergibt die Aussage „Ausgerechnet heute!" natürlich Sinn.

Geheiratet wurde an Weiberfastnacht 2002. Nach einem Brunch fuhren wir in einer weißen Kutsche im Jan von Werth-Zug mit und abends ging es zum Abschluss in eine VIP-Lounge in der Lachenden Kölnarena – natürlich mit den „Höhnern". Zur Trauung in der Kirche haben wir das Lied „Nimm dir die Zeit" von den „Höhnern" gespielt und ich glaube, ich brauche nicht zu erwähnen, dass der Hochzeitstanz zu „Ich ben ne Räuber" getanzt wurde.

Tatjana Wolfgarten

Wahrscheinlich war es im Jahre 1991. Ich war damals 17 Jahre alt, ein Riesen-Karnevalsjeck und begeistertes Tanzmariechen der KG Odendorf. Einmal im Jahr durfte ich auf der großen Prunksitzung der befreundeten Karnevalsgesellschaft Blau-Rot 1969 e.V. als Tanzmariechen die Künstler eintanzen und auf die Bühne begleiten.

In dem besagten Jahr waren unter anderem die „Höhner" zu Gast bei der Sitzung. Sie hatten gerade mit „Komm los mer fiere" einen Riesenhit und brachten den Saal zum Kochen. Nach dem Auftritt rief der Präsident der Gesellschaft mich zu sich und drückte mir ein paar Orden in die Hand und ich bekam die Ehre, der Band diese auf der Bühne zu überreichen. Ich schwöre: Ich habe niemals mehr Schnäuzer gebützt als an diesem Abend. :-)

Marianne Steenbeck

Im Jahre 2001 wurde mein Mann für erst einmal zwei Jahre von Köln nach Shanghai entsandt, um für einen großen Chemiekonzern zu arbeiten. Ich war die „mitge-

reiste" Ehefrau und musste sehen, wie ich tagsüber alleine in dieser Mega-Stadt klarkam! Internetradio gab es noch nicht, um zu streamen. Also war ich froh, wenigstens meinen CDPlayer mitgenommen zu haben: Wenigstens einige mitgenommene „Höhner"-CDs erinnerten uns an Köln. Welch' ein Luxus für uns vor nunmehr 20 Jahren.

Die heimatliche Musik der „Höhner" gab uns, gerade in den ersten Wochen, das Gefühl, nicht ganz verloren zu sein. Diese fremde Welt mussten wir nicht nur sprachlich, sondern besonders mental zu verstehen lernen! Der Text von „Immer freundlich lächeln" brachte unsere tägliche Erfahrung mit der andersartigen Kultur auf den Punkt und half uns über schwierige Momente hinweg.

Die verbindende Wirkung der Kölner Musik trifft einen Nerv gerade bei Menschen, die im fernen Ausland leben! Danke, liebe „Höhner"!

Regine Süßmeier

Es lagen viele schwere Jahre hinter mir und insbesondere die Jahre 2005/2006 verlangten mir vieles ab. Dann kam 2008/2009 durch eine neue Bekanntschaft die Musik der „Höhner" in unser Leben und ich hatte plötzlich wieder Lebensmut und Kraft. Es war wie ein Lebenselixier und ich freute mich auf jedes Konzert in München, denn dort traten sie nur einmal im Jahr auf.

Ein Therapeut erklärte mir irgendwann, ich solle die Wirkung dieser Musik nutzen, um mein Leben zu beflügeln, und so kam es, dass ich anfing, die „Höhner" zu zeichnen. Inzwischen habe ich zwei große Mappen voll mit Bildern von ihnen. Des Weiteren schuf ich zig verschiedene Kunstwerke rund um die „Höhner" und manches davon

Auf ihren Weltreisen gemeinsam mit den Roten Funken konnten die „Höhner" zahlreiche unvergessliche Eindrücke und Ausblicke sammeln. Hier vor der Skyline der Halbinsel Pudong in Chinas Metropole Shanghai nach einem Konzert in der berühmten „Bar Rouge".

Hans-Georg Hoss
Schanzenstr. 8
50679 Köln

Köln 29.10.21

An den Kölner Stadtanzeiger, Leserbriefe
Amsterdamer Str. 192, 50735 Köln

Sehr geehrte Damen und Herren!
Einem Ihrer Artikel habe ich entnommen, dass anlässlich des Höhner Jubiläums Anekdoten zur Erstellung einer Festschrift gesammelt werden. Es war auch eine E-Mail-Adresse dabei, aber leider habe ich kein Internet.
Ich hoffe, es ist nicht zuviel verlangt, wenn ich Sie bitte, meinen bescheidenen Beitrag an die entsprechende Stelle weiterzuleiten. Ich wäre Ihnen wirklich sehr dankbar.
Hier also mein Bericht:
Sommersemester 1972 Donnerstagmorgen um elf, Hörsaal vier in der Pädagogischen Hochschule: Einführung in das Alte Testament, Vorlesung mit Professor Fuhrmanns.
In der Bankreihe hinter mir saßen zwei Jungs (frei singt) in blond, der eine schulterlang und gelockt, der andere kurz und glatt.
Der Prof war noch nicht da, und so kam es

— 2 —

über die Schulter zum Gespräch: "Du sag mal, wir haben ja jetzt die neue Musikgruppe gegründet, weißt du vielleicht, wo wir mal auftreten könnten?" — "Was für eine Musik macht ihr denn?" — "Wir machen kölsche Lieder!" "So was wie die Bläck Fööss?" — "Ja so ähnlich!" — "Nun ja, hier in Köln kenne ich mich nicht aus. Ich komme nämlich vom Land und da gibt es nicht viele Möglichkeiten – höchstens an Kirmes auf dem Klompenball, der wird vom Spielverein organisiert!" – Die aufkommende Begeisterung musste ich leider sofort wieder dämpfen: "Aber da spielt immer Charlie Morren und die Steamflyers (in echt: Molrens Heinz aus Spessart). Manchmal kommen auch Leute von außerhalb dienstags zum Kirmesausklang. Einmal waren die Steinpässe da, aber für sowas ist da eigentlich kein Publikum!"
Mittlerweile war der Prof erschienen und wir mussten das Gespräch abbrechen, von mir aus mit Bedauern, weil ich den netten Jungs leider nicht helfen konnte.
Der Kurze glatte hieß übrigens Peter, wenn ich mich recht entsinne. — 3 —

— 3 —

Danach haben wir uns nicht oft gesehen, denn jeder Student bastelt sich seinen eigenen Stundenplan zurecht, und da läuft man sich eher selten über den Weg.
Jahre später habe ich dann von der Kommilitonin Annemie erfahren, man habe ihm beim zweiten Staatsexamen tatkräftig unter die Arme gegriffen, weil der arme Junge wegen der andauernden Musikproben keine Zeit hatte, sich auf die Prüfungen vorzubereiten.
Dass die ganzen Mühen sich gelohnt haben, davon konnte ich mich gelegentlich überzeugen, wenn er mit der gesamten Corona und querbeerbügel bewaffnet in Zirkus Roncalli auf marschierte.
Wir haben uns dann jedesmal freundlich zugenickt, wie immer, wenn wir uns begegneten, so mitunter auch in der Nacht zum Passionssonntag, wenn die Männer zur Schmerzhaften Mutter nach Kalk pilgern.
Maacht jot, Pitter!

Hans-Georg Hoss

übersendete ich ihnen oder ich hatte das Glück, etwas persönlich zu überbringen, etwa das riesige Bild aus 6 A3-Porträts zusammengesetzt, inklusive kleiner kulinarischer Kreationen.

Es war sicherlich die aufregendste Geschichte, als Freunde uns mit dem Geschenk zum Circus-Krone-Bau brachten und direkt hinter uns die „Höhner"ankamen, was ich jedoch erst einmal nicht mitbekam. Ich fragte an der Kasse, ob wir die Sachen abgeben können, da rief plötzlich meine Freundin und ich drehte mich um: Mein Herz schlug mir bis zum Hals … Am eindrücklichsten war die Begegnung mit dem meistgezeichneten „Hohn", der mich nach der Narbe in meinem Gesicht fragte und sie als schön befand. Leider war diese tief ergreifende Konversation sehr dem Zeitpunkt geschuldet und dennoch war es für mich ein magischer Moment, in dem ich spürte, dass die heilende Wirkung der Musik dieser Seele entsprang.

Jedes Konzert habe ich bislang durchgetanzt, der Sitzplatz blieb die meiste Zeit leer. 2016 wurde mein Wunsch wahr und wir zogen ins Rheinland, was erst einmal ungeahnte Schwierigkeiten mit sich brachte; aber die Hoffnung auf ein persönliches Gespräch blieb all die Jahre bestehen. Nach einem Selfie habe ich nur ein einziges Mal gefragt, und da es nicht gut war und ich fühlte, wie es dem „Hohn" zu Mute war, beschloss ich, nie wieder zu fragen. Stattdessen zeichne ich meine persönlichen Selfies.

Ulrich Stockheim

Gründer von USC, einer Kommunikationsberatung mit Sitz in Köln

Erfolg und „Berühmt sein" verträgt sich sehr wohl mit einem warmen Wort, einer herzlichen Umarmung, einer Geste der Wertschätzung.

Mein Job bringt es mit sich, dass ich mit bekannten, berühmten, wichtigen, mächtigen, reichen, ehrgeizigen und manchmal auch eitlen Menschen zu tun habe. Sie stehen in der Öffentlichkeit als Vorstandschefs, Gründer, Politiker, Sportler, Musiker oder TV-Stars. Und schätzen den unabhängigen Rat von außen dazu, wie sie ihren Weg in und mit der Öffentlichkeit gehen sollen.

Die „Höhner" haben natürlich – der eine mehr, der andere weniger – all die Eigenschaften, die bekannte Leute nun mal haben. Aber wenn sie eins vor allem sind, dann sind sie zutiefst menschlich und herzlich. Auch wenn es erst mal mein Job ist, ihnen etwas mitzugeben, so nehme ich am Ende immer selbst ganz viel mit: Nämlich die Erkenntnis, dass Begeisterung und Freude den Erfolg bringen. Und dass sich Erfolg und „Berühmt sein" sehr wohl mit einem warmen Wort, einer herzlichen Umarmung, einer Geste der Wertschätzung vertragen.

Ich bin drei Jahre älter als die „Höhner". Für meinen Lebensweg wünsche ich mir, dass ich immer wieder etwas von den „Höhnern" mitnehmen kann. Und ich werde alles mit meinen Mitteln Mögliche dafür tun, dass sie auf ihrem Weg auch den 60. Geburtstag mit viel Schwung feiern können.

Berühmte und prominente Freunde und Bekannte mit der Band von oben rechts nach unten rechts: Joe Cocker. – Stefan Gwildis und Dietmar Bär. – Thomas Gottschalk. – Ex- DFB-Präsident Egidius Braun. – Marie-Luise Marian. – Zirkusfreunde unter sich mit Oleg Popov. – Horst Eckel, Fußball-Weltmeister von 1954. – Beim „Kölner Treff" – Norbert Blüm.

Mitte untereinander: Ex-NRW- Ministerpräsident Wolfgang Clement. – Fußball-Legende Erich Ribbeck. – Marius Müller-Westernhagen. – Chris De Burgh.

Rechts untereinander: Stefan Raab als „Hahn im Korb". – Florian Silbereisen als Gastsänger bei den „Höhnern". – Fußballfan Helene Fischer. – Annie Lennox von „Eurythmics".

Links untereinander: Die Band „Right Said Fred". – Sänger und Sportlegende Hansi Hinterseer im „Weissen Rössl". – Musiker von Karat und Sebastian Krumbiegel von den Prinzen beim Singen mit dem damaligen Bundespräsidenten Joachim Gauck und dessen Lebensgefährtin Daniela Schadt. – André Rieu nach der Präsentation der Walzerversion von „E Levve lang" in der LANXESS-Arena, 2022. – Bei der Premiere von „Traumtheater Salome" mit Prinzipal Harry Owens und dem damaligen Oberbürgermeister Kölns Norbert Burger.

Zu guter Letzt –
Wacken 2022!

Das T-Shirt zum Auftritt beim
größten Heavy-Metal-Festival der Welt.

Von Erwartungen spricht man nicht, wenn Erwartungen erfüllt werden – aber dann, wenn Erwartungen übertroffen werden. Wacken 2022, am 06.08. um 11:11, hat alle Vorstellungen übertroffen. Wer weiß – vielleicht kommen die „Höhner" ja wieder.

DANKBARKEIT IST DAS GEDÄCHTNIS DES HERZENS

Herzlich möchten wir uns bedanken bei all denen, die mit ihren Beiträgen ihre Freundschaft und Verbundenheit zur Band ausgedrückt haben.

Ein besonderer Dank gebührt Peter Feierabend und seinem Team mit Christian Schaarschmidt, die unseren Traum eines eigenen Buches zum 50-jährigen realisiert haben. Dank auch an Daniela Decker, Stefan Worring und dem Bildarchiv des Kölner Stadtanzeigers sowie dem Kölnischen Stadtmuseum und Johanna Cremer. Ebenfalls danken wir dem Landschaftsverband Rheinland (LVR).

Die Torte auf dem Cover wurde gebacken exklusiv im Brehmer's Merheimer Cafe. Ganz besonderen Dank an Patrizia Ziehaus und ihrem Team.

Die Erinnerung ist doch das einzige Paradies aus dem man nicht vertrieben werden kann ...

Eure Höhner

IMPRESSUM

1. Auflage 2022

© 2022 Berg & Feierabend Verlag, Berlin

Alle Rechte vorbehalten

Redaktion und Creative Direction: Peter Feierabend
Texte: Dr. Hubertus Zilkens, Seiten 12-43, 48-61, 64-83, 86-95
Design und Satz: Christian Schaarschmidt
Lektorat und Korrektorat: Stephanie Iber
Druck: PrintMediaNetwork

ISBN 978-3948272203

Printed in Europe

www.bergundfeierabend.de

BILDNACHWEIS

Alle Fotografien stammen aus den Archiven der „Höhner" und deren Mitglieder, sowie aus den Archiven der einzelnen Beiträger, außer ©:

Thomas Stachelhaus: Cover; Manfred Esser S. 2, 43 m.l., 94,135 u.; Jens Koch S. 7; Rheinisches Bildarchiv, Anja Wegner S. 9, 27, 28, 30, 35, 42 o., 68, 81, 102, 134, 135 o., 217 o., 190 u.; Helga Pisters S. 24/25, 136 u.l.; Thomas Bittera S. 29 o.l., 75 l.m., 79 u., 83 o.l., 89 u., 92, 93 o.l., 95 o., 149 o.; Daniela Decker S. 41, 47, 53 u., 67 u.r., 83 o.l., 103, 115 u., 121, 159, 160 o. 160 u.l., 191, 194, 197.; Manfred Kühlem S. 42; Stefan Worring S. 43 u.l., 46, 74, 83 l.m. 88 r., 90 u.r., 112/113, 136 o.l., 137 l.m., 145 u., 158 u., 161 u.r., 174, 176, 177 u., 183, 208, 214 u.l., 218 r.o., 220 l.u., 221 r.m.; Heinz Weyer S. 48/49, 64/65; Kerstin Joschik S. 50 u.; Walter Schiestel 54/55, Hans Stenglein 56 o.l.; Norbert Ramme S. 59 o.; Kurt Oxenius S. 67 u.l.; Peter Rakoczy S. 80, 160 l.m., 163 o.; Kai-Uwe Fischer S. 82; Andreas Weinand S. 83 l.m., 182 o.; Christian Reich S. 89 o.; Manfred Jasmund S. 101; Uwe Miserius S. 105/106 (Backcover); Norbert Kick S. 111 o.; Max Grönert S. 115 o., 128, 131, 137 u.r.; Jo Steinmann S. 120; Heinz Unger S. 129; Wikimedia, Sven-Sebastian Sajak (Sven0705) S. 137 l.o.; Heinz Holubovsky S. 142 u.; Rainer Dahmen S. 143, 144, 145 o., 147 u., 151 u., 152, 220 o.l.2tes; Peter Gauger S. 157 o.; Marlon Feierabend S. 184; Thomas Rabsch S. 188, Sigrid Düringer S. 220 m.o.2tes; LPA NRW 221 m.o.; Jan Wördenweber S. 222/223.

In 50 Jahren sind von den „Höhnern" unzählige Fotos entstanden und auf unterschiedlichste Weise in ihren Besitz gelangt, in der Regel zur freien Verwendung. Nicht alle Bilder waren beschriftet, einige Urheber sind unbekannt, verzogen oder leider bereits verstorben. Im Fall, dass ein Copyright falsch zugeordnet wurde oder fehlt, bittet der Verlag um Entschuldigung und die berechtigten Rechteinhaber um entsprechende Mitteilung.

QUER DURCH KÖLN

Selten so gelacht

Zweimal Millowitsch in dem Stück „Drei Dag ahl Kölle"

Der versoffene Die Tünnes hat Garant

Willy Millowitschs

VON BARBO SCHUN

Die e Platten vorn verka

VON JOACHIM BRUCHER

1976/77 standen die Höhner 9fmal Kölle" auf der Millowitsch-Bühne.

QUER DURCH KÖLN

Stadt-Anzeiger — Nr. 249 / 9   Montag, 27. Oktober 1975

Für Profis hat der Karneval begonnen

Ostermannlieder beim „Stammtisch"-Vorstellabend

Von Uwe Spörl

EIN LIED auf die „Heimatsprooch" Kölsch will das Gesangsquartett „De Höhner" in der kommenden Session erklingen lassen.
Bild: F. W. Holubovsky

SZENE AUS „Drei Dag ahl Kölle" im Volkstheater Millowitsch.

Samstag, 22. April 1978

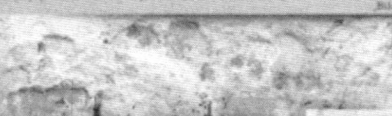

EXPRESS   K · Bo   Seite 17

Ganz Köln rüstet zur Superfeier
Unsere Bock eß Meister...

Schallplatte in Massenauflage schon geprägt

Peter Horn: Gegen ihn hatte Hendrix einen Fassonschnitt

Von JOACHIM BRUCHER

Komponierten das FC-Meisterlied: Die Kö

Aus irischem Folks wurde „Ich ben ene Rä

Aktive der KaJuJa besta ihre Feuerprobe glänze

HIT EXPRESS
Auch auf Platte ist der FC Nr. 1 in Köln
De Höhner ganz vorn in der neuen Hitparade

Deutsche Schlager	Internationale Hits	Langspielplatten
1. De Höhner – Unsere Bock eß Meister	1. Boney M. – Rivers of Babylon	1. Bee Gees – Saturday Night Fever
2. Vader Abraham – Das Lied der Schlümpfe	2. Genesis – Follow You Follow Me	2. Genesis – And Then We Were Three
3. Udo Jürgens – Buenos Dias Argentina	3. Amanda Lear – Follow Me	3. Jethro Tull – Heavy Horses
4. Andrea Jürgens – Und dabei liebe ich Euch beide	4. Bee Gees – Stayin' Alive	4. Camel – A Live Record
5. Frank Zander – Disco Planet	5. Nicole Quattro – If You Can't Give Me	5. Manfred Mann – Watch
6. Udo Jürgens – Mit 66 Jahren	6. Luisa Fernandez – Lay Love On You	6. Wings – London Town
7. Truck Stop	7. Eruption – I Can't Stand The Rain	7. Kate Bush – The Kick Inside
8. Howard Carpendale – Auf der langen Reise	8. Smokie – O Carol	8. Rainbow – Long Live Rock'n'Roll
9. Wencke Myhre	9. Kate Bush – Wuthering Heights	9. Al Dimeola – Casino
10. Henry Valentino & Uschi		10. Amanda Lear – Sweet Revenge

De Höhner: Mit FC-Platte ganz vorn in der Kölner Hitliste.